斗新俱来

八十六叟沙孟海题

创新力

邵美泽 题

中国媒体人的文化实践

葛继宏 著

ZHEJIANG UNIVERSITY PRESS
浙江大学出版社

图书在版编目（CIP）数据

创新力：中国媒体人的文化实践 / 葛继宏著 . ——
杭州：浙江大学出版社，2022.3
ISBN 978-7-308-22392-8

Ⅰ. ①创… Ⅱ. ①葛… Ⅲ. ①传播媒介 — 文化研究 —
中国 Ⅳ. ① G219.2

中国版本图书馆 CIP 数据核字 (2022) 第 039812 号

创新力——中国媒体人的文化实践

葛继宏　著

策　　划　张　琛　包灵灵
责任编辑　包灵灵
责任校对　黄静芬
封面设计　周　灵
出版发行　浙江大学出版社
　　　　　（杭州天目山路 148 号　邮政编码 310007)
　　　　　（网址：http://www.zjupress.com）
排　　版　浙江时代出版服务有限公司
印　　刷　杭州高腾印务有限公司
开　　本　710 mm×1000 mm　1/16
印　　张　20
插　　页　8
字　　数　258 千
版 印 次　2022 年 3 月第 1 版　2022 年 3 月第 1 次印刷
书　　号　ISBN 978-7-308-22392-8
定　　价　78.00 元

序　一

　　"这是一个最好的时代，也是一个最坏的时代；这是一个智慧的年代，也是一个愚昧的年代。"狄更斯小说《双城记》开篇语中这句宿命式的名言，似乎总适用于每一个发展变化中的大时代。显然，我们所处的传媒时代，在历史发展的大坐标系上，正处在一种必须做出某种重大抉择的"紧要关头"。如果说，在非"紧要关头"时，我们尚可以将关注的重点放在"如何做"这类战术性问题上的话，那么在"紧要关头"时，我们必须将我们的关注重点放在"在哪做""做什么"这类战略性的问题上，因为它是"系好衬衣的第一个纽扣"。正是在这个意义上，我们说，方向比速度更重要。

　　然而，时下的中国传媒业的研究如同一个寓言所描述的：在黑夜里，有一个醉汉丢了钱，他在路灯下一圈一圈地寻找，直到卧倒在地。勤奋的记者们完整再现了醉汉是如何转了一圈又一圈的，并且采访了他的家属，甚至追溯了他的童年；专家们则争吵不休，有人说他应该再多转一圈，有人说应该转得更快一点，有人说为什么醉酒要带钱走夜路呢——要么策略有问题要么背后有阴谋，还有人说这"本质上"是一个法治问题，加强酒后理财机制建设势在必行。

　　这个寓言几乎成了所有传媒领域问题的公共讨论的"标准模板"：几乎人人都是在醉汉逻辑框定的范式内寻找答案。其实，事实的真相是，钱并不在路灯下，只是因为醉汉觉得灯下最明亮、最便利。这也正是我们目前应对发展中的危机与困境时的真实状态——短视、自欺、直觉主义、饶舌和隔靴搔痒。远见卓识缺位，整体性的理解力丧失，一切流于虚浮和泡沫，最终被一盏路灯、一条新闻或一句断言所遮蔽了。必须指出的是，在当前的"紧要关头"，我们需要竭力呼唤理论的超越意识和批判力，重归时代思想者的关键位置。而选择的大智慧的第一要义是：我们所面对的外部环境究竟发生了哪些深刻的变化？这些变化对于我们意味着什么？接下来，需要做的就是——"有勇气来改变可以改变的事情，有胸怀来接受不可改变的事情，有智慧来分辨两者的不同"。这便是现时代我们传媒工作者的责任和担当。

葛继宏先生的这部新著就是这样一部有担当、有智慧的描述、分析和研究当下传媒实践热点问题的力作。该书以时间为线，围绕作者本人的媒体和社会实践经历，讲述作者作为一个中国媒体人，自20世纪80年代末至今，自觉顺应时代发展的要求，与"新"俱来，与"变"同行，在文化和传媒多个领域和层面不断进行实践创新和理论创新，并在此基础上所取得的一系列成果。

该书分为十章，每一章基于不同时代背景下作为中国媒体人的典型文化实践案例，以小见大，聚焦改革开放以来中国特色社会主义理论体系的重大影响与价值传承。同时，每一章照应不同的传媒创新理论想象，分析归纳中国媒体人文化实践发展的模式和经验，"根据时代变化和实践发展，不断深化认识，不断总结经验，不断实现理论创新和实践创新良性互动"，突出中国媒体人独特的社会责任感和使命担当。读来令人瞩目，也引人深思。这就是立足于实践的理论研究成果的魅力之所在。

该书有三个方面的特点：第一，全书以一个媒体人的传媒创新实践为主线，讲述了自身面向传媒变革时代，与行业、经济、社会发展休戚与共的人生经历，摆脱了传统对传媒业发展演进的宏大叙事，以小见大，反映出改革开放初期的中国媒体人的共性特征。第二，该书兼具传媒创新实践的理论想象与业界探索，既有实践的故事性，又有案例的启示性，理论表述深入浅出，生动地刻画出一个媒体人的生命历程和实践感悟，作者实践的创新案例不失为媒介经营管理的范例。第三，该书还具有名家荟萃的特点，邀请学界和业界名家共同探讨中国媒体人的传媒创新实践，提供专家评述，进行深度把脉，在过往总结中提炼和反思，对未来的传媒创新发展具有启示意义。

喻国明

教育部长江学者特聘教授

北京师范大学新闻传播学院学术委员会主任

2021 年 5 月 1 日

序 二

认识葛继宏，是在我到浙江传媒学院工作之后。在日常接触中，我发现这位中等身材、留着寸头的传媒人，辨识度挺高：快人快语，思维敏捷，热情奔放，乐于助人，执行力强。在他身上，兼具了高校知识分子的人文内涵，又带着媒体人的精明活跃。但他并非科班出身，没有学院派的光环。因此，我一直想通过他这个个案，探索媒体人成长的路径，捕捉到一些规律性的东西。这也许是我多年组工干部的职业习惯使然。

今天看到《创新力——中国媒体人的文化实践》这本书的初稿，我似乎找到了答案。这本书是葛继宏多年传媒经历的集成代表作，是一本改革开放以来中国媒体人的成长笔记，也是一位大学教授从实践与理性结合的视角对过往的一次"回头看"。未来的媒体人如能细细品读其中的细节，一定会在轻松快乐中有新的感悟；作为传媒教育工作者，把这些案例——读来也同样会有海阔天空之感。在仔细阅读全书后，我的脑海中有几个关键词一直萦绕着挥之不去，这就是时代、实践、创新。

葛继宏无疑是幸运的。他萌发传媒种子的年代正好是改革开放拉开大幕、好戏连台的大时代。这个伟大的时代为他打开了认知世界的一扇窗，浙江人敢闯敢创的天赋秉性给他注入了冲劲和梦想，教师之家的熏陶使他身上散发书香的味道，而当年淳安的相对偏远闭塞和单调，激励他一定要走出浙西大山去外面世界闯荡一番。这条"出山"之路，不正是他拥抱社会的轨迹吗？在改革开放大背景下，他抓住了机遇、融入了时代，才成为一位真正的幸运之人。反之，如果不去拥抱，那这个时代就是人家的好时代，你就可能成为一个弃儿。

社会实践变迁牵动着传媒的每一根神经。传媒事业是同社会关联最近的行业之一，它的主责就是记录、传播社会发生的各类新闻事件，以传媒为手段推动社会主义核心价值观更加深入人心。因此，传媒人不能躲在书斋里凭空拍脑袋去虚构事实，而应走进生活、走进社会去捕捉、去感悟、去升华乃至去品尝生活的酸甜苦辣。对一个小镇青年来说，从偏远小城来到省城都会，举目无亲，等待他的从来不是鲜花、红毯、掌声，而是社会这本无字之书出的一道又一道闯关题。在那个物质生活极不丰裕的年代，等待他的也可能是饿肚子。但是凭着对传媒文化事业的炽热、凭着初生牛犊不怕虎的志气和对自己从未动摇过的自信，这个小镇青年在都市里摸爬滚打，不怕苦不怕累，靠勤劳和好人缘偷师学艺，用行动派、实践者的脚踏实地感动了同事，也打动了领导，使自己成功上岸，开始了全新的媒体人生涯。从"出山"到"入市"，其实今天的媒体人强调的脚力、眼力、脑力、笔力的"四力"之功，在葛继宏先生身上是有着鲜明的烙印的。

传媒是最典型的"眼球经济"，每天出新出彩才能吸引受众目光，才有传播力，才有社会效益和经济效益。但是出新出彩的源头在哪里呢？源自生活、源自实践，可以说有多少生活积累就有多少创意迸发。葛继宏先生是从基层走出来的媒体人，又在省城脱颖而出，这种生活经历使他有了两种眼光：一种在乡野、基层，一种在都市、传媒。这两者的碰撞和在大学积累的知识能力相互搅拌、混合，使他曾经储藏在心灵深处的关注"小人物"的碎片化素材就有了见微知著的灵感，在他的媒体实践中就有了许多"以爱之名"的精彩创意策划，也使他感性的认知背后有了更多的理性思考和提炼。这些策划在现在看来已经不再惊艳，但就当时而言，给那个时代的传媒实践吹来了一股清风，也成就了具有他自己独特标识的传媒实践，收获了各方好评。从某种意义上来说，这些策划诞生在杭州，有了一种媒介地理学的实践萌芽。

面对时代大潮，我们到底该怎么做？大家应该已经能找到答案。要成为一个优秀的媒体人，走好实践——认识——再实践——再认识这条螺旋上升路，应当是硬道理。

我也期待着葛继宏先生在全媒体时代，在元宇宙形态下，能再立新功，有更好的创意、更新的实践、更深的思考，为新时代传媒事业发展奉献更多的创新IP。

是为序。

杨立平

浙江传媒学院党委书记、教授

2022 年 2 月 28 日

目　录

CHAPTER ONE

画作者：著名漫画家华君武

第一章

面向大时代——投身传媒业

导　言

　　时代的脚步催促着社会的发展，于我个人而言更多的感受是时势造人，人亦适时。自改革开放以来，我国开始出现具有现代意义和形态的文化市场，各式的文化人物以及传媒先锋不断涌现，文化活动日益繁盛，优秀的文化作品层出不穷。通过各个媒体渠道，外来文化逐渐进入中国，中国文化也逐步地为世人所知。这一时期的文化交流融合对我的成长产生了重要的影响。这样一个文化启蒙与兴盛发展的时代，造就了日后投身文化事业中，奋进闯荡的我。

　　1983 年，邓小平同志指出，经济上实行对外开放的方针是正确的，要长期坚持，对外文化交流也要长期发展①。我有幸见证并参与了中国媒体人用富有中国特色的文化传播形式见证与推动文化发展的这一过程，这对改革开放后中国文化的"走出去"产生了积极影响。从横向语境来看，这一时期国外盒式录音带和录音机在内地（大陆）开始流行，港台音乐和文化不断渗透和影响。面对其他地区文化元素的涌入，我们一方面对其进行吸收和反思，另一方面，也在着力发展内地（大陆）文化产业，突出其特色，让文化产业更加人性化。从更深层次的角度看，这也标志着人们对过去世界话语体系的重新

---

① 蔡武. 回顾 60 年对外文化工作：必须坚持全国一盘棋. (2009-08-03)[2021-06-30]. http://www.chinanews.com/cul/news/2009/08-03/1801539.shtml.

思考，反映了人们对东西方文化关系的认知模式的转变。改革开放初期内地（大陆）文化产业萌芽的产生与积累，在发挥传播知识功能的同时，起着服务大众、扶助弱势群体和稳定社会的作用。在一批优秀媒体人的带领下，文化产业发展硕果累累，且广受认可。正是在这样一个文化事业蓬勃发展的时代中，初生牛犊的我，准确而自觉地把握了时代文化发展的方向，将目光投向了关注弱势群体这一主题上。围绕这一主题，我在当时参与和策划了一系列的社会活动，包括：组织策划由浙江省残疾人联合会、杭州市青少年活动中心等单位主办的浙江省"'爱的'夏令营"，组织了单亲家庭的孩子和残疾儿童参与的夏令营活动，其间促成两名双性儿童得到手术治疗，使其成为真正的"男子汉"；策划组织了"三热爱"活动和浙江省第二届"青年文艺明星奖"评选，并带队到革命老区——淳安县慰问演出；策划组织了为庆祝"老人节"而举办的"欢乐金秋"老少同乐电视晚会，一大批老红军以及各行各业的劳动模范参加了晚会，我得到了老同志的大力赞赏；策划了"把轮椅推进卡拉OK厅"活动，对残疾人献爱心；等等。这些活动在当时引起了社会的关注并得到了群众的认可。

从现在的视角回望当时初入社会的我，不仅体现了我对弱势群体的关注；也体现了我对文化热点的敏感捕捉。正因如此，我才会逐渐得到社会大众和政府部门的肯定，从而才逐渐开辟了自己更为广阔的文化事业的天地。

理论想象｜创新力萌芽的社会条件

20世纪80年代末90年代初，改革春风吹遍中国，一派欣欣向荣、蓬勃向上的景象。同时，经济体制的改革也推动着文化领域的变革，人民积极探索新知识、新观念，渴望新生活。与改革开放历史进程相伴而生的是文化市场的活跃和传媒文化人物的涌现，时代赋予了中国传媒业蓬勃发展的土壤，也成为初探传媒业的我施展创新实践智慧的重要契机。

当然，回望昔日的传媒实践过程，如果可以总结的话，正如法国社会学家布尔迪厄所认识到的："每个人对世界都有一种实践知识，并且都将它运用于他们的日常活动之中。"[①] 因而对我而言，几十年前这些传媒创新的案例尽管历历在目，但如果要在当时的传媒场景中提出一个成形的传媒实践模式，我想对于任何一个人而言都是困难的。"摸着石头过河"是我对于那段经历最大的感悟，因为真的一切几乎都没有可以借鉴的。

有学者认为，传媒创新的萌芽和灵感来自布尔迪厄所指称的"惯习"，即一种能使个体"应付各种未被预见、变动不居的情境"，它也是"既持久存在而又可变更的"感情系统，通过将传统经验糅杂、联结的方式，持续地作为"各种知觉、评判和行动的母体"并发挥作用，从而帮助个体完成多重的、多样的、多维的任务。[②] 在布尔迪厄看来，任何社会场景都无法以一种逻辑推演、理论演绎的方式进行，而需要人们以一种社会实践的方式来理解理论和现实生活。同样地，当我面对中国传媒业的现实，也无法照搬照抄西方新闻业实践的理

---

① 布尔迪厄，华康德.反思社会学导引.李猛，李康，译.北京：商务印书馆，2005：8.
② 布尔迪厄，华康德.反思社会学导引.李猛，李康，译.北京：商务印书馆，2005：17-18.

论和经验，必须基于中国特定的时代场景和传媒业特征发挥个体的能动性。过往的传媒创新实践探索有其存在的必然性，正是所处的大时代赋予了我施展才能的空间。同时，传媒业和文化的大发展也倒逼着我——一个年轻气盛、充满新闻理想的中国传媒人，基于自身的性情、思考和感悟与时代相交融，开创出一片新天地，做出面向大时代的传媒创新实践选择。

1988 年，20 岁出头的我，正带着年轻人的冲劲和梦想，准备在杭州大展宏图。

我生在千岛湖长在千岛湖，这方土地赋予我水一般灵动的才气和水一般清澈的个性，毫不掩饰，大胆无畏。小时候家人说我注定与文艺工作有缘，因为我两三岁时就喜欢站在桌子上唱歌、跳舞，表现力很强，丝毫不怯场。没想到一语中的，不知何时文化基因已根植在我的骨血中，伴随了我的一生。

在学校读书的时候，我特别喜欢表演、朗诵等文艺活动，常常在学校和县里的演出中获奖。在每年淳安县文化局和淳安县总工会、淳安县教育局一起举办的"红五月"文艺晚会上，我总能拿到一等奖。有时是最佳导演，有时是最佳演员，对我来说都是不小的鼓舞，我在淳安当地也算是个小有名气的文艺积极分子。

1986 年，高中毕业前夕，我第一次走出家乡淳安县。那时，杭州市文化局正在杭州市桐庐县举行第五届杭州艺术节，18 岁的我凭借自己在学校的号召力和影响力，召集了一群十六七岁的小伙伴，组成并排演了一个讽刺当时社会不良风气的小品——《招干启示录》，自己导演并主演了这个小品。结果，我们在一众专业文艺工作者中脱颖而出，在第五届杭州艺术节上荣获了创作类和表演类的三等奖。当时那是我得到的最高荣誉，也是淳安县第一次在杭州市荣获文化艺术类的奖项。

高中毕业那年的暑假，我从《浙江广播电视报》上读到一则消息：省里要举行浙江省"金叶杯"电视小品大奖赛，我敏锐地嗅到了机会。依旧是那个剧本，那群小伙伴，依旧由我领头。毕竟是省一级的比赛，肯定要有所升级和改良，于是我组织同学们自己动手制作了许多笨拙的道具，比如用塑料泡沫打造的用来"送礼"的火腿，几乎可以以假乱真。其中有一块 2 米高的木牌，上书"处长室"，这是这部小品的主道具，象征着高高在上、脱离群众的腐败"处长"。我们就这样大包小包、扛着背着，乘坐淳安开往杭州的长途大巴车，颠簸了 9 个小时，第一次踏上了省城的土地。一下车，我们立刻忘记了旅途劳顿，被眼前繁华的城市景象深深吸引了。我们兴冲冲地到武林广场，准备乘公交车去南山路的省军区礼堂演出时，却被公交车售票员告知木牌太长、不能上公交车。我傻眼了，向司机及售票员央求了半天，还说"要不绑在车顶上"，售票员乐坏了，耐着性子跟我解释，公交车没有载货功能，车顶不能放东西，这跟从淳安县来杭州市的长途客车不一样云云。最后我们只得作罢，一行人雄赳赳地扛起木牌，冒着小雨，步行前往，终于在 50 多分钟后令人注目地出现在演出现场。

那时别人都是现代的灯光、现代的布景、现代的舞美设计，我们的《招干启示录》是土得掉渣的自制道具；别人是 25 岁以上专业演员组成的专业表演团体，我和小伙伴是一群平均年龄 17 岁、没学过表演的学生娃，只懵懵懂懂地凭着一腔对文化艺术的向往和热情，就迎着陌生的目光，站上了省一级的舞台。也许是因为年轻，也许是因为骨子里对文艺的喜爱，也许是因为不屈的性格，反正我从来没有怕过什么。我的想法是，既然出来了，那就好好地做一次。人们不仅没有笑话我们寒酸，反而啧啧称赞：这群初生的牛犊，有股敬业的精神。这次演出虽然只得了一个优胜奖，但我还是长了不少见识，由此也坚定了要走出小县城的决心。小县城的文化氛围毕竟还是有限，加上之前在杭州参加比赛的经历，高中毕业后我毅然决然地离开浙西山区，只身来到杭州寻求发展。

初到杭州，我由于在浙江省"金叶杯"电视小品大奖赛上的优异表现，被浙江省电视剧制作中心选中，参加了中心下属的演员剧团。电视剧摄制不是天天有，于是我同时也为中心拍摄的电视剧拉拉广告，跑跑腿，打打杂，就这样开始了在杭州独立闯荡的生涯。

那时还是"票证经济"，做衣服买布要有布票，吃肉要有肉票，买豆腐得有豆腐票，所有的开销都需要票证，没有票证寸步难行。而吃饭最基本的粮票分为全国通用和地方流动两种，淳安的粮票只能在淳安县内使用，到了省城就无法兑换粮食。只有全国粮票才能在全国各地都有效，出差的人必须持单位介绍信去粮店换一定数量的全国粮票，这也为我去杭州发展带来了极大的阻力。因我没有杭州户口，只能怀揣着父亲为我换来的全国通用粮票，在朋友处东混一晚、西凑一夜，饿了就买个馒头吃，艰辛地在杭州寻找着立足之地。

告别半年短暂的"演员"生涯后，我到《拳击与格斗》杂志浙江记者站里干活，依旧是搞些活动，帮着拉广告，打杂。大热的暑天，站长让我去买烟，我二话不说，立刻就跑着去了。要混饭吃，不勤快不听话是绝对行不通的。同事见我勤快机灵又听话，倒也时常教我些工作上的招数。当时《拳击与格斗》杂志办公室租在杭州菩提寺路附近一个120急救中心的辅楼里。因为没钱，我就借住在记者站的办公室里，晚上睡在办公室的桌子上、沙发上，半夜时常会被急救车刺耳的警笛声惊醒。冬天的时候，寒风从破了的窗玻璃钻进来，我冻得瑟瑟发抖，但一点也不觉得苦，更没动过回家的念头。我始终坚信自己会干出一番事业来。

后来，我有机会先后在《家庭教育》杂志编辑部、杭州青少年活动中心工作，那是我接触文化教育事业的契机。我在那里发现了自己的特长所在：策划、公关、当主持人，同时认识了一批像史行同志（原任浙江省文化局党组书记兼代局长）那样的好老师、老领导。其实，那时候并没有上升到在今天看来是面对时代机遇的自我实现，而是受周围人的影响和启发，我总是不断思考，作为一个文化工作者、一个媒体人，我能为这个城市、这个社会做些什么？

在早期的媒体实践活动中，出于工作的原因我比较多地关注少年儿童的成长教育问题和弱势群体的生活质量问题，通过组织各类文艺实践活动充实了儿童的课余实践，丰富了弱势群体的文化生活。"'葛奶奶'的'夏令营'""以爱之名：把轮椅推进卡拉OK厅""老吾老、幼吾幼""重阳佳节老少同乐""为文艺青年打造一个筑梦舞台"等文艺实践案例，是我实施开展基层文艺活动的创新举措，也是我投身传媒业的一系列探索实践。

案例分析｜串联社会资源的创新探索

一、"葛奶奶"的"夏令营"

"'爱的'夏令营"是我交上的第一份答卷。

如今的夏令营是最普通的暑期活动，各式各样，想参加报名即可。而20世纪80年代末90年代初的夏令营，却只开放给一些特定学生，譬如三好学生，参加物理、数学、化学竞赛的尖子生等。但我将目光投向了那些不被人关注的、受冷落的、残疾的、不幸的孩子，于是我开始了职业生涯中第一次真正意义上的策划。

初创的"'爱的'夏令营"活动是完全不同于以往的传媒创新模式，它服务的对象是一群特殊的孩子。42名十一二岁的营员，有的失去双亲，有的被父母抛弃，有的身体残疾。刚到夏令营的时候，不少小朋友还带有戒心。对待聋哑的少年，我们的辅导员老师们耐心地从"笔谈"到"手谈"，渐渐与孩子们建立了顺利的沟通，带他们开展一天的活动。而身体较弱的儿童，老师就形影不离地护在身旁。在陪伴照料孩子们的同时，老师们自己的身心也感受到了爱的力量。

为了让孩子们过一个有意义的假期，经过周密筹划，我们细致安排了夜游西湖、饺子野炊、灵山探胜、新沙嬉水、电子游艺、西瓜晚会、篝火晚会等丰富多彩的游艺活动和实弹射击等军事训练，还举办了一个温馨的集体生日会，以及由浙江省儿童医院、中国农工民主党浙江省委员会社会服务部有名的主治医生主导的专家义诊。四天的时间，那群身心受到双重伤害的孩子充分感受到了国家的温暖，知道了他们没有被放弃。

作为"'爱的'夏令营"这个活动的总策划和秘书长，我的第一个收获是"葛奶奶"这个绰号。这个活动经媒体宣传报道后，在省里颇有些轰动，还被新华社记者采访、在《瞭望》杂志上发表，我也因此出了一回名。很多人看了报道后纷纷给我写信、赞扬我，还不约而同地以"奶奶"尊称。因为他们认为，只有慈爱的老人或善良细心的女性才会有此善举，加之我当时的名字是"葛继红"，很容易被人误认为是女性，他们根本就没想到我是个20岁出头的毛头小伙子。一时间同事们也纷纷用"葛奶奶"这个称呼调侃我，令我哭笑不得。

其实，若说"'爱的'夏令营"是我给那群特殊的孩子编织的一个关于爱与希望的仲夏之梦，那它留给社会各界的影响就更加广泛和深远。时任浙江省委常委、宣传部部长罗东同志表示："组织这一活动是很有意义的，使他们在活动中过得愉快，感到生活在社会主义祖国是有光明前途的。"时任浙江省劳动人事厅党组副书记、副厅长刘云田表示："组织这一活动是非常必要的，推动全社会都来关心爱护他们，我非常支持这种活动……"①当时的中国书法家协会副主席、著名书法家沈鹏更是题词致敬——爱是理解与奉献。甚至，"'爱的'夏令营"开浙江"文化活动扶助弱势群体"之先河，从此，各种"以爱之名"的活动层出不穷。

至于"'爱的'夏令营"这个活动的第二收获，则是促成两名孩子的新生。时年15岁的小奇（化名）和10岁的小亮（化名）生来便同时具有男性和女性生殖器官，并分别被他们的父母遗弃街头，杭州市儿童福利院收养两人后，也曾出钱带他们到医院做过简单手术，但效果不佳，主要是因为没有足够的钱来治疗。幸运的是，小奇入选此次夏令营，得以被社会关注。时任浙江大学医学院附属第一医院院长黄怀德教授获悉小奇的情况，即指示院办与儿童福利院取得联系，约请小奇以及有相同遭遇的小亮到医院诊治，一切费用全免。偶尔想起此事，我会觉得这个夏令营起码改写了这两个孩子的生命轨迹，他们得以重生，正常长大、成家立业，如今可能就在某个岗位，为社会发光发热。想到这里我就颇觉欣慰，一种文化工作者、媒体人的使命担当感油然而生。

而对于那时初入职场的我而言，"'爱的'夏令营"之后的种种重要意义和深远影响，还不曾预料到。这是我独立策划的第一个活动，其初衷只不过是想激励那群特殊的孩子，让他们不孤单，使他们热爱生活，在体验中成长、在成长中收获、在收获中感恩，然后把爱传递下去，最后若能再回馈社会，那便是我最大的心愿。

因为这个心愿，我凭着一腔热血，初生牛犊不怕虎，敢想敢干、多方奔走，游说旅游景点提供免费资源、说服电视媒体负责宣传传播、找浙江省残疾人联合会谈联合主办……最终，"'爱的'夏令营"

---

① 葛继宏.""爱的"夏令营昨天在本市开营.杭州日报，1989-08-04(2).

由浙江省残疾人联合会、杭州市青少年活动中心、《家庭教育》杂志、浙江电视台等单位主办，得到了当时 20 多个企事业单位的大力支持，受到了省委和有关部门领导的关切和重视，厉翯华（时任浙江省人大常委会副主任）、王耀亭（时任浙江省顾问委员会常委）、谷迎春（时任浙江省社会科学院社会学研究所所长）、韦连城（时任浙江电视台台长）、李辉（时任浙江省残疾人福利基金会理事长）等均担任该活动的顾问，场面不可谓不宏大。

或者说，作为职场新进人员的我，用一个创意，如一条丝线般串起了社会多方资源，串起了所有的爱，最终凝聚成"'爱的'夏令营"。而这之后，我如醍醐灌顶：文化创新是最佳的资源，而让文化更具人性化，体现社会关怀和责任是最重要的指导原则。之后，我策划的大部分活动，都始终以爱为主线，譬如"三热爱"活动、浙江省第二届"青年文艺明星奖"、"欢乐金秋"老少同乐电视晚会、"把轮椅推进卡拉 OK 厅"等。

二、以爱之名：把轮椅推进卡拉 OK 厅

出于工作原因，我曾和许多残疾朋友交流，总感到他们生活的空间太狭小了，缺少平等参与各种活动的机会。灵光一闪下，我就有了把轮椅推进卡拉 OK 厅暨首届杭州市残疾人"中华歌曲大家唱"卡拉 OK 大奖赛活动的创意。

"向往美好，同样有一颗歌唱家之心"的残疾人，第一次登上了卡拉 OK 厅的舞台，从 2000 名市区和郊县参赛者中层层筛选出来的青年残疾人业余歌手，或坐着轮椅，或拄着拐杖，或被人搀扶，或步履艰难地挨次登场，一展歌喉、一决伯仲。

28 岁的黄云第一个上台，把一首《我的中国心》唱得情深意切。当年，一场大病使他双腿残疾，但他并不消沉，他热爱音乐，还是个挺不错的业余"歌星"；当李志根被人抬上演唱台，平生第一次拿起麦克风，唱完一曲他熟悉的《小城故事》后，他兴奋地说："我曲不成调了，因为今天我太激动……"摇着轮椅的鲁国良匆匆赶来，他说："以前我只是听别人说起卡拉OK。今天我不仅看到了，而且唱了，真好。"

即使以当下的眼光来看，这仍然是一场别开生面的活动：要知道，20世纪90年代初的歌唱比赛是稀罕的活动，90年代初的卡拉OK厅，更是最潮流的存在，是有钱人常去的娱乐场所，莫说残疾人了，就连普通人也常常望而却步。而借由这个活动，我们表达了社会对残疾人的一片爱心，推动了全社会关心和支持残疾人的业务文化活动，同时促进了卡拉OK的健康发展。而他们，越过崎岖、歌唱美好，对未来、对生活燃起了无限微光。

大奖赛的组委会主任、时任杭州市人民政府副秘书长吴志刚感慨道，残疾人的业余文化生活有社会的关心，是残疾人的福音，也是我们社会进步的标志。①

三、重阳佳节老少同乐，文艺青年筑梦舞台

当然，作为一个文化工作者，在扶助弱势群体的同时，我也牵头组织了一些有影响的社会文化活动，如"欢乐金秋"老少同乐电视晚会和第二届"青年文艺明星奖"。每个人在人生的各个阶段都需要得到人们的理解、接纳、尊重和认同。

秉着"老吾老，以及人之老；幼吾幼，以及人之幼"的优良传统，乘着重阳节的时机，我策划组织了"欢乐金秋"老少同乐电视晚会。赵松庭、郭仲选、谭丽娟、王鹏飞等当时知名的表演艺术家，杭州自发组成的老年人迪斯科队，青少年活动中心少儿艺术团的小学生，

---

① 胡志红，姜贤正.让轮椅推进卡拉OK厅.浙江日报，1991-11-14 (1).

一一登台，分别表演了诗朗诵、舞蹈、独唱、独角戏、迪斯科等寓意丰富、轻松愉快的文娱节目，老少的笑声融成一体。

如果说，以重阳节之名为老人组织联欢晚会是因为我对流行文化敏感，那老少同乐的创意则体现了我善于捕捉热点的一面。灯光通亮的舞台上，白发老人与小学生一起表演太极拳、比赛夹气球；济济一堂的观众席上，杭州市的一些老红军、老八路、离退休干部、退休工人等数百人欢声笑语，"老少同堂、天伦之乐"的别开生面的场景，尤为动人心扉。

美好的画面总是令人印象深刻，这老少同乐的晚会，不但得到孙佳贤、王国平、史济煊、罗云仙等时任省、市领导，以及原浙江省委书记、中共浙江省顾问委员会主任铁瑛等老同志的大力赞赏，而且在很长一段时间内广为流传、妇孺皆知。

1990 年 1 月，我策划了浙江省第二届"青年文艺明星奖"。这是一个比拼才艺的大奖赛，评选内容分声乐、器乐、舞蹈三大类，设明星奖、新星奖、优秀奖。当时大奖赛在省文化厅等社会各界的支持下，在省、市文艺界权威人士史行、赵松庭、郭桂芝、毛文蓉的指导推动下，举办得非常成功，声名远播，被众多主流媒体头条报道。

究其原因，相比第一届，该届评选扩大了评选范围，从原来的省青年文联会员扩展为全省青年文艺爱好者，并采用推荐和群众自荐的形式，使活动更加普及化和社会化。通俗来讲，就是给更多的文艺爱好者提供了一个平等竞争的机会，给了他们一个可以绽放自己的舞台。我至今仍记得大奖赛上一位年仅 17 岁的聋哑姑娘，她抱着对艺术的不懈追求和一颗勇敢的心，从宁波赶来杭州参加角逐，最终被评为优秀奖。领奖台上，女孩眼含热泪用手语说：谢谢你们给我们残疾人提供平等参与社会竞争的机会，谢谢。

为此，时任浙江省音乐家协会主席、艺术大师赵松庭评价道："青年文艺明星评选活动办得好，应该让更多的年轻艺术家有机会展露自己的才华，希望今后继续举办类似的活动。"①

尤其值得一提的是，为使这次活动更有社会效益，同时也为了响应党中央十三届五中全会的精神，优秀的文艺应更多地面向山区基层，我们因此专门组织这次获奖的部分优秀节目于春节前去革命老区——淳安县慰问演出。精彩纷呈的节目送进山区，受欢迎、暖人心，不仅促进了基层精神文明建设，而且引领了一股文艺下乡的风潮，至今仍在延续。从某种意义上来说，它还是当下"文化义工"的雏形。

我借用下当年《青年文艺报》的报道作为总结：无论从内容、性质、范围、规模及其社会效果来说，第二届评选活动都远远胜过第一届。它不但着眼于总结浙江省青年文艺方面一年来的成果，发现青年文艺新人，繁荣祖国文艺事业，而且在青年文艺普及化、社会化、群众化、深入化，发扬民族文化传统，加强社会主义精神文明建设等方面都做了更进一步的努力。②

指导意义｜创新力是把握机遇的实践探索力

总而言之，20世纪80年代末90年代初，正是我国改革开放以来文化产业发展的萌芽期，这一时期我策划和组织的文化活动是我作为一个青年人，初识社会的一次尝试，也是作为一个传媒人与当时这个"大时代"命运与共的一次创新实践探索。

一方面，大时代赋予了当事人无尽的创作空间和实践天地。一

① 葛继宏.群星荟萃于一月的杭城.青年文文艺报，1991-03-01(4).
② 葛继宏.群星荟萃于一月的杭城.青年文文艺报，1991-03-01(4).

个人再有天赋，一旦脱离了时代的主旋律也将举步维艰，而我的传媒创新实践正是"时势造英雄"的体现，在改革开放万象更新、文化繁荣的大背景下，个人的实践创新有了可能。从"'爱的'夏令营""把轮椅推进卡拉OK厅"到"欢乐金秋"老少同乐电视晚会、浙江省第二届"青年文艺明星奖"，一切都是在摸索中与时代同行。当然，大时代提供的传媒发展背景，既是一次挑战，同样也是一次机遇，在这场"考试"面前，今天回头看我总体答得还令人满意。时任浙江省文化局党组书记兼代局长、中国戏剧协会浙江分会名誉主席史行评价我道："葛继宏不仅能联系各方面的群众，而且懂得群众的心态，他能因地因时因人制宜，是难得的人才。"

另一方面，任何传媒创新实践的成功，还需要与当事人的个人天赋、资源秉性相契合，才能真正形塑创新实践的"惯习"。有记者朋友形容我，"语速快得惊人，思维也十分敏捷，那种节奏，一浪赶着一浪，波浪滚滚地劈头盖脸打过来，若躲避不及，很容易被淹没。不过也许正是他的这种波涛汹涌势不可挡的勇气和毅力，才使他做成了一些事情"[1]。可以说，正是这些大型活动的策划组织，激发了当事者的能力、努力以及一颗敢想、敢闯之心。时任中国电视艺术家协会浙江分会副主席、浙江电视台台长韦连城评价道："葛继宏策划和组织了许多活动，为推动社会主义的民族文化建设出了一把力，为加强精神文明建设起了作用。"时任共青团杭州市委副书记、杭州市青年联合会主席王进表示："葛继宏在省市的青年活动中，表现出表演、舞蹈、声乐、节目主持等多项才能，特别是在一些大型群众活动中，突出地表现出很强的公关、活动组织才能，是个优秀的人才"。时任浙江省人大常委会副秘书长、文教卫委员会副主任刘新说："葛继宏对社会主义精神明建设事业有着一颗执着追

---

[1] 葛继宏热衷节目主持.钱江晚报，1991-02-24(4).

求的心，这是难能可贵的。"

　　而以上种种，或许正是那个时期的浙江年轻文化活动工作者的共同特点。我也要感谢那个"大时代"赋予我、激发我的种种灵感，为我创造了施展才华的广阔舞台。

葛继宏先生嘱咐我为其书稿第一章做个点评,作为好友和同行,我欣然从命。当翻开这部厚厚的写有他传媒从业经历的书稿,我的内心既欣喜又振奋——毕竟我和他的经历有点相似,都是做媒体出身,后来又到高校任职,因此当我读到书里的很多内容时,不免有些共鸣。当然,在我看来最为重要的,正如首章主标题所写"面向大时代",才是我们这代人回望过去最感慨万千的原因。可以说我们很荣幸,作为这一时期的经历者和见证人,我们有幸参与了中国综合国力发展最为迅速发展的阶段之一。同时,作为这一时期的媒体人和写作者,我们也有幸记录下这个不断壮大、不同凡响的伟大时代。读罢首章,感受有三个:

第一,我惊叹于他身上所体现的浙江人的品格。改革开放以来,锐意进取、敢闯敢拼的浙江人形象可谓深入人心,开创出一条敢为人先的浙江发展之路,而葛先生的传媒创新实践也是与改革开放进程同步的探索尝试,在时代的巨流中抓住了发展的契机。在当时的传媒境遇中,由于没有什么可以值得借鉴和模仿的经验,风险与机遇并存,几乎每个传媒人都是摸着石头过河,而这些从实践中走出来的人,最终成为时代的弄潮儿。

第二,我佩服于他身上所展示的灵动和智慧。并非科班出身的他,能在早期的媒体实践活动中灵活处置问题,应对各种变化多端的场景和情境,策划设计出多样的传媒活动,这已经显现出其所具有的才华和创新能力。在对于所有人都是全新的"公平"环境下,机会属于那些有准备的人,"小葛"抓住了机遇,当然也依靠一丝幸运,以年轻人的拼劲和干劲,锻造出其出奇制胜的传媒实践智慧,从而在历次传媒活动中脱颖而出。

　　第三，我感受于他身上所释放的人文情怀。在传媒实践中始终关注于青少年的成长和弱势群体的生活质量，以悲天悯人之心洞察社会，关爱需要帮助的人，这也是传媒人队伍中难以做到的崇高信念。善于把镜头朝下看，聚焦于普通人和弱势群体，闪现出人性的光辉，这已经不仅是其早期传媒实践的特征，可以说贯穿于其后来一系列的传媒创意策划活动之中，这种精神和情怀尤为值得肯定。

　　总之，在葛先生的书稿中，我不仅读到了一个传媒人发展成长、实践创新的故事，更是看到了一个个体在时代的洪流中与国家共同前进的故事。我有理由相信，他在书中所描述的个人奋斗、砥砺前行的点点滴滴，一定会让每一位读者受益匪浅，难以忘怀。

余清楚

厦门大学新闻传播学院院长

人民网原总编辑

CHAPTER TWO

一九九四年九月廿
右葛继宏先生
遂速写象
方成96

画作者：著名漫画家方成

第二章

文艺节目初创——《名人热线》

导　言

　　电台节目《名人热线》的成功，可以说是第一个让我在文艺领域立足的节目，现在回想起这一时期自己创作和奋斗的经历，依然是感慨万千。有温存有感动，有不舍有唏嘘，有初生牛犊的勇气，有敢为人先的胆气，也有恰同学少年时候的那股子闯劲。很多故事可回溯，很多话语可追忆，或许还有那么一些经验值得说道，这其中有和观众沟通时的感受，有和名人交流时的感想，也有自己对自己奋斗历程的感悟。

　　新技术的运用是促进媒介发展的重要驱动力，也是传递信息与推进文化交流的重要因素。受众对于媒体的新技术和节目的新形式也总是抱有欢迎的态度。古登堡印刷术开启了大众传播的时代，移动互联网技术颠覆了传统媒体的格局。《名人热线》栏目能够取得成功，很大程度上也是依托了当时最新的通信手段——"三方通话"技术。1992年，在与时任杭州市电信局副局长王建宙的一次聊天中，我获悉了当时刚刚引进的"三方通话"技术，即在呼叫等待的基础上，使原来处于保持状态的用户，能够加入通话，从而实现三方实时交谈。年轻时候的我总是冲劲十足，但凡遇上什么事都喜欢多想一想，尤其是新科技、新工具出现的时候，我总爱思考它能不能为我所用，会给我的工作、生活带来怎么样的变化。捕捉到如此重要的技术信息，我马上将"三方通话"技术和电台联系了起来。如果在电台来个"三方通话",将时下热门的明星、著名的文学家或者其他一些引起社会巨大关注的杰出人士,由我牵线"请"到直播间来,在我和嘉宾对话期间,再邀请打热线进来的听众进行直接对话,实现三方实时交谈,那该是多了不起的创举呀。实干精神要求我必须行动起来,我立马回到台里将我的想法告诉了浙江文艺广播电台台长,台长也表示肯定和认可。于是,一档叫作《名人热线》的栏目就这样带着我对未知的憧憬与期待应运而生了。在历史的长河中,技术总是驱动人类进步的关键因素。在这个时代,5G技术、人工智能、虚拟现实等先进技术层出不穷。信息通信技术已不仅仅是媒体发展的保障力量,更重要的是,其推动的信息化进程创新和丰富了媒体业态,改变了人们对媒体范畴的认知。新媒体技术为移动终端载体,以互动为诉求,以多元化融合为特色,正在改变着媒体格局,也影响着社会文化形塑的方式。

当然,内容永远是栏目生存发展的根本,电台直播节目《名人热线》筑起了明星与听众之间沟通的桥梁,从某种程度上满足了人民群众稀缺的"文化关注",同时以新技术应用形式,提升了文化传播的影响力、传播力和竞争力,探索了明星与受众互动的媒体传播路径。节目形式新颖、知名人士参与,丰富了人民群众的文化娱乐生活,得到了人民群众和政府的肯定,对时代背景下宏观的文化交流热点问题做出了应答。

理论想象｜社会理念引发文化自觉

电台节目作为 20 世纪 90 年代初的主要媒介形式，影响着一代人的社会文化生活。文化学者雷蒙·威廉斯在关于文化与社会的论述中提出"文化是一种整体的生活方式"，并指出社会文化的"客观结构"会对人们的"主观感受"产生影响[①]。媒介的内容自然是影响人们社会文化生活的重要部分，《名人热线》节目从创立到热播再到影响了杭城人们对于明星和社会价值的接触和认知，是对文化与社会理念的一种诠释与实践。

与此同时，电台节目的开播和运行实际上也是社会历史变迁和媒介战略管理理念的体现。李良荣认为，我国的报社、电视台、广播电台在高度集中的计划体制的影响下，长期缺乏真正的经营自主权："媒介领导按上级指示办事，对经营效果、经济效益、人才培养没有直接的责任。在这样的机制下，媒介领导不需战略意识，只要按令行事即可。然而，改革开放以来，媒介和媒介产业都已经发生了巨大的变化，市场经济的触角已经延伸到了这个领域。"[②] 可见，改革开放以来的社会变革推进了传媒运作方式的改变，以传媒机制的调整推动着传媒领域的创新。

20 世纪 90 年代，随着社会主义市场经济的确立，新闻界逐渐达成一个共识："新闻事业不但是一支强大的精神上、道义上的力量，而且还是一支强大的经济力量。"[③] 传媒所具有的"事业性质，企业管理"的特性，使新闻媒体具有形而上的上层建筑和形而下的信息产业的双重属性。这也意味着作为社会主义市场经济有机组成部分

---

① 雷蒙·威廉斯.文化与社会：1780—1950.高晓玲，译.北京：商务印书馆，2018：142.

② 邵培仁.媒介管理学.北京：高等教育出版社，2002：96.

③ 李良荣.新闻学概论.6 版.上海：复旦大学出版社，2018：169.

的中国大众传媒必须争取到足够的受众才能生存下去。

正是在这样的背景下，传媒领域的创新发展势在必行。由我开创的《名人热线》栏目从无到有，当时几乎没有可以借鉴的成熟案例，可凭借的只有文化自觉的认知与勇于创新的精神、媒体人的一腔热血和冲劲自信。《名人热线》内容从娱乐大众到反映社会热点，从名人的访谈到传递正能量价值观，不断做到与时俱进、顺应时代潮流，在张扬个性的同时不失责任与担当，自觉肩负起媒体人的文化传播责任。节目的开播在当时引起了不小的社会反响，受到了大众的欢迎和政府的肯定。

案例分析 | 广播模式的创新与创意

20 世纪 90 年代初，中国广播开始进入频道专业化的探索实践，广播技术从"中波"跨越到"调频立体声"，"电台播音员"也华丽转身，有了"电台主持人"的新称呼，人们对广播节目的质量也提出了更高的要求。为了进一步彰显广播节目的活力和独特魅力，积极探索和挖掘自身的特色和最大优势，各家广播频道高招迭出，"空中大战"如火如荼。而我，作为浙江文艺广播电台的一员，一手策划和主持的《名人热线》，是这场"空中大战"的参与者和胜利者。若究其原因，唯"创新"而已。

一、《名人热线》创新广播模式

1992 年，我到浙江文艺广播电台工作。那时候，中国广播技术刚刚从"中波"跨越到了"声音优美、音质更好"的"调频立体声"，为语言类文艺节目的发展带来良好机遇。而除了技术的进步，当时电台行业的很多方面都在悄然变化。譬如，"电台播音员"的概念正转变为"电台主持人"。在这里，请允许我向年轻的朋友们解释一下，在20世纪90年代以前，"主持人"通常被称作"播音员"。如同我们印象里对播音员的认知一样，当时的电台播音员在广播时往往说话字正腔圆，以单向信息输出为主，与听众少有互动，让人有"高高在上"的距离感。但随着信息技术的发展，随着广播节目的不断增多，越来越多的"播音员"以主持人的身份出现在节目中，以亲切平易的语调向听众问候，一种全新的播者形象和播报风格迅速传播开来。

这一时期的电台显然已经开始转变，迈向了全新发展阶段，尽管和如今相比，或许还显得比较稚嫩。而作为"历史当事人"的我，凭借媒体人独有的敏锐观察力，正关注着行业内悄然发生的改变，更不断思考"我是不是也该做点什么，让自己和听众进行更多的交流，让听众的要求得到进一步的满足，让自己的电台在行业里更具有竞争力"。

那时候的浙江文艺广播电台位于杭州市上城区的菩提寺路，距离当时的杭州市电信局非常近，仅隔一条街。那年夏天，我机缘巧合认识了一位在电信局工作的领导——王建宙。稍微关注我国通信行业的人都应该熟悉他，作为中国通信行业的领军人物，王建宙有过很多响当当的名头，执掌过中国联通和中国移动两大通信巨头，被美国《商业周刊》评为"2006年全球最佳CEO"之一[1]。不过，1992年的王建宙还只是杭州市电信局副局长，在一次偶然的聊天过程中，他告诉我，现在刚刚引进了"三方通话"技术，即在呼叫等待的基础上，使原来处于保持状态的用户，能够加入通话，从而实现三方实时交谈。

年轻的时候，人总是冲劲十足。当时，"爱动脑筋，爱折腾"

---

[1] The Best (and Worst) Leaders of 2006. *Business Week*，2006.

是同行们对我的一致评价。我这人有个习惯，但凡遇上什么事都喜欢多想一想，尤其是新科技、新工具出现的时候，我总爱思考它能不能为我所用，会给我的工作、生活带来怎么样的变化？抱着"要在行业中占据一席之地"的雄心壮志，我立刻捕捉到了重要信息，马上将"三方通话"技术和我工作的广播电台联系了起来。如果在电台来个"三方通话"，将时下热门的明星、著名的文学家或者其他一些引起社会巨大关注的杰出人士，由我牵线"请"到直播间来，在我和嘉宾对话期间，再邀请打热线进来的听众进行直接对话，实现三方实时交谈，那该是多了不起的创举呀。让明星和听众直接对话，这不仅会收到粉丝们的热情反馈，还会勾起许多路人的好奇心，势必会引起轰动效应。"太带劲儿了！"我一声欢呼，脑海里一下子出现了清晰而明确的初步策划方案。据我所知，目前行业里还没有这种形式的名人直播谈话节目，如果我带头将这个节目打造成功了，将会给浙江文艺广播电台带来一个跨越式的发展机会。内心的激动，让我的步伐不禁加快了，实干精神要求我必须行动起来。回到台里，我将我的想法告诉了台长，虽然还只是一个粗略的构想，台长也表示肯定和认可。于是，一档叫作《名人热线》的栏目就这样带着我对未知的憧憬与期待上线了。

《名人热线》这个栏目是确定了，但名人从哪请呢？最初，通过我和浙江文艺广播电台的多方努力，通过以往做节目积累的人脉资源辗转认识了姜昆、陈凯歌等看似遥不可及的大咖，然后，以他们为纽带，我们又陆续结识了其他名人。靠这种"滚雪球"的办法，我们的"名人资源库"越滚越大，成为支撑这档节目的基石。现在想来，这不就是美国哈佛大学的心理学教授斯坦利·米尔格拉姆提出的六度分隔（Six Degrees of Separation）现象吗？通俗的理解就是，一个人和任何一个陌生人之间所间隔的人不会超过六个，就是说，最多通过六个人你就能够认识任何一个陌生人。这也就是我们现在常说的"六人定律",如今十分流行的微博、朋友圈等社交网络也是在此基础理论上发展而来的。

不过,节目刚开始的时候,我也有心里没底的时候,当时都传言名人有"架子",难以接近。但我一想到《名人热线》的创意,就相信名人也会放下"架子",毕竟名人也有平常心,与挚爱自己的歌迷、听众谈心,明星肯定也会觉得颇有乐趣。果然,当名人们接到《名人热线》栏目在浙江文艺广播电台进行"三方通话"的邀请时,第一反应都是疑惑不解:"三方通话"是什么?待进一步了解之后,他们都觉得这样的广播节目非常有创意,认为能通过节目与听众直接通话、对话,非常有趣新颖,也非常有意义,纷纷表示愿意一试。记得当时著名影星林青霞收到《名人热线》栏目邀请时,也是惊呼:从来没见过这样形式的广播节目,台湾和香港都没有呢。

"名人"联系好了,自然也要告诉"听众"们。在节目开播前期,我联系了多家报纸、杂志等媒体,让他们帮忙刊登几篇与节目相关的文章,内容多是精彩的节目预告,会在文章末尾写上"如果想知道你喜爱的名人最近在做什么,那就请收听浙江文艺广播电台《名人热线》节目",并公布名人热线电话号码,以便听众可以打电话进来跟喜爱的名人对话。这样的插入式软文广告,旨在为节目预热,并以"了解明星近况"为由引导读者去收听节目,这在当时是比较新颖的宣传推广方式。比如,1992年12月,我就曾在《杭州日报》第2版"地方综合新闻"刊登了一则标题为《港台明星胡慧中 今与杭州朋友聊天》的短讯:

　　素有纯情玉女之美称的胡慧中自主演《欢颜》在内地一炮打响后,拥有不少影迷。近日她从西安赶往上海参加大型文艺晚会,笔者以浙江文艺台《名人热线》节目的主持人和《杭州日报》特约记者的身份，独家采访了胡慧中女士。我问："胡女士，你经常拍武打片很容易受伤，你有没有想过不再拍这一类片？"胡慧中笑着说："我也希望追求突破，不想局限作打女呀。"

胡慧中女士非常愉快地接受了笔者的邀请，当一回《名人热线》的特邀嘉宾。你想了解胡慧中女士的近况吗？你想得到由她签名的生活玉照作纪念吗？今天中午11:30，浙江文艺台《名人热线》节目推出"港台红星胡慧中与您对话"特别节目。届时，欢迎朋友们来参与对话。热线电话……

现在看来，这种首先在报纸上进行宣发，再将听众引流到电台的做法，甚至运用了现在多媒体融合的思维。在文化的生活方式中，通过技术的手段，构筑新的传播渠道和传播形式。《名人热线》让人们知道在杭州这个地方乃至内地（大陆）一夜之间突然多了一条"追星"的新途径。

在20世纪90年代，既没有发达的网络，也没有明星晒日常的微博，更没有自媒体，粉丝想知道偶像的信息只能通过报纸、杂志或是守着电视机。而且众所周知，当时较为有名的港台明星或者导演，很少来内地（大陆），他们和粉丝之间有一道天堑，让人觉得遥不可及。尽管内地（大陆）的粉丝非常渴望能有近距离接触偶像的机会，但毫无办法。而现在，机会来了，就在杭州，就在《名人热线》。通过一条电话线，即使明星们远在天涯海角，听众也可以和他们本人对话、交谈。可以说，《名人热线》在他们间架起了一道沟通、交融的桥梁，千里通信一线牵，让"粉丝"多年夙愿得以实现，梦想照见现实。为此，我很开心、很自豪。

传播渠道和传播技术的创新，赋予我们了解社会、接触社会更多的价值和意义，《名人热线》的创意，在于它是首个采用三方通话技术的节目，在于它超前地运用了如今的多媒体融合思维去宣传推广，在于它创造了一条"追星"的新途径，还在于我建立了一个广播节目的官方"后援会"——《名人热线》听众俱乐部。

为了更好地拉近听众和名人之间的距离，我心想，干脆来个《名人热线》听众俱乐部，既可以增进栏目与听众们的联系，又可以体现《名人热线》节目的特色，甚至还可以送给热情的听众一些福利。于是在1993年，《名人热线》听众俱乐部成立了，俱乐部下设影迷、歌迷、体育、综合四个组，俱乐部成员每月可以应邀参加一次活动，或与名人见面，或对节目内容、节目形式进行探讨、策划，好的意见我往往都会采纳。同时，我还会定期以抽签的方式，或从听众俱乐部的成员中选出嘉宾主持，将他们请到电台直播室和名人对话，或给他们送出名人的签名书籍、磁带等幸运礼物。此外，俱乐部还每月出版会刊，引导听众结合名人话题展开述评和讨论，使大家更详尽地了解名人的艺术创作、成长过程、慈善公益以及奋斗历史，引导他们从正能量的角度追星，引导他们吸取名人成功的经验，并有所收获。这样的互动既可以为电台培养固定的一批听众，也可以为明星制造话题。对了，影星林青霞还是《名人热线》听众俱乐部的名誉顾问呢。可以说，听众俱乐部利用自身媒体平台优势，把会员凝聚在一起，丰富人们的文化生活，是广播改革中一个广播与听众沟通的新模式，引领了一股新潮流。

二、内容为王，岁月留声

《名人热线》自1992年11月中旬开通以来，陆续邀请了陈凯歌、赵忠祥、姜昆、林青霞、毛阿敏、宋丹丹、谭咏麟、胡慧中、刘晓庆、蔡国庆、陈佩斯等60多位大大小小的名人与听众进行热线交流，电话热线场场爆满，成了当时浙江广播电台里的王牌节目，颇为引人注目。每逢星期天晚上6∶30（有时也会根据名人的行程变化调整直播时间），只要你打开收音机，就能听到众多如雷贯耳的明星，和蔼可亲地与人娓娓而谈：成名路的坎坷、创业史的辛酸，甚至中意的爱人、生活的伴侣这些个人"机密"都会和盘托出。

说来很多人也许不信，我邀请的这些张口就是上万、"金口难开"的名人中，没有一人提到报酬，不少人为了赴《名人热线》之约，还推掉了赚钱的机会，留下了一段段佳话。譬如歌星毛阿敏，她在电话中跟听众一聊就是一小时，聊得很随便，像是在拉家常，还跟一位小朋友在电话中一起唱了《世上只有妈妈好》，更特意清唱了一首她最新的歌曲献给听众。在节目结束时，毛阿敏显得非常开心，并感谢我和《名人热线》给了她这样的机会，跟歌迷直接聊天，使他们之间更加深入了解。

当然，也不是所有名人的邀请之路都一帆风顺，需要经历种种波折艰辛的也有不少，但为了节目内容，我也都费尽心思一一想办法解决了。用当时的同行评价我的话来说，就是"不按常理出牌"。或许这就是改变文化生活中"客观结构"的一种尝试吧。

1993年3月，火遍内地（大陆）及港澳台的影星林青霞来杭州参加活动，媒体蜂拥而至。我为了争取到邀请林青霞参与《名人热线》的直播机会，先通过有关部门了解到她来杭州是参加一个度假村的剪彩活动，并得知分管接待工作的是当时的杭州市副市长华丽珍女士。通过华丽珍副市长，我很快又和林青霞的经纪人毕先生联系上了，听说《名人热线》想要邀请林青霞参与节目直播，毕先生当下并未应承，而是说要先与林青霞沟通。而当林青霞听说有一个广播直播节目，能实现三方通话，能让她和内地的影迷直接对话，觉得又惊又喜，立刻就答应了。于是，毕先生就安排在第二天上午10:35让林青霞与杭州的听众互动。第二天上午10:15，我准时来到林青霞下榻的杭州香格里拉饭店，结果遍寻不着毕先生，好一番打听才知道他被临时拉去度假村的工地了，也没来得及把这件事交代给其他同事。那不是人人一个手机、电话随时能联系的时代，这时离开播时间仅有20分钟，我一下子傻眼了。但节目不能开天窗，凭着记者的敏锐，我发现楼内有非常多的特警和台湾来的私人保镖，因此判断林青霞肯定还没有离开饭店。我当下就和保镖们攀谈起来，动之以情晓之以理，以近乎顽固的执着和真诚的沟通，说得保镖们都同情我了，终于替我敲响了林青霞的房门。

幸好，毕先生在临走前已经和林青霞沟通好了采访一事，我进门后迅速开始准备工作，这时已是11:05。10分钟后，林青霞一身淡妆便服出来与我握手并致歉。11:15，《名人热线》就在她的套房里开播了。林青霞兴致很高，1小时的节目直播里，和8位打入热线电话的听众对话、交谈，丝毫无名人架子，更表示很高兴能够与观众直接对话，认为"自己最大的财富就是全世界的中国人都是她的朋友"。此外，还有一个小插曲让我印象尤为深刻。因为要做连线直播，但是设备又有限制，当时没有手机（大哥大）等通信工具，我灵机一动，想到了酒店客房的客厅和厕所的两部电话是同线，于是林青霞用客厅的电话接受采访，而我则躲进厕所里，坐在马桶上完成了直播。采访结束后，林青霞实在忍不住了，笑得东倒西歪，这也成了我和林青霞之间特别的回忆，现在想来依然觉得非常有趣。之后，有记者采访林青霞时，她还特意提到"（杭州）这种广播节目形式比台湾香港都要先进，使我通过电波就可以跟那么多的影迷一起聊天，我很开心……"当然，这也是林青霞那次来杭后的唯一一次独家直播采访，为此我深感荣幸。

其实，林青霞的直播采访虽有波折，但还不算艰辛，对谭咏麟的独家采访才真正让我吃足了苦头。1992年12月，"天王巨星"谭咏麟来沪，我作为《名人热线》的主持人一马当先到了上海，发现已有众多媒体围堵在他下榻的华亭宾馆，但因谭咏麟在休息，媒体终究熬不住，纷纷散去。然而，我没有走，我坚持一定要采访到谭咏麟，不然我怎么向《名人热线》的听众交代？我忍着饥饿和疲倦，在寒风中守候了10个小时，冻到双脚麻木迈不开步子，却依然没等到谭咏麟。不过，我还是没死心，灵机一动，跑到他彩排的体育馆，在厕所躲了一夜，与体育馆保安上演了一场"猫和老鼠"。最后，一番诚心终于感动了谭咏麟的经纪人叶汉根先生，他破例答应在谭咏麟彩排间隙让我独家采访，这才有了后来他与听众互敞心扉的聊天。

印象中，谭咏麟先生非常热情，听说我来自杭州，马上急问："杭州的朋友喜欢我的歌吗？杭州有我的歌迷吗？广东歌听得懂吗？"听说浙江文艺台开设了听众、歌迷与明星三方直接交谈的《名人热线》节目时，他非常兴奋地说："这个节目好，我可以不到杭州，先跟歌迷聊聊了。"我问他："你在舞台上洋溢着那么强烈的生命活力和青春激情，谁也无法想象你已届不惑之年，是否能谈谈你保持青春的奥秘？"谭咏麟眼睛一瞪，非常幽默地回答："我是吸收了日月精华，白天我打网球、踢足球，晚上练高尔夫球。还有一个原因，可能是干我们这一行的心态不一样吧！"之后，我又问了一些关于歌迷的问题，可以看出，谭咏麟非常爱他的歌迷，常说的一句话是："我非常喜欢唱歌，因为唱歌可以跟歌迷们玩了。"

三、不断探索，开创先河

因为一个个人们仰慕已久的名人出现在杭城的空中，不少人还有幸与他们对话，《名人热线》很快成了收听率颇高的节目。时任国家广播电影电视部副部长刘习良对《名人热线》节目给予了很好的评价和肯定，并为它题词。

但我并未满足，我在实践中积累经验，在探寻中寻找路子，我希望《名人热线》能有更长远的发展，因此往更有深度和文化底蕴的方向寻找节目话题、内容。1993 年那段时间，人们对不景气的电影市场很关心，对获得戛纳电影节大奖的《霸王别姬》被"禁映"一事议论纷纷，我费了众多周折，终于找到时任国家广播电影电视部电影局局长滕进贤，让他就这些热点问题为听众现场释疑。

　　1993 年 8 月 1 日，滕进贤先生做客《名人热线》节目，回答了听众普遍关心的一些问题。有听众问道："现在电影市场很不景气，我认为一个重要原因就是影片本身的质量问题。但有些优秀的影片，比如说获大奖的《霸王别姬》，听说要在全国'禁映'，请问滕局长是否有这回事？"面对这个略显犀利的问题，滕局长很坦诚地向听众进行了解答："现在我们的电影遇到了很多困难，受到了电视、录像，还有多种娱乐形式的这种大文化市场的冲击，这就要求我们从质量求生存，从质量求发展。另外你刚才提到《霸王别姬》这部影片的问题，我相信也是观众们很关心的问题，这部影片在不久的将来可以跟观众见面。但由于这部影片还需要做一些修改，我想有责任感的制片厂家、艺术家会和我们一道考虑这个问题，做一些小小的修改，更适合我们中国广大观众的审美要求。所以我想在不久的将来大家能够看到这部影片，在今年是没有问题的。"接着，我也问道："目前，中国电影市场上放映的外国影片中，很少有高质量的外国影片，特别是那些刚获奥斯卡奖的影片，不知你如何看待？"滕局长回答道："国家电影局给中影公司的职责是由他们经营管理进口影片的业务。国家每年进口的外国片，是有一定比例的，大体上是市场发行总数量的三分之一左右，也就是说每年要进口的外国片有五六十部的样子。进口时，我们应该顾及全世界很多国家的电影产品。当然也有很多电影大国的产品，这些产品的版权价格比较高，我国在电影上的经费还是比较困难的，新的获奥斯卡奖的影片价格太高，我们在经济承受能力上比较差一些。当然，我们要尽量集中款项购进一些特别有影响的影片跟观众见面。近年来，遇到的困难不只是中国，其他有很多国家在电影方面也遇到了危机，我觉得中国是最有希望的。但我们作为政府主管部门，一方面积极地督促中影公司选择一些世界上特别有影响的作品，集中款项把它买下来；同时我也希望广大观众能够谅解我们现在的经济和外汇幅度的一些困难，还不可能大量进口。在这里我可以跟大家透露一下，目前，中影公司已经新买了一些法国的和美国的影片，现正在译制当中，并已经通过审定，我想很快就可以上映。"

距离滕进贤局长做客节目没多久，时任国家广播电视部副部长刘习良也接受了《名人热线》的邀请，他和时任浙江省广播电视厅厅长方文一起，与听众就广播问题高谈阔论。1993 年是广播年，全国各地专业台的兴起，使广播从以前播音员向听众灌输变成了交流，听众的参与性越来越强，同时，主持人也在逐步地兴起。有人认为这种现象是非常好的，但也有人认为这种现象不会太长，那么，广播这条改革之路的前景究竟如何呢？如何才能保持广播自身的生命力呢？广播又如何走向当前的市场经济呢？针对这些热门话题，刘习良副部长娓娓道来，分享独到见解、真知灼见，让听众获益匪浅。

继分别与滕进贤局长、刘习良副部长"三方通话"后，我突然意识到《名人热线》栏目的意义已经远不止娱乐大众了。在我一路的探索中，它的内容开始多样化、话题开始深度化，更多地想让听众通过节目感受文化内涵，传递一种正能量的价值观，以此持续提升节目影响力与表现力。于是，我一鼓作气，乘着这股东风，又以《名人热线》电台直播的方式采访了时任《人民日报》社社长邵华泽中将，同时邀请时任《浙江日报》社总编辑江坪先生作为嘉宾，共同探讨。

通过《名人热线》，邵华泽社长、江坪总编辑与听众畅谈新闻改革，并对浙江新闻改革给予了高度评价和肯定。邵华泽先生谈了《人民日报》如何在保持权威性的同时，增强可亲性、可看性；谈了作为宣传舆论工具的报纸，如何在新形势下当好党的喉舌、反映人民呼声、办好"双声道"；谈了地方党报如何在报刊大战中脱颖而出。同时，浙江籍的邵华泽很关心浙江的新闻事业，对浙江新闻改革提出了很多切实建议，譬如要走"个性"路子，要准确反映党中央的政策、要求，要正确反映社会形势和趋向，要搞好双向交流、回答读者关心的热点问题，更强调报纸要扩大报道面，多登短新闻，加强时效性。

这几场与多位和中国文化事业息息相关的领导的对话，在当时也引起了轰动。对于当时的地方广播电台来说，能让国家部委的领导与大众直接对话，且谈话内容涉及新闻、影视、广播、民生等诸多方面，在中国是很少见的，即便是当下也鲜少见过，也是开创先河，能人之所不能，走在了时代最前方。与不同层面的人物的对话，为人们展现了社会生活方方面面，构筑不同的"情感结构"，对受众产生不同层面的影响。

节目播出后，《名人热线》的社会影响力持续上升，吸引了更多名人大家的关注，来节目做客的文化名人也越来越多。也因此，《名人热线》得到了不少媒体的关注，《浙江日报》《钱江晚报》《杭州日报》《浙江广播电视报》，以及新华社等多家报纸杂志等报道了我和我的《名人热线》。钱江晚报称《名人热线》为"浙江文艺广播电台的拳头产品"；新华社记者在《新华每日电讯》刊文《西湖上空有条"名人热线"》，[①]对节目进行了高度的评价。然而，《名人热线》更宏观的价值、更珍贵的意义，却是在我有幸采访尤今女士后才领悟到。

尤今是著名的新加坡女作家，以写游记小说见长，主要作品有《沙

---

① 朱国贤. 西湖上空有条"名人热线". 新华每日电讯, 1993-10-31(5).

漠中的小白屋》《迷失的雨季》《那一份遥远的情》《浪漫之旅》《太阳不肯回去》《尤今小说精编》等。1992 年，我向尤今女士拨去了一个越洋电话，开门见山地表示希望通过现场直播的方式为她制作一个长达 40 分钟的越洋访问节目，尤今女士高兴地答应了。节目于晚上 7 时正式开始，电话这头，除了我，还有当晚做客《名人热线》的浙江文艺出版社编辑室主任汪逸芳女士，再加上接入热线的听众，一时尤为热闹。尤今女士在后来专门为做客《名人热线》这件事写了一篇文章《热线电话》，文中提到："奇妙的是：这些隔着山隔着水千里迢迢地传来的声音，竟然清晰得好似从一步之遥的短距离播送过来的……不曾经过任何生硬的彩排，也不曾接到任何特别的指示，一切的言谈，都是即兴的、随意的、自由的……电话两头原本互不相识的陌生客，蓦然变成了互通心曲的旧相识。那种感觉，好似在阴恻恻的寒天里喝下了热乎乎的汤，十分受用哪！"尤今女士在文末还提到："越洋访问而现场直播的这一类节目，让我欣喜地看到了中国另一个层面的开放现象！"[①]

　　读了尤今女士的这篇文章，我内心涟漪不断，我从未想到一个节目竟然也能为中国的改革开放贡献一分力量。而且，从某种意义来说，《名人热线》也算是为中国文化的"走出去"，让世界了解中国，做了一点微薄贡献。其实，我觉得，这一切奇妙的缘分、美好的感觉都是技术的进步、节目的"三方通话"创意促成的，据当时学者的考究，电台的"三方通话"，从全世界范围来看，在当时除了我没有先例。可见，一个节目的创新，并不仅是内容、规模上的突破，实际上，不断进化并推陈出新的现代科学技术，正在给节目内容的创新提供更多更有价值的帮助，起到画龙点睛的作用。创新的扩散是一个逐步的过程，正是有了第一次的探索，才会有之后

① 葛继宏. 省文艺台首开《名人日线》越洋电话. 杭州日报, 1993-01-26.

互动更多、形式更丰富的访谈节目内容的出现。

1993年，当时的新华社记者朱国贤（曾任浙江省委常委、宣传部部长，现任第十九届中央纪委委员、湖南省委副书记）专门为此写了一篇新华社通讯稿《西湖上空有条"名人热线"》，这是第一篇向海内外介绍我和我的节目的新闻通讯稿，也让更多的人了解《名人热线》，了解作为主持人的我。文中写道：

> 今年的杭城，"空中大战"打得如火如荼，各家频出高招，使得听众不亦乐乎。"硝烟"过后，几个王牌节目脱颖而出，浙江文艺广播电台的《名人热线》颇为引人注目。每逢星期天晚上6:30，不少人早早打开收音机，盼望着名人来到自己的身边。这些如日中天的明星，怎么一下子都显得那么随和，那么谦逊？是他，浙江文艺电台《名人热线》节目的主持人葛继宏，使名人放下架子……葛继宏不是新闻科班出身，但他主持策划了一系列活动，慢慢崭露头角，他在实践中积累经验，在探寻中寻找路子。一周一度，一位位名人与听众交流，有谁知道，为了这一小时的"闲聊"，葛继宏付出了多少心血。《名人热线》使闪光的明星与平凡的听众有了交融的"桥梁"，葛继宏既成了名人的"哥儿们"，又成了听众的朋友[1]。

指导意义｜创新力是深入生活的迸发力

的确，《名人热线》的从无到有、从娱乐大众到反映社会热点、从名人的访谈到传递正能量价值观，我一路"摸着石头过河"，没有可以借鉴的成熟体系，有的只是一腔热血的冲劲和自信，并不断学习和改进，不断拼搏和积累，顺应时代潮流、传承优良传统、张

---

[1] 朱国贤.西湖上空有条"名人热线".新华每日电讯，1993-10-31(5).

扬个性，自觉担当起"国家之声、民族之音"的重任，开创既具有时代特色，又符合大众审美，并能够弘扬民族精神的节目。而在这个过程中，我扎扎实实地感受了一把"创新的力量"，并以此不断激励自己，捕捉深入观察后的创意，把握沉着思考后的自信。

当然，我的传媒创新的试水和成功，如果要问是否能复制，我的回答是时代赋予了我创新的土壤，体制机制的盘活是我创新的引擎。正是改革开放这一巨大的社会背景和时代红利促成了传媒创新力的迸发，而"事业性质，企业管理"成为发展传媒的基本准绳。传媒的市场化改革，既是对传统传媒体制机制的改革，更是对传媒创新发展的"解放"。这一传媒运作方式，也影响着一代人的文化生活方式，而《名人热线》的播出，对于当时的听众甚至是杭城的群众，也是一种新的文化生活形式，在潜移默化中形塑了人们对于传媒和流行文化的新认识，使其成为人们生活方式中的一部分。可以说，任何一档节目的播出和文化效果的产生都有其必然性，也有其偶然性，《名人热线》作为一档名人访谈栏目在当时颇具开创意义，也为日后相似节目的制作提供了可借鉴的创新模式和参考经验。

专家评述

技术赋能媒体在不断创新，而思维敏捷、勇于变革、敢于实践的媒体人，总是能立于时代潮流之前沿，神速捕捉每一次创新的机遇、链接各种可能的资源，把点滴的创新思考付诸实践。在20世纪90年代初，媒体人葛继宏就成了时代的弄潮儿。

通信技术是驱动媒体进行数字化转型的第一股力量。在多数人对通信技术尚无感的情形下，葛继宏先生在1992年就快速将"三方通话"的技术，引入了浙江文艺广播电台，开启了一档叫作《名人热线》的栏目，开创了一个由主持人、访谈对象和听众共同在场的新型媒体空间，不仅赢得了听众的喜爱，也赋予了著名访谈对象以新奇的体验，获得了他们的赞誉。当年新闻传播的观念基本上是单向的、单线的，《名人热线》打破了传统的模式，形成了创新的效应，也助益了早期数字新闻业的初步形态：重视互动交流式传播，创造共享式信息空间。

葛继宏先生在20世纪90年代的新闻实践，可以总结、提炼的方面确实很多，难能可贵的是他还结合相关理论进行了阐释。假如有更多的创新实践得到总结和提炼，我们的媒体就可以从中借鉴更丰富的经验和专业理念。比如值得一提的还有，《名人热线》栏目逐渐拥有了早期的"数据库"雏形，其访谈对象就是其一，体现了一种发展型思维。葛继宏先生通过对新闻业的热忱和理想，积累了较丰富的"社会资本"，并作为其创设的电台栏目的重要资源。我国的媒体在数据资源方面积累较为薄弱、观念较为落后和短视化，新闻机构在数据资源方面缺少顶层设计，通常依赖人为的个人资源、个人经验式数据。关于信息和社会资源的大量数据未得到充分的开发、未得到结构化处理，甚为可惜。期待葛继宏先生从他的宝贵的新闻实践经历中提炼更多的思考、萃取更多的理论，让创新精神和实践经验得以传承。

葛继宏先生的《创新力——中国媒体人的文化实践》一书从自身的传媒创新实践中观察、思考，总结一些重要的思考和观点，并从理论的层面去探究曾经经历和正在发生的不同面向的媒体创新。从中我们可以感悟到：尽管技术驱动了创新，但是创新的内在动力，仍得益于人，媒体创新的源泉，依然是媒体人的主观能动性。

陈昌凤

清华大学新闻与传播学院常务副院长

教育部新闻传播学教学指导委员会副主任委员

一、文化认同与文化自信激发文化创新
——策划第三届浙江电视博览会颁奖仪式

　　进入 20 世纪 90 年代后，随着经济改革和市场活跃，中国广播电视行业在新一轮改革开放热潮中迅猛发展，加快了追赶世界先进水平的步伐。

　　当时在行业中极具影响力的要数由原国家广播电影电视部、四川省人民政府主办，四川省广播电影电视局、四川广播电视台承办的"四川电视节"了。自 1991 年第一届四川电视节举办以来，逐渐形成了电视节的节目交易和设备交易两大市场，并且形成了国际化、专业化、市场化的规模，在广播电视行业内极负盛名。更轰动的是，当时四川电视节开幕式的文艺晚会邀请到了香港"四大天王"之一的刘德华和"四大天后"之一的叶倩文，给到场参加四川电视节的浙江省广播电视厅的领导们留下了深刻的印象。

　　相比之下，浙江电视博览会算是后起之秀。1993 年，浙江省广播电视厅召开了第三届浙江电视博览会的筹备会议，主旨是希望扩大浙江电视博览会的规模和影响力，不说超越四川电视节，至少也是可以比肩的层次。

　　参加筹备会的都是浙江广电各系统下属单位的中层干部，会议室里坐了不过 30 人左右。而我那时刚刚到浙江文艺广播电台工作不久，但是因为我做了《名人热线》栏目，首创了在电台使用三方通话（电话）形式，创新意识和钻研精神在业界也算是小有名气，加上正在做跟名人相关的节目，所以领导特别要求我跟着浙江文艺广播电台的台长一起参会，列席旁听。第一次参加高层领导会议的我倒是没有什么心理压力，纯粹当作是去学习的，也没有想到这次际遇会给我的策划生涯添上浓墨重彩的一笔。

筹备会上，浙江省广播电视厅的厅长强调了第三届电视博览会的意义重大，提出希望让第三届浙江电视博览会做得在全国范围内都引起广泛关注，要办得既专业又轰动，既产生经济效益又传播浙江电视的知名度，特别是在说到第三届浙江电视博览会开幕式文艺晚会的时候，最好是能像四川电视节那样，邀请港台明星来参加，来提升我们电视博览会的关注度和热度，如能请到刘德华和叶倩文来参加我们开幕式的文艺晚会就最好了。

话音一落，全场鸦雀无声。"哪个部门能接下这个任务？大家说说看。"厅长问。大家你看我、我看你，或是低头认真记着笔记，就是不敢直视厅长期待的眼神。紧接着厅长又说："听说四川电视台花了120万人民币（1992年的价格）来邀请刘德华和叶倩文参加文艺演出，毕竟人家是由国家广播电影电视部和省政府共同主办的，单靠我们浙江省广播电视厅没有这么庞大的经费支撑，这是个大前提啊。但是我们也要把自己的电视节办得有声有色。"言外之意是没有相关经费，但是又想要请到大牌明星。且不说当时红透海峡两岸的刘德华和叶倩文行程繁忙、有没有空参加我们的活动，只说没有费用这一项，就成了一个"不可能完成的任务"。筹备会现场真的是落针可闻，厅长问了几遍都无人敢应答。

一片寂静之下厅长突然直接点了我的名字："小葛，你不是在做《名人热线》栏目嘛，常与名人打交道，你有没有办法把他们请来？"

当时坐在最后一排的我不过是一个新入行的普通记者、主持人而已，也许是突然之间被厅长点名，也许是我最大的优点是字典里没有"怯场"两个字，当时我就"蹭"地站了起来，边举手边大声答道："报告厅长，我可以！"话音刚落，所有人的目光都聚焦到我身上，我的直属上司——浙江文艺广播电台副台长则转头惊讶地瞪了我一眼。

厅长笑道："很好很好，真是初生牛犊不怕虎啊。那这个任务就由浙江文艺广播电台领回去，小葛去努力邀请，文艺广播电台抓紧配合好。"

散会后回到台里，领导专门找我谈话："你知不知道香港在哪？"

我很坦然："不知道啊，没去过。"我那会儿最远也就是从千岛湖老家来到杭州。

"你认识四大天王？"

"不认识。"

"那你还敢应下这个差事？你以为这事儿这么容易吗？你知道在场这么多资深电视人为什么都不吱声啊？"台长颇有些恨铁不成钢，"这事儿要是办砸了，不光是你一个人的问题，我们整个文艺广播电台都得担责任！"

被台长这么一"教育"，我回过神来，仔细一分析，想想的确是有些后怕。但是我当时就是有一种自信，觉得"办法总比困难多，不去做就永远都不会成"。最初创办《名人热线》的时候，采访的很多明星和大咖我也都不认识，不是也一个个认识起来了吗？当时我抱着凡事都要勇于尝试的信念：你交给我任务，我一定会非常努力地去完成，以200%的精力去拼，但是能不能成功邀请说实话我不仅没有百分之百的把握，连百分之五十的把握也是没有的。末了台长只能无奈地丢下一句："你啊，真是胆大包天！"

俗话说天无绝人之路，或者说够努力的人运气都不会太差？当天晚上我回到家以后，打开电视机，就看到了中央电视台在播出中国国际广播电台20周年晚会，可谓是大咖云集群星荟萃，更巧的是，其中就有刘德华和叶倩文。仿佛是冥冥之中给我的指引，晚会的画面不停在我脑海中盘旋，我几乎一夜无眠，躺在小小的单人床上辗转反侧，忽然灵机一动：能不能通过中国国际广播电台找到参加演出的刘德华和叶倩文呢？但凡有一点点希望，我都要去尝试。

次日清晨6点多，我迫不及待早早地奔到办公室准备联络事宜。虽然有了大方向，但是具体没有沟通的渠道也不行。我思前想后，决定先用"笨办法"试试，于是拨打了号码百事通"114"，查询中国国际广播电台的电话。"请您稍等片刻"后，话务员甜美的声音再度响起："对不起先生，查询不到这个号码。"我急了："怎么会查不到呢？这么大的一家国家媒体单位。"话务员答："我们系统里目前没有登记中国国际广播电台的电话，您确定它的所在地是杭州吗？"我奇怪了："这个单位在北京，你们不能查全国的号码吗？"话务员笑了："不好意思，我们只能查询当地的号码，外地查号要加拨区号。北京的号码您需要拨打'010-114'进行查询。"我这才恍然大悟，也松了一口气，连忙拨打了"010-114"，总算是找到了中国国际广播电台总机电话。中国国际广播电台是当时我国唯一一家以海外受众为传播对象的国家级电台，我也丝毫不怵，有了目标就马上落实。心下稍微整理了一番措辞，然后直接拨打了中国国际广播电台的总机，并请总机转接文艺部。

一位50岁上下、北方口音的陈姓大姐接了电话。我先是自我介绍了一番："您好，我是您的同行——浙江文艺广播电台的记者兼主持人小葛，我昨晚看了中国国际广播电台20周年晚会，实在是太精彩了，最让我惊讶的是竟然请到刘德华和叶倩文两位从香港来的特别嘉宾，表演太具有冲击力了……"夸赞一番后才进入正题："请问你们是怎么请到刘德华和叶倩文来参加台庆活动的呢？我们第三届浙江电视博览会也想邀请他们参加。"那也是我在工作中无师自通、摸索出来的沟通技巧：先"套近乎"，拉近距离感，沟通往往事半功倍。

　　陈大姐耐心地听完我的来意后表示邀请嘉宾工作不是她负责的，相关事宜她需要去问问同事。千恩万谢后，我紧握着听筒，开始了漫长而又焦急的等待。当时自己心里也充满了不确定，毕竟素昧平生，人家会不会相信我是一回事，愿不愿意把这么重要的信息告诉我又是另一回事，当下心里隐隐有些担心。过了一会儿，陈大姐的声音在电话那头响起："我们 20 周年晚会的港台嘉宾是通过香港新城劲歌台来邀请的。"当时香港与内地的交流还非常少，我不知道香港还有个劲歌台，陈大姐就很耐心地给我解释：香港新城电台下属有个以播放香港流行歌曲为主的电台叫"劲歌台"，当时劲歌台的台长陈任首次在香港引进了美国电台 DJ（主持人）的广播文化，让 DJ 以轻松的手法主持节目，节目形式不拘一格、新颖活泼，所以在香港非常受欢迎，而劲歌台还设立了一个以该台播歌频率为指标的新城劲爆流行榜，每星期选出 20 大本地流行歌曲，所以明星也非常重视劲歌台的"打榜"，等等。末了我忐忑地说："能不能麻烦您把陈任台长的电话给我呢？"陈大姐语气里充满了北方人的豪爽："你稍等一下，我去帮你找找。"十多分钟后，我又惊又喜地等到了陈大姐的回音："香港劲歌台的电话是 00852……"

　　我至今想起仍十分感念这位不知名的陈大姐，感谢她没有拒绝千里之外的陌生求助电话，感谢她为一个行业新人点亮了一盏指路明灯。如果换作是现在，我可能没有勇气拨出这个电话，因为我多半会被当作是骗子。即便是朋友，也不一定愿意将自己的资源毫无保留地与我分享。我想，这是特属于那个年代的温暖与善意。

　　十分幸运，我人生中许多的"第一次"都被一群陌生的好人温柔以待，让我的千里之行有了一个个扎实的落脚点。回想起第一次致电香港，也是一次有趣的经历。

　　1993 年香港还没有回归祖国，电信行业也不是特别发达，"给香港打电话"是一件特别"高大上"也特别不容易的事情。拿到香港劲歌台的电话后，我第一时间冲到台长的办公室向他报告，台长也非常高兴，让我尽快与香港劲歌台取得联系。当时单位的电话是不能拨打到境外的，需要到电信局通过交换信号才可以。第一次给香港打电话我也不知道话费怎么计算，就先向单位申领了100元通讯费。我难以抑制激动的心情，怀揣"巨资"从菩提寺路（浙江广播电台的旧址）一路小跑着来到了位于浣纱路的杭州市电信局。电信工作人员一番操作，最后让我在一个小房间里接听，开始了第一通致电香港的电话。

"嘟——嘟——"与内地稍显不同的等待提示音响起，我不禁屏住呼吸、等待接通。然而，当我期待已久的声音响起时，我却半点都高兴不起来，因为电话那头的男声说的是一种我无法破译的语言——粤语。尽管我努力放慢语速、一字一句地反复说："您能说普通话吗？"但对方似乎无法接受我的信号，一直在那儿噼里啪啦地自顾自说着。对香港一无所知的我，没想过他们使用的"方言"会让我在语言沟通上遭遇当头棒喝。突然电话那头一阵寂静，也不知道接电话的人是否还在，我抓着听筒不敢放下，深深的绝望涌上心头。我心想：完了，根本没法对话，更别提邀请了，还得先去哪儿找个翻译，这绝对是我沟通史上遭遇的最惨痛的滑铁卢……约莫过了5分钟之后，电话里突然响起了一个甜美的女声："你——好……"不甚流利也不怎么标准的"港普"，对我来说犹如天籁之音。事后我才知道，这是位在广东长大的女主持人，所以勉强还可以用普通话沟通，于是之前那位接电话的男主持人找她来"救场"。经过一番周折，香港方面总算有了一位相对懂得普通话的女主持人与我通话。

女主持人姓余，虽然算是可以听懂了，但是沟通起来还是非常费劲。我努力介绍自己："我是浙江文艺广播电台的主持人小葛，我们在美丽的杭州工作。你知道杭州市吗？你知道西湖吗？"余小姐说她不知道。我说："那你知道上有天堂下有苏杭吗？"她说这个好像在书上看到过。我心想他们连杭州都不知道在哪儿，再加上素昧平生，一通电话就想邀请到天王巨星也太不现实了。所以我临时改变策略，想着先把他们邀请到杭州来，一是可以建立基本的文化认同感，二是面对面沟通的成功率更高。

于是我继续"卖瓜"："古诗里说'上有天堂，下有苏杭'的苏杭，指的就是苏州和杭州。杭州的西湖有很多美丽的传说故事，像是许仙和白娘子、梁山伯与祝英台等等。杭州还有很多的美食，西湖醋鱼、叫花鸡、东坡肉、龙井虾仁等等。"说到传说和美食，余小姐明显熟悉多了，她答道："都知道，听说过，但是没有吃过。"我顺势说道："能不能邀请你和你们陈任台长一起来一趟杭州？我们可以探讨一下香港与内地广播电台的合作交流。"

当时不巧陈任台长正在东南亚出差，余小姐便说等过两天陈台长回港后向他汇报才能决定，同时客气地留了我的传真号码，说等确定后发传真通知我们。

磕磕绊绊地完成了第一次与香港通话的惊险体验后，我回到单位，向台长汇报了我"先斩后奏"的计划，提出陈任台长一行在杭州的吃住行都由我们负责，以示诚意。当时虽说没有请明星的费用，但是交流考察活动的开销并不大，文艺台自己可以消化，台长也就同意了。

两三天之后，我惊喜地收到劲歌台回复的传真：陈任台长获悉来自浙江文艺广播电台的邀请后欣然应允，我方计划于8月初前往杭州，因签证需要，希望贵单位出具正式邀请函件……于是，我们正式向浙江省广播电视厅递交了申请报告，并将书面邀请函发给香港劲歌台，正式开启了此次跨越香江的交流活动的篇章。

1993年8月，陈任台长一行如期而至，我亲自去机场接他们。

之后连续两天，我陪着他们游西湖、赏美景、吃美食，把杭州逛了个遍，只字不提合作的事，意在让他们先对杭州有个基本的了解，对我们的文化有个基本的认同感，尽量减少文化差异可能会带来的沟通障碍。待到第二天晚上，陈台长倒是有些不好意思了，直问什么时候洽谈合作事宜。于是次日上午9:30，就在陈台长他们下榻的新侨饭店的一间小型会议室里，双方正式展开了会谈。

我当时一直以为刘德华和叶倩文是通过劲歌台介绍到内地演出的，那陈任台长就是刘德华和叶倩文的直属领导，可以安排他们的演出活动，所以邀请陈台长到杭就等于是成功了一半。只不过四川电视节当时花了120万人民币的费用（按购买力来算相当于现在的2000万元左右），而我们第三届浙江电视博览会想要不花一分钱请他们来演出，实在是难以启齿。

但到这节骨眼上，我也只能硬着头皮开口："非常欢迎陈台长和香港的同行来杭州，通过这两天的行程不知道你们对杭州的印象怎么样？"

陈台长说："杭州太美了，美食、美景还有美人，我们非常希望能跟你们加强合作、加强联系。"

我一听感觉不错，立刻说："我在电视上看到中国国际广播电台20周年晚会上刘德华和叶倩文演出，非常出色，听说是您带去的，他们二位是归您管的吗？"

陈台长愣了一下说："刘德华先生和叶倩文小姐不是归我们管的，我们只是一个电台、一个媒体，他们有自己的经纪公司，公司会送他们的歌曲来我们电台打榜、做宣传。"

我一下子傻眼了，那时候内地还没有"经纪公司""经纪人"的概念，对我来说完全是新词汇。当下我只知道是我误会了，两位明星压根儿就不归陈台长管，这请他们来杭州免费演出的事情就更没法说了。

电光火石之间，我迅速在心底谋划对策——到底怎么样才能不花钱请到两位大明星呢？想起以前在录像带里看到过的海外的音乐颁奖晚会，策划一个颁奖礼的念头在我心里萌发。我当即对陈任台长说："陈台长，我们浙江文艺广播电台举办了一个最受内地听众欢迎港台男歌手、女歌手评选，内地听众票选出来最受欢迎港台男歌手是刘德华，最受欢迎港台女歌手是叶倩文。"

陈台长惊讶地看着我说："内地也有音乐排行榜吗？"

我再接再厉道："当然了，内地的听众朋友也很喜欢听流行音乐，尤其是现在的四大天王、四大天后，在这里也很受欢迎。"

首次来内地的陈任台长表示非常惊喜，没想到内地跟香港一样都喜欢流行歌曲，我顺势提出这个排行榜将在11月份第三届浙江电视博览会上举办一个颁奖典礼，希望陈台长代为向刘德华、叶倩文和他们的经纪公司发出邀请，请他们作为最佳港台男女歌手来杭州领奖。同时，为了答谢喜爱他们的听众朋友，希望他们能在颁奖典礼上献唱两首歌曲。

热情的陈任台长一口答应，说回去就跟经纪公司那边沟通一下，看看两位明星的意愿和时间安排。陈任台长答应回港后帮忙沟通，我心中的一块大石头也算是落下了，我能做的都已经尽力完成了。

就这样两家电台的合作以此为契机打开了思路。同来的余剑明小姐原来是宝丽金唱片公司旗下的一名歌星，作品有《短暂的浪漫》等，后专门从事音乐节目的主持，当时是香港劲歌台"你好棒的"音乐节的主持人。她专门从事介绍歌星、介绍歌曲工作，也作为特邀嘉宾参加了我《名人热线》的访谈节目，介绍了香港的明星排行榜、文化娱乐形式等等，与打电话进来的听众进行了热切的交流，也算是杭州与香港流行文化的一次碰撞。

待陈任台长一行返港后，我又开始了煎熬的等待。心中对这次利用两岸信息不对称情况的策划并没有十足把握，却又隐隐知道四大天王暗地里较劲，谁也不服谁，期待他们本着竞争心态，特别重视第一次来内地领奖的机会，让我圆满完成这次邀请任务。

不久后，陈任台长专门就此事与刘德华及其经纪公司召开了会议，向他们传达了他在杭州的所见所闻及内地开放包容的新气象，当然还有我们诚挚的邀请。刘德华很惊讶地问："我在内地获得了最受欢迎港台男歌手奖？真的有那么多歌迷喜欢我？"得到陈台长肯定的回答后，刘德华要求经纪公司一定要协调11月的工作安排，将参加第三届浙江电视博览会的时间空出来，一定要来杭州领港台男歌手在内地的第一个奖项。有了刘德华的加盟，叶倩文的邀请也就水到渠成了。

随后，两位巨星也都同意为了答谢歌迷献唱两首歌，不收取任何费用。刘德华只有一个要求：带30名香港记者随行宣传。我们内部沟通之后，觉得这也是件好事，毕竟他此行主要是参加我们的活动，多一些香港的记者来报道，对浙江电视博览会也是一种很好的宣传，这同时也体现出刘德华对我们这次活动的重视，希望将他此次来杭领奖的荣誉通过随行记者更好地传播出去。毕竟彼时香港四大天王之间的竞争如火如荼，虽然没有明确的先后顺序排名，却也都争相想坐上头把交椅。而这个首次来内地领取最受欢迎港台男歌手奖的机会，无疑是一个相当有分量的砝码，刘德华自然是想让记者们重点着墨渲染、在香港扩大影响的。

香港要来30名记者，加上刘德华和叶倩文的团队，各自经纪公司的工作人员，还有保镖、化妆师、服装师等等，再加上劲歌台的随行人员，这一次有将近50人要一同到访杭州。而浙江省广播电视厅一早就说没有相关费用，那么接下来最重要的是解决吃住行的问题。

　　对我来说最艰难的部分已经完成了，其他小问题自然不在话下。我找到航空公司高层，介绍了这次活动的行程，以及两位明星自带的宣传阵容，加上落地杭州还有更多内地媒体关注，绝对是一次千载难逢的宣传机会，我们还可以提供一些晚会门票，于是航空公司领导大笔一挥，包下了香港团队的往返机票。接下来我联络了1993年杭州最高级的酒店——黄龙饭店，它也是杭州第一家与香港的公司合资经营的酒店，当时总经理潘和胜先生恰恰是位香港人。我先貌似闲聊地与他提起了刘德华和叶倩文11月要来杭州参加第三届浙江电视博览会，还要登台领奖、表演。潘总当下激动地拉着我连声说："华仔要来杭州吗？真的吗？住我这！一定要住在我们酒店！"我心中大喜，但是脸上不显，还得略忧愁地说："你们酒店好是好，就是太贵啦，我们这次台里没有给任何费用……"潘总马上说："不要钱！吃住都不要钱，我只有一个小要求，希望华仔在我们酒店范围内的所有活动都由我亲自负责接待。"我一想，潘总对酒店情况最为熟悉，又可以作为粤语翻译，亲自接待也合情合理，遂与潘总达成共识。后来的新闻发布会、餐会、庆功宴等相关的宴请活动也都在黄龙饭店解决，潘总如约为我们免去了一切费用。

　　当然，两位明星的到来也为航空公司和酒店做了一次绝佳的宣传，用现在的话来说是"自带流量"，刘德华和叶倩文也绝对是顶流中的顶流。他们抵达杭州那天，数千名歌迷从全国各地蜂拥而至，通宵排队守在黄龙饭店门口，大声呼喊着他们的名字，可谓是盛况空前。

　　中间还有一个小插曲。既然是颁奖总要有奖杯，但那时候内地的奖杯真是"杯"，都是铜制的，又大又厚重，是颁给运动员那种，用来给香港流行歌手颁奖，怎么想都很违和。于是我向陈任台长拨出了"求救电话"，请教香港乐坛颁奖用什么类型的奖杯，陈台长说"水晶樽"，即有机玻璃做的奖杯，我心想：在杭州好像没见过啊……于是又问：多少钱一个呀？陈台长说800港币左右一个吧。当时港币比人民币略贵，汇率差不多在1.2∶1，我一琢磨，也还算可以承受，于是拜托陈台长帮我在香港定制了两个水晶奖杯，刻上"最受内地听众欢迎的港台男歌手刘德华先生"和"最受内地听众欢迎的港台女歌手叶倩文小姐"的字样，并且千叮咛万嘱咐："千万包好了，别让其他人看到，尤其是刘德华和叶倩文两位领奖人。"最终，这两个水晶奖杯与刘德华和叶倩文乘同坐一趟班机从香港飞抵杭州，又在杭州颁给了他们，也算是一件趣事。

1993年11月3日，第三届浙江电视博览会的开幕文艺晚会暨颁奖典礼在体育场路的杭州体育馆举行，刘德华和叶倩文登台各献唱了两首歌曲。至此，我以零出场费邀得当红港台艺人首次赴浙的策划成为媒体圈的一个美谈，得到上级领导及同行们的一致称赞，这个"不可能完成的任务"也顺利完成并圆满落下帷幕。我的策划能力、执行能力和随机应变的能力也因此被浙江省广播电视厅的领导发现，以此为契机，我被从浙江文艺广播电台调入浙江电视台文艺部工作，开始了从"电波"到"电视"的"转型升级"。

彼时的我刚刚投身传媒行业不久，一没有背景二没有人脉，最糟糕的是没有资金，但是我不怕尝试和碰壁。正是根植在我血液中的浙江人的拼搏和闯劲、对自己的文化认同和文化自信，让我从无到有，一步一个脚印，完成了这次轰动业界的策划。我一直认为，要做第一个吃螃蟹的人，要做喝头口水的人。一件事情，如果90%的人都看好或是认同，那我再去做就没有意义了。正是那些大家都不看好、都觉得"不可能"的事，往往暗藏机遇和优势。伟大的事情，一定是大部分人不看好，而小部分人仍然坚持为之奋斗的，这也是中华民族千百年来生生不息的闪烁着光耀的精神力量。

二、做文化产业发展的"探索者"
——举办"胡慧中电影展"

胡慧中是20世纪90年代颇负盛名的女明星，自1979年出演《欢颜》一举成名以后，凭借纯美妩媚的容颜，红遍中国和东南亚，有"千面女郎"之称。1988年，胡慧中主演香港电影"霸王花"系列，英姿飒爽的女警形象深入人心，掀起了一股热潮。同年，胡慧中因《欢颜》获得第11届大众电影百花奖"观众最喜爱的台湾演员"特别奖，成为第一位获得百花奖的港台演员。1992年，胡慧中开始在内地出演《中华警花》《特警雄威》等，开始将事业的重心转向内地发展，并成为当时最受内地观众欢迎的港台影星。

也就是在1992年年底，还是《名人热线》主持人的我，与胡慧中因缘际会，在北京相识。胡慧中小姐亲切随和，说她最爱游山玩水，常常觉得读万卷书不如行万里路，在她心中，西湖是世界上最闻名的风景名胜区之一，她一直有个愿望，就是要骑自行车环游西湖，去看看白娘子与许仙走过的桥。交谈之下，我萌生了邀请胡慧中来杭州的想法。

当这个想法在我脑子闪过时，我有点激动，因为若将之实现，浙江的观众将迎来第一位港台影星。然而，胡慧中不是歌手，就不能以举办演唱会的商业活动形式来杭州。苦思冥想之下，我找了一个新鲜的点来衔接：胡慧中是当时最受内地观众欢迎的港台影星，她的电影又那么受观众喜爱，那我能不能举办一个"胡慧中电影展"，以此邀请她来到浙江呢？

这个创意点出现时，我就知道"胡慧中浙江之旅"应该能顺利成行了。首先，港台影星的个人电影展在当时是很新鲜的事，我可以说是第一个吃螃蟹的人。其次，尽管当时的电影展需要国家电影局审批，港台艺人参加公共活动也需要审批，但时任国家广播电影电视部电影局局长滕进贤前不久刚刚做客《名人热线》节目，他一向对文化活动持肯定和包容态度，且对我颇为赏识。尤其值得一提的是，胡慧中祖籍江苏，热爱祖国，是最早一批往内地发展的港台艺人，曾说"我在我的能力范围之内传达一个信息，就是大家都是中国人，希望大家能拉近彼此的距离，能共同繁荣，共同进步"，她更被誉为"两岸电影文化交流的使者"。可以说，她是一位给中国电影市场注入新鲜血液的正能量艺人。

因此，天时地利人和之下，我马上给国家电影局打报告，不久就通过了审批。之后，我就去找浙江省文化厅下辖的浙江省演出公司，商量合作事宜。在我的策划下，"胡慧中电影展"分别在杭州市、温州市及温州下辖的瑞安市举行，而重中之重的杭州场活动分为三个部分，由我作为主持人，胡慧中会上台演唱歌曲、与影迷互动，之后其电影代表作会在剧院公映。在20世纪90年代，观众要见大明星一面很难，且大多通过电台、电视和杂志获知信息，而通过"胡慧中电影展"，观众既能近距离接触明星，还能与她对话沟通，这对影迷来说绝对是一大乐事。果然，消息一经传出，影迷闻风而动，杭州的门票抢售一空。

需要说明的是，在杭州剧院举行的"胡慧中电影展"，是此次影展的第一场活动，门票价格20元，在当时已经算是高价了。它为我带来了一些盈利，算是此次电影展活动的第一桶金，但门票盈利不是我策划此次活动的最终目的。1992年，党的十四大明确提出要建设有中国特色的社会主义市场经济体制，为文化产业的健康发展夯实了基础。同年，党中央、国务院发布《关于加快发展第三产业的决定》，正式把文化产业列入第三产业，文化产业发展开始进入初始发展阶段。而我，想做这个阶段的"探索者"。我觉得，我们有深厚的文化底蕴，我们所开发出的一切文化产品，处处都能进行文化的变现。而"胡慧中电影展"就是我对于"文化变现"的试水，于是，我将此次电影展的新闻发布会提上了日程。

新闻发布会在哪开呢？我得想个办法，变"支出"为"收入"。20 世纪 90 年代的杭州，娱乐休闲产业还不发达，杭州当时最大的时尚娱乐场所就是西湖边的西湖娱乐城。我找到西湖娱乐城的总经理说："《欢颜》的女主角要来杭州了。"这位总经理很感兴趣，立刻说："我们能不能有合作？"我当下就把合作方案告知，决定把新闻发布会的地点放在西湖娱乐城可容纳 200 多人的大厅，而发布会的媒体、宣传由我负责。届时，西湖娱乐城既可以对外出售小包厢的门票，又可以借"胡慧中"的热度在浙江宣传，既带动了客流量，又扩大了知名度。西湖娱乐城的总经理欣然同意，慷慨支付了我 10 万人民币作为赞助费。之后，胡慧中在新闻发布会上不仅载歌载舞，还与影迷互动，场面十分火爆。就这样，我以宣传为利器，找到了开新闻发布会的免费场地，不仅不需要我额外支付场地租金，还得到了一笔赞助费。1992 年的 10 万人民币是一笔巨款，也是我"文化变现"的第二桶金。

"胡慧中电影展"的第三桶金来自一个房地产公司。杭州钱塘江大桥南，有个很有名的小区叫之江花园，是杭州最早开发的花园别墅楼盘之一，更是杭州最早的涉外小区之一，其开发商是个港资公司。我记得我之前采访胡慧中时，她曾说过："我倒想在杭州西湖边买一座四合院，然后就在那里养老，听说西湖边建造四合院难度比较大，那花园别墅也成。"我想着不如以"胡慧中电影展"为契机，让胡慧中与房产公司有点互动作为宣传点，这样的营销手段从未有过，一定会有很好的效果。于是，我找到之江花园这家房地产公司的负责人，向他表达了合作的意图，并展示了初步策划方案：胡慧中作为第一位来浙江的港台影星，势必会引起媒体和民众的高度关注，届时，让胡慧中亲临楼盘，现场宣传。这家房地产公司饶有兴趣，只是那时他们的楼盘刚刚动工，还处于一片荒地的状态，有些为难。机会稍纵即逝，我的大脑飞速旋转，立刻想到了应对方法，我向他们建议，将楼盘的规划图、效果图打印出来放在工地，清晰明了。1992年年初的房地产平面广告以文字为主，我这个文字为辅、图形为主的创意方法和表现形式得到了房地产公司的肯定，建议被果断采纳。

胡慧中抵达杭州那天，一下飞机，我就带着胡慧中直奔钱塘江边的楼盘所在地，后面则追着一大批媒体。此外，楼盘周边的居民也几乎全都赶去围观，场面异常火爆。胡慧中指着还未见雏形的楼盘说："这里风景好，环境好，风水也好，我很想在这里安家。"之后，她又指着楼盘的规划图说："这套房子好，能看见钱塘江，那我就定这套吧。"这话一出，我们直接打出了"和胡慧中做邻居"的标语，《钱江晚报》《杭州日报》等主流媒体也纷纷大篇幅报道，并均以《对西湖山水情有所钟 胡慧中欲在杭州购置房产》《胡慧中希望能成为杭州朋友们的"邻居"》作为主标题，一时引来社会舆论的沸沸扬扬，简直比得上百万广告费的宣传效果，房地产公司乐开了花，最后支付了25万人民币作为策划费。

可以说，这是前所未有的明星房产营销，我非常超前地运用了明星影响力去制造话题，达到吸引民众关注房地产、提升楼盘知名度的目的，成了当时非常有意思、有代表性的经典广告宣传案例，也开创了明星介入房地产宣传的先河。其实，以明星作为房地产营销手段的方式，直到20年后才真正开始流行。

就这样"胡慧中电影展"在杭州的首场活动顺利落幕，之后又去了温州、瑞安举行电影展，活动精彩纷呈，花絮颇多，其间还发生了影迷冲破保镖重重包围，冲上舞台亲了胡慧中一口的事件，引来无数媒体报道。值得一提的是，温州、瑞安的电影展是在当地的体育场举办的，场地开阔，门票收入非常可观。因为精力有限，温州和瑞安的影展活动，我是让浙江演出公司承办的，但整体还是收获颇丰。

同时，胡慧中对杭州也留下了非常好的印象，更与我成了好友，常有联系。此次杭州之行结束后，胡慧中多次到杭州游玩，与朋友围坐湖畔，在满陇桂雨赏月、吃藕粉，还逛街买丝绸、骑自行车环游西湖，乐不思蜀。胡慧中还向我透露了个小花絮：有天傍晚，她抛下助理，独自一人偷偷沿着少年宫、断桥在西湖边散步，因外形出众，引来很多目光，有路人还上前对她说："你知不知道你很像那个影星胡慧中？"胡慧中当即俏皮回道："对，很多人这么说。"胡慧中一直说，她很喜欢在西湖边散步的感觉，自由、休闲又浪漫。

总的来说，除去明星酬劳、各类支出，整个"胡慧中电影展"给我带来不菲的收益，这是我人生真正意义上的第一桶金。我一直记得，我拿到收益的激动和新奇，成就感满满。一个好的文化创意，在勤奋、努力懂得钻研的人手里，会带来"变现"的机会。此次，我以文化为概念，以影展为创意，通过演出、植入广告、新闻发布会、与房地产公司合作，实现了"文化变现"。既在浙江迎来了第一位港台影星，丰富了民众的文化生活，又给当下的文化产业发展树立了一个范本。它是我对文化产业发展的抛砖引玉，打开了产业发展更为全面的视角，有效地补足了当下产业类型较为单一的局面。

CHAPTER THREE

第三章

独立制片人探索——《名人名家》

导　言

　　1994年，国务院做出关于进一步深化对外贸易体制改革的决定，要求统一政策、开放经营、平等竞争、自负盈亏、工贸结合、推行代理制，建立适应国际经济通行规则的运行机制。中国媒体人纷纷开始积极探索基于经济体制改革的"文化中间人"的角色嬗变，思考文化产业从业者的角色扮演和职能细分。

　　我于1994年成立了"葛继宏工作室"，成为浙江省第一个自负盈亏的电视专栏节目独立制片人，其中经历了各种困难，这也是一段走过风雨、终见彩虹的过程。这一段经历日后作为北京广播学院（现为中国传媒大学）等众多高校学术专业论文的案例而被反复提及。

　　由我个人工作室独立制作的《名人名家》电视专题节目共推出了200多期，节目采访了冰心、曹禺、艾青、苏步青、吕正操、萧克、张爱萍、金庸、余秋雨、张艺谋、巩俐、倪萍、刘德华、张学友等200多位知名人士，我还于1997年在浙江文艺出版社出版了《叩访名家》一书，获得很多社会好评，其中《人民日报》还专门刊发《捕捉"名人"——葛继宏印象》的人物专访，评价"这是浙江省第一个自负盈亏的电视栏目节目独立制片人，他策划的每一个活动，都在社会上引起不小的反响"。对于一个初试牛刀的年轻媒体人而言，能获得官方权威媒体的肯定，自然给予了我莫大的勇气和动力，为后来的传媒创新实践奠定了坚实的基础。时任浙江省委常委、宣传部部长梁平波对《名人名家》给予了充分肯定，称赞节目很有特色，也很有新意，是探索电视市场的新路子，并题字"祝《名人名家》成为名栏目"。

上一章中提到，在同一时期，我还在文艺体制改革中尝试了不同的文化路径，包括在1993年通过信息整合、深度沟通和积极策划，以零出场费邀得香港艺人刘德华、叶倩文来浙江演出，这也是港台艺人首次赴浙江参加活动。该案例被学术界认为是中国媒体人多个文化角色互换的较早尝试和成功案例。同年，我还策划组织了毛泽东100周年诞辰纪念晚会、策划组织"为了孩子"大型义演。在这些活动中，我一人身兼总策划、经纪人等多个角色，这是文艺体制改革中出现的一个新的现象。此外，我在20世纪90年代邀请胡慧中参加的《名人名家》栏目中，率先在节目内容中植入房地产广告，创新构建了植入式广告传媒的新模式。一系列成功的案例让我坚信，在我国传媒业的改革进程中，中国媒体人的文化探索成果会越来越精彩灿烂。

理论想象｜机制改革的文化命题

顺应时代变革，我开始尝试创新创业。我 1994 年在浙江广播电视集团停薪留职，自负盈亏创办了电视专题片——《名人名家》，进行独立制片人的创新实践探索，真真切切地承担起独立制片人的职责。"独立制片人"这样一种产业制度和形态确立的发展，在当今看来并不陌生，但对于处在改革开放不久、1990 年代初的中国传媒业而言，的的确确是个新鲜事物。

随着我国改革开放的深入，制片人中心制的体制机制的灵活性带来影视创作的高速发展。20 世纪 80 年代，我国电影业引入了美国制片人制度，机制创新激发电影内生动力，开启中国电影史的一大历史高峰。影视同根同源，电影制片人制度也促使电视制片人制度的出现，中国电视剧制作中心引入电视"制片人"管理机制，创作拍摄了《红楼梦》《西游记》《末代皇帝》和《中国姑娘》4 部电视连续剧。20 世纪 90 年代中期，电视制片人制拓展到新闻、专题和文艺等领域。

1993 年 5 月 1 日开播的中央电视业台《东方时空》，引入栏目制片人制度。"制片人制的核心诉求是将资源从按行政级别分配，转变为按节目生产的需求分配，将相应的权力下放到生产一线的栏目组。这样的诉求来自节目生产的实际需要，应该说制片人制符合电视节目生产的规律，因此这一制度也得到了电视从业者的追捧，迅速成为我国电视媒体的基本制度之一。"[①] 传媒经济学者喻国明教授也曾指出："在巨额闲置资本的增值冲动和媒介产业对资本进入的高度饥渴的双向作用下，资本与媒介的结缘成为未来我国社会发展中最值得注意的

---

① 王勇. 对电视独立制片人制度的思考. 当代电视，2021(7)：59

现象之一。"① 也正是在这样的传媒体制改进和调整之下，我开始思考如何在市场经济下建立影视艺术创作的新格局，形成健康合理的内外部机制，使制片人在影视创作中积极主动地发挥职能，形成良性互动的机制、开拓广阔的文化空间成为迫切的现实命题。

当然，《东方时空》《焦点访谈》等早期探索的制片人制度并非真正意义上的独立制片人制度，而是具有一定人、财、物权限的内部承包方式，只是"准制片人制"，比如制片人必须严格遵循节目宗旨，并享受台里划拨的经费，最终完成的节目也在台里播出，只是在节目形式、内容编排、经费使用和人员任用、管理方面有较大自由度；而在全国范围有较早实践的杭州电视台栏目制片人探索，也存在"早年准备不足、建制不全、利益驱动的现象，许多节目昙花一现，能长期稳固地运作下来的很少"等问题。② 这些也为我后续的传媒创新实践提供了弥补和超越的空间。我于 1994 年成立了"葛继宏工作室"，成为浙江省第一个自负盈亏的电视专栏节目独立制片人。没有单位直接的资金支持，我硬着头皮，自筹资金，想尽可能的办法，独立完成节目的策划、拍摄、制作，然后接洽播出平台。虽然起步非常艰难，也有"卖不出去"的巨大风险，但是没有电视台固有体系的束缚，还算比较顺利地实现了制播分离的大胆尝试。在此期间，我身兼总策划、经纪人等多个角色，策划组织了毛泽东100 周年诞辰晚会，策划组织"为了孩子"大型义演，可以说是文艺体制改革和文化产业发展的又一体现③。

此外，我在 20 世纪 90 年代借邀请胡慧中参加了《名人名家》

① 喻国明. 略论资本市场与传媒产业结缘的机遇、操作方式与风险规避. 新闻与传播研究，1999(4)：24

② 柴志明、姚争、唐佳琳. 电视栏目制片人制度的现状观察——以杭州电视台为例，新闻实践，2005(6)：36

③ 胡惠林. 文化产业发展的中国道路——理论·政策·战略. 北京：社会科学文献出版社，2018：93

栏目的机会，在我国传媒业的改革进程中，率先引入在节目内容及活动推广中植入房地产广告的市场化媒体推广方式，创新构建植入式广告模式。一路筚路蓝缕，披荆斩棘，终于实现了自我革命的既定目标。《名人名家》制作并播出 200 多期，受到《人民日报》、新华社等权威媒体宣传报道，得到时任浙江省委常委、宣传部部长梁平波的称赞。《名人名家》栏目的成功，证明了大众文化产业本身的丰富性和复杂性。而一系列文化创新的成功案例让我坚信媒体人的文化探索成果会越来越精彩灿烂。

案例分析 | 独立制片人的创新抉择

有人说："如果人生是道选择题，那么，每一次的选择都决定了你会成为怎样的人。"偶尔回想自己的前半生，似乎从很小的时候，对未来，对自己，就有清晰而明确的方向，为此一路负重狂奔，不曾回头。

而第一次面临重大抉择，第一次"变道"，唯一一次"冒险"，是发生在 1994 年。

一、冒险，年轻人的特权

在面临重大抉择之前，我在浙江文艺广播电台主持每天长达一小时的直播节目《名人热线》，这个我一手创建的节目，不仅有大量的听众，而且是杭州"空中大战"中脱颖而出的名牌节目。但我不满足于此，我想让观众和名人见面，想依靠当时的传播界新宠儿"电视"，登上更大的舞台，见识更广阔的风景。在浙江文艺广播电台主持《名人热线》期间，我不花一分钱把刘德华、叶倩文请到了第三届浙江电视博览会上，这在当时是一件颇为轰动的事情。借着这件事，我赢得了跳槽到浙江电视台文艺部的机会。

之后，我在浙江电视台导演并主持《文化时空》栏目中的《名人专访》《星星座》等板块。在最初的新鲜劲过去后，我开始有点迷茫。当时的电视台是论资排辈的地方，而且我做的栏目每期仅播放 5 分钟的时间，生生熄灭了我"大展拳脚"的"野心"。尤其是，它过于安逸。我每月拿不少的工资，却只需简单地采访几位名人，剪剪编编，就是栏目好几个月的素材。有时候，我花费无数心血做好的片子，它在屏幕上一闪而过之后，就会被永远地藏在电视台的"带库"里，再无见光之日。

这不是我最初的梦想，也不是我想要到达的地方。年轻的我，渴望突破，渴望更多未知的可能。那时候，有个声音一直萦绕在我的脑海里，它说："你还年轻，不闯一闯怎么对得起自己。"

是的，我得出去闯一闯。

新的制度形式总是能带来新的挑战和机遇，也能创造新的可能性。"是继续留在电视台工作，还是跳出体制约束、凭借个人能力干一番事业呢？"这个问题在冒出之后，几乎立刻有了答案，尽管后者无疑有一定风险。尤其是一次在西子湖畔和文化界朋友的喝茶聊天中，更让我坚定了这一想法：跳出舒适圈，挑战自己，做一个广播电台节目《名人热线》的电视升级版。

在最终做出决定之前，我问了自己四个问题：一是不是对这件事有足够热情？二是不是自己擅长的领域？三是不是有市场？四是失败了怎么办？前三个问题的答案是肯定的，因此就不用第四个答案了。我相信我不会失败，相信文化产业在名人效应和创新、创意的加持下能够受到大众的认可和喜爱，我对这个市场有一定的信心，而之前在广播电台制作《名人热线》所积攒的丰富经验是进一步的基础。至于失败，大不了重新再来，我从不怕跌倒重来，只怕自己后悔没有全力以赴。更何况，年轻就是资本，与其在人海浮沉，不如冒一次险，昂首阔步地上路。

于是，我开始考虑如何将构想转化为现实。1994年9月，我和省广播电视厅、电视台的领导协商后选择了留职停薪，以浙江首个自负盈亏的电视专栏节目独立制片人的身份，不要国家一分钱投资，自筹资金，成立了以自己名字命名的"葛继宏工作室"，并着手策划制作电视系列专题片《名人名家》。

二、闯，成年人的勇敢

90年代初市场经济迅猛发展，各个行业都发生着变革，文化艺术领域也经历着这样深刻的变革，其中文艺体制的改革就是其中重要的一部分。而我，正是这种改变的见证者和亲历者，《名人名家》栏目采取独立制片人形式进行节目的制作，开创了中国电视栏目独立制片人制度的先河。

改变意味着机遇，同样也伴随着不小的挑战。在我的策划下，《名人名家》延续名人访谈这一主题，以纪实的拍摄风格，对某一名人进行长达几天的跟踪拍摄，全方位记录他们的工作、生活、家庭，从全新的视角展现名人名家在生活中作为普通人的经历，把观众感兴趣的部分用电视语言生动地展现出来，让观众更多地了解名人的奋斗过程、励志故事，让观众对这些名人名家有新的认识，让普通观众既能看到名人之"名"，又能看到名人之"人"的部分，后者才是更为重要。

可以看出，与广播电台节目《名人热线》相比，电视节目《名人名家》的制作要求更高、难度更大，它需要采访对象本人出镜、摄像机实时进行追踪拍摄、后期整合剪辑、宣传发行等，这样一档节目需要一个专业分工明确、后勤保障充足的队伍，尤其是需要资金的支撑。然而，当时我的"葛继宏工作室"挂靠在浙江广播电视厅下属的浙江音像出版社电视节目制作部，我能租用的仅是出版社的设备，是个实实在在的"光杆司令"。出于"能省就省"的目的，我一人承担了总策划、制片人、导演、编辑、主持人、剧务等多项职位，从策划到采访到后期制作，事无巨细，全由我一手操办，仅摄像一职无奈之下需要请他人担任。为了节省经费，有时我在拍摄片头口播时还自己担任摄像，利用三脚架摆好摄像机的位置，自己再跑到摄像机前开始口播。现在想想，觉得当时的自己像"超人"，一个人就是一支队伍。当然，也很感谢那些利用业务时间来兼职的摄像师，他们偶尔是电视台原来的伙伴，偶尔是大学电教中心的专业老师，偶尔还是被我临时叫来帮忙学摄影专业的亲弟弟。总之，我在《名人名家》栏目上花费了极大的心血，这种集采、编、播于一身的制作方式相当辛苦，但我攻克了一个又一个关卡，总算跌跌撞撞地走上正轨。新的节目形式对于个人的能力和相应的技术配合有了新的要求，艺术和技术的全新方式的结合促成了这一节目的成功播出。节目一播出就受到大家追捧，节目的创新和形式让观众耳目一新，收视率一路看涨。

节目开办之初，很多人对我的行为很不理解，坊间也有很多流言蜚语，更有人指责我纯属为了出风头，尤其是电视台曾经的同事也在看我笑话，都预言我肯定不会成功，直言"这样怎么可能做到"。而放眼现在，在众多的电视或者网络节目中，类似的名人访谈类节目以及真人秀节目已经比比皆是，在新媒体时代影视明星、公众人物与普通大众之间的距离越来越近，他们之间的壁垒已经打破。这样的内容发展趋势则充分证明了我当时创办《名人名家》栏目的创作理念的超前性，尤其是站在今天的角度来看，近30年前我的尝试和实践使得电视栏目成为连接明星和大众之间天然的桥梁。而且，明星等公众人物在媒体中的积极表现，其正能量的言行也有利于对观众正确的价值观的引导。

独立制片人制度的实施，使我对节目的把控和制作有了更大的灵活度和自主性，这是体制改革积极的一面；但同时，也带来了更多的挑战。朋友都劝我说，找名人难，采访名人更难，别到时候连以往的成绩都给抹杀了，老实说"追星"的名声也不好听。我当时想，我要做的就是引导观众从正能量的角度来看节目，而不是一味"追星"。我们知道名人也是人，也是从平凡的人生开始的，正是他们异乎寻常的努力，超出常规范畴的奋斗，让他们有了成功的机会。如果观众能从我的节目中受到启发，在自己的工作中吸取名人成功的经验，那我认为这节目就值了。而且根据以往自己积累的经验，我认为只要肯钻、肯闯、有毅力，不打无准备之仗，就一定能把节目做好。

但朋友的担心也不无道理，作为独立制片人，我没有背景人脉依靠，没有雄厚资金支持，一切都要自己慢慢摸索，为走访名人，我在北京、上海、江苏乃至香港、新加坡各地之间来回奔波，但依然困难重重，被拒绝、吃钉子碰壁是家常便饭，而我唯有"脚踏实地的做事、锲而不舍的精神、认真耐心的态度"这三大"法宝"。

记得有一回，我为了采访一位名人，连夜赶去上海，在寒风中守候了 10 个小时，如愿采访到时，我的双脚已经冻到麻木，迈不开步子了。而这样蹲守十来个小时就能成功采访到，于我来说算小菜一碟了。采访世纪老人冰心就更难了，从 1994 年到 1995 年，我经历了进退两难、经历了"山穷水尽"，用一年时间的磋磨，才迎来了"柳暗花明"。

那时，95 岁高龄的冰心老人家身体不适，一直在北京 301 医院住院，为了保护她，家人谢绝了多次记者采访，我也曾数次打电话过去，一直被婉言拒绝。设身处地地替冰心子女着想，我首先要考虑的也是老人的健康，但作为一名记者，我还是不灰心。一年来，我隔三五天打一次电话，有时候接电话的是冰心女儿吴青，有时候是吴青的先生，从他们的态度里，可以听出他们并不讨厌我，有时候也会与我说说冰心老人家的近况。几次电话之后，我与冰心的家人已经不陌生了。这时机会就来了，有一天我获知中国少年先锋队第三次全国代表大会（全国少代会）将在北京召开，突然间灵光一闪："冰心老人不是最喜欢孩子吗？如果我组织小记者去采访……"我又一次找到了打开困难大门的金钥匙，我策划了浙江小记者赴京采访的活动，同时也提出了浙江小记者团去拜访冰心老人的方案。没过多久，吴青说老人很高兴同浙江的小朋友见面。消息在杭州传开后，一些资深记者也十分惊讶。

1995 年 5 月 28 日，吴青特意安排《名人名家》摄制组先期拜访冰心老人，然后再另外安排时间由我带领小记者看望老人。那天，冰心老人不仅与孩子们热情交谈，在孩子们送上亲手做的礼物时，竟破天荒地说："孩子，让我亲亲你。"……这一幕幕感人的场面都被我摄入镜头中，制作成栏目专辑《冰心——一片冰心在玉壶》，而我策划组织小记者去采访冰心老人这个活动还被《人民日报》和中央电视台详细报道。

"让青春张扬绽放，勇敢冲、勇敢闯、梦想就在那前方"，可以说，《名人名家》创办初期可谓十分艰辛，但艰辛的背后是难以言喻的充实和收获的喜悦。

三、创新，百战百胜的"撒手锏"

对于一个好节目而言，宣传和推广必不可少。因此，我别出心裁地给《名人名家》策划了一场群星荟萃、星光熠熠的盛大新闻发布会，不仅有姜文、严晓频、夏雨等那时最当红的明星大咖，就连当时的浙江省人大常委会副主任、杭州市副市长、浙江省广播电视厅厅长、杭州广播电视局局长等领导都悉数到场，场面堪比如今国际大片的首映式。这样盛大的开播仪式，在浙江的电视界尚属首次，更何况它是为了一个独立制片人（个体户）制作的栏目，这一举动既走在了电视界潮流的最前端，加上这样的节目形式之前在全国也没有，又引起了圈内圈外的无数关注和研究。新的节目安排催生出了新的文化形式，产生了新的传播效果。

　　1994年10月28日，《名人名家》首播新闻发布会在杭州黄龙饭店水晶宫举行。之前通过《名人热线》，我认识了姜文、陈凯歌，我特别邀请他们作为节目的艺术监制和艺术顾问莅临现场，希望借他们的影响力和号召力带动节目的发展和传播，事实上他们也的确给了我很大的帮助。发布会现场，接到聘书的姜文说道："既然接到小葛这个好兄弟的邀请，那我一定要顾而有问，替小葛多介绍些名人名家。"[①] 听到这话，我非常感慨。此外，新闻发布会现场还有不少明星前来捧场，譬如当时刚主演过《阳光灿烂的日子》并获得影帝的夏雨、《北京人在纽约》的主演严晓频。到场的五百多位各界名人高谈阔论、畅所欲言，给《名人名家》开了个好头，让我一直吊着的心安稳了很多，对节目之后的发展也多了一份信心、一份期待，当时的场面也令我暗自欣喜：这样一群名人和艺术家谈天说地的场面不恰恰符合了《名人名家》节目的定位——近距离记录名人的想法与思考吗？事实也是如此，发布会现场由新闻报道宣传后，《名人名家》节目在尚未播出时就大大加深了其在大众心中的品牌形象，可以说是未播先火了。

　　在网络还没有普及的时代，报纸和电视是媒体向大众传播信息

① 　《名人名家》首播新闻发布会.浙江广播电视报头版，1991-12-06(1).

的最有效的两个媒介。传统媒体时代，报纸和电视对受众有着十分重要的影响力。除了这场星光灿烂的盛大发布会，我还沿用了《名人热线》时期的推广方式，利用了报纸与电视的有机互动，即利用了报纸也需要"名人名家"的内容报道，先在报纸上刊登一部分名人的采访经过和部分内容，再在文章结尾加上"详细内容请收看今晚8点西湖明珠电视台的《名人名家》栏目"，这样就既丰富了报纸的报道内容，提高了它的阅读率，又达到了我广而告之的目的，一定程度上提高了节目的热度和关注度，做到了双赢。现在看来，这样的方式也是媒体融合的雏形。

1994年11月6日，《名人名家》在西湖明珠电视台正式全国首播，第一期的名人嘉宾是倪萍。

作为中央电视台《综艺大观》的著名主持人，倪萍在当时可谓名声大噪，风光无限，也从不接受任何人的采访。但迎难而上一向是我的风格，将"不可能变成可能"的那种成就感，既强烈又让人着迷。怎么样才能让倪萍答应接受采访呢？那时我在电影《风月》剧组采访导演陈凯歌，于是，我试着向陈凯歌导演求助，把渴望采访倪萍老师的想法告知陈导，没想到他一下子就应允了，当着我的面马上就给倪萍打了电话。凭借陈凯歌导演这个桥梁，倪萍同意接受我的采访，并在我到达北京时安排了她自己的座驾接送。在近距离跟访倪萍的三天里，我先后去了《综艺大观》录制现场、金鹰奖颁奖现场等倪萍工作的地点，拍摄到了许多珍贵又有意义的画面，包括倪萍匆匆吃盒饭的样子和搭档朱时茂串词的工作过程，以及结束《综艺大观》录制连夜赶赴金鹰奖颁奖现场，从筋疲力尽到重振精神的刹那转变，甚至还有倪萍难得的素颜样子，要知道"素颜"是所有女艺人都不想对外公开的画面。此外，在我们跟拍的最后一天，倪萍的父母恰好从青岛到北京看望女儿，忙里偷闲的倪萍立刻陪着父母到北京的世界公园游玩，我们也随之拍到了倪萍除却明星光环后作为普通人的真实一面：孝顺、体贴、耐心、乖巧，与无数可爱的邻家女孩一样。紧接着，《名人名家》第一期节目之《我是倪萍》就横空出世了。

节目播出后反响非常不错，收视率也很高，甚至因为新颖的角度、创新的表达手法，电视专题片《我是倪萍》还得到了 1995 年度"浙江电视文艺奖"。其中，最让我欢喜的还是观众的热烈反馈，它增强了我的信心，告诉我之前的努力没有白费。可是，有不少人仍替我担心：这样的节目做一期两期还算容易，但如果要坚持做一年两年呢？名人日程繁忙，你要如何一一认识并说服他们接受节目录制？这个节目会不会只是昙花一现？作为播出平台，西湖明珠电视台的台长更是忐忑，生怕我这个"个体户"无法顺利采访到那么多名人，让这个周播栏目"开天窗"，那可就是很严重的播出事故了。

说实话，我反而从不担心，因为我不但有"无孔不入的钻研"精神，还有一招一路摸索出来、百战百胜的"撒手锏"：先交朋友，后采访。使用这一招最成功的一次是访问张艺谋导演。

张艺谋是鼎鼎大名的导演，新闻媒体的狂轰滥炸已使他产生了抗拒心理，更别说像我这样还名见不经传、游离在体制外的栏目摄制组。但我向来信奉"不入虎穴，焉得虎子"，况且别人采访不到的自己采访到才更有收视率。1994 年 12 月，我专程前往影片《摇啊摇，摇到外婆桥》的外景地——太湖边的一个孤岛，但任凭我说得天花乱坠也无济于事，张艺谋根本不肯分心接受采访。无奈之下，我祭出"撒手锏"，晚饭时，我厚着脸皮凑上去，只字不提采访，海阔天空地大侃自己对电影市场、影片发行之类的看法的话题，顿时引起了张艺谋的兴趣，到后来，我们两人如同朋友一样"称兄道弟"，导演居然还请我吃了只鸡腿。于是我便乘胜追击，第二天，他的剧组凌晨 4 点开赴外景地，而我在凌晨 3 点就赶到了拍摄现场，饥肠辘辘地一直等到 8 点。也许是被我的这种精神感动又或是前一晚的"鸡腿之缘"，在拍戏前，张艺谋终于答应接受我的采访，而未曾梳妆的巩俐也将她不轻易面对观众的一面对着我的摄像机。

从倪萍到赵忠祥、从巩俐到张艺谋、从陈凯歌到姜文、从张国荣到葛优、从刘欢到苏芮……有一就有二，在这样无人能及的钻劲和无孔不入的精神下，我在电视圈内一炮而红，很快就有了一定的口碑，短短时间内我单枪匹马地采访到了一大批不肯轻易屈就的明星大咖。《名人名家》影响了我，我借名人而成了"名人"，之后，随着节目知名度的不断上升、名人效应的带动和品牌形象的树立，越来越多的名人参与到节目的录制中，甚至主动要求上节目宣传的明星也层出不穷。至此，采访资源再不是问题，在这里也要特别感谢陈凯歌和姜文对节目的大力支持。

这时我也不再满足于只采访演艺界人士，而是慢慢地让《名人名家》往纵深方向发展，开始采访严济慈、冰心、曹禺、艾青、苏步青、金庸、余秋雨、沙叶新、华君武、邵华泽、吕正操、萧克、张爱萍、王平、廖汉生等文化界、政治界、军界的名人大家，挖掘他们身上的革命经历、传奇色彩和情感往事，产生了非同凡响的效果，也扩大了《名人名家》的受众范围，使人们真正领略了名人名家的风采。

当然，最初采访文化、政治、军事领域的名人时，也不是一击即中的，前文提过的冰心老人，我前前后后就经历了一年多的时间。而采访吕正操、萧克、张爱萍、王平、廖汉生等上将，也是颇费工夫。当时，将军们年龄偏高、又都极具个性，之前中央电视台想要采访都被婉拒了，更何况我是以个人工作室的名义发出邀请的。我左思右想，终于想到了个方案，即通过大学生这个载体以隔代采访的形式进行访谈，这样既能促进将军与大学生之间的交流了解，增加两个群体的亲切感，又能使当代大学生更加了解将军的英勇事迹和爱国精神，正好契合纪念抗战50周年的时代背景。这个创意满满的"大学生采访中国将军"的策划案得到了充分肯定，并通过了中央军委办公厅的批准。而我也得偿所愿，《名人名家》得到了独家报道采访将军系列的机会，制作出了一系列感人肺腑的电视专题片。

就在这样的坚持、探索和创新下，《名人名家》制作并播出了200多期节目，采访了200多位各行各界的海内外知名人士。如此高频率地采访各界名人，新华社、中央电视台，以及《人民日报》《浙江日报》《杭州日报》《浙江青年报》《今日青年》《女友》杂志等媒体都对我进行了报道，《人民日报》还就此刊发了《"捕捉"名人——葛继宏印象》的专访①。现在想来，这些对自己增加自信非常重要，如果当初我因为受到质疑就轻易放弃，也就不会有现在的成果了。而比信心更重要的还有创意，当探索已到山穷水尽时，让想象展开翱翔的翅膀，就能迎来一线生机。

四、成长，独立制片人的酸甜苦辣

《名人名家》播出没多久，节目不出意外地火了，而作为主持人的我出乎意料地也火了。其实，节目刚播出时，观众只关心每期节目的明星。三个多月后，慢慢地，越来越多的观众开始好奇是谁这么有能耐，可以采访到这么多的名人，开始关注名人旁边的那位主持人"小葛"。"小葛"也成了一个招牌，甚至到外地出差，都会被认出，会被索要签名与合影。然而，观众只看到我风光地采访名人，与他们谈笑风生；观众记住了我，认为我借了明星的光，也出了名。其实，个中滋味只有我自己知道。我经常自嘲说："自说

---

① 余继军.《"捕捉"名人——葛继宏印象》.人民日报，1997-03-29(12).

自话，权力很大；资金拮据，心里最怕，《名人名家》留下酸甜苦辣。"

作为独立制片人，"独立运营、自负盈亏"于我而言是很大的压力。我既要对节目的选题、质量、定位、时间、效率等把控负责，也要对栏目的整个流程负责，要筹措资金，争取广告商投放，找寻符合栏目的发行渠道。我要整合多方资源，要有足够的能力保证《名人名家》从开发到完成的每一个环节都要稳定发挥，赢得观众的喜爱和追随。这一集集的节目，就像农夫的耕作，真的是"粒粒皆辛苦"。新的节目制度安排，考验着我的适应能力和创新能力，而节目的成功也印证了制度影响发展的理论规律。

当然，作为独立制片人，我在体制外施展拳脚，有常人不能理解的艰辛，也有不受"约束"的好处，譬如版权归属方面的好处。在电视台工作，出来的节目版权归属电视台。而作为独立制片人，节目的版权归自己拥有。因此，我在采访过程中所用的话筒机智地选择了"裸筒"，即没有台标的话筒，这样它无论发行到哪个电视平台都不会产生版权纠纷，也没有必要再打上马赛克以隐去台标。其实，我选择《名人名家》在杭州西湖明珠电视台首播（现为杭州电视台明珠频道），是因为该台偏重文化娱乐的定位，同时也是因为该台作为地方台只面向杭州市的观众，这为我将来能够把《名人名家》发行到温州、宁波、嘉兴、台州、丽水、衢州等浙江省各地市的电视台奠定了基础。

《名人名家》做了一年以后，得到了观众的喜爱和欢迎，在电视市场上探索出了一条新路子，还有幸得到当时的浙江省委常委、宣传部部长梁平波先生的赏识，他称赞此节目"很有特色，也很有新意"，更题词"祝《名人名家》成为名栏目"。这一句称赞，仿佛一个通行证，使节目在浙江省各地市电视台的发行更加畅通无阻。一般情况下，节目发行到当地电视台需要电视台方出钱购买，但电视台能给的费用很少。于是，我将《名人名家》节目免费提供给电视台播出，但要求电视台在每期节目播出时给我留 1 分钟的时间允许插播广告，我便可以从广告收入（企业冠名）中盈利，这多少缓解了我的资金压力，这在当时也是一种创新的模式。

说起广告，我得谈一谈《名人名家》的第一个冠名商"娃哈哈"。我和娃哈哈的董事长宗庆后先生因为一场文化活动结识，当我以独立制片人的身份带着《名人名家》找他谈冠名赞助时，也是颇为忐忑的。但我对这个一手策划的栏目非常有信心，我先后和娃哈哈董事长宗庆后、原广告部部长杨秀玲女士面谈，谈我的初衷和理想，谈《名人名家》的定位和形式，谈《名人名家》的未来和发展，终于打动了他们，得到了娃哈哈的独家冠名和资金支持。我当时非常感动，因为娃哈哈在《名人名家》还籍籍无名时、在我最困难的时候扶了我一把，所以从最初到最后、从杭州西湖明珠电视台到浙江省各地市电视台、从名不见经传到声名远播，娃哈哈一直是《名人名家》的冠名商，从未改变。我感激宗庆后董事长对青年媒体人的信任，之后，《名人名家》的高收视率也证明了我是值得被信任的。因为娃哈哈，《名人名家》才缓解了资金压力，而也因为《名人名家》，娃哈哈这个品牌在当时也得到了最有效地推广，提升了知名度，如此双赢的局面对彼此来说都是最正确的一步。

当然，《名人名家》的广告盈利和地方电视台购买《名人名家》的费用，并不是版权归属方面的"唯二"好处。应该说，我当初选择成为一名独立制片人时，我的"野心"、我规划的版图也不限于此，我始终认为独立制片人大展身手的舞台应该更广。

事实证明我是对的。

1998 年，全国 DVD 的最大生产商广州鸿翔影视公司的总经理，从《女友》杂志一篇采访我的文章得知《名人名家》这一档节目，非常看好它的发展前途和市场影响力，因此通过《女友》杂志社的主编找到出版《叩访名家》一书的浙江文艺出版社的责任编辑，几经波折联系上我后，鸿翔影视的常务副总经理孟庆冰先生立刻从广州飞到杭州，马不停蹄地约见我。几次接触沟通后，鸿翔很快买下了《名人名家》的 DVD 版权，并制作发行。我一直记得，我们在西湖边的大华饭店握手言欢、拍板成交的场景，那意味着《名人名家》从此打破地方限制、媒介限制，走向更广阔的天地。就当时的 DVD 市场而言，《名人名家》作为一档名人访谈类节目，成功跻身于电影、电视、游戏、歌曲 MV 占主流的市场，尚属首次，颇为引人瞩目，令无数人望其项背，它既吹响了电视节目进军 DVD 市场的号角，也为新一代的文化娱乐模式开启了另一片天空。

此外，继广州鸿翔影视公司之后，天津的一家文化公司当年也千里迢迢找到我，并向我购买了除浙江省外全国电视台发行的节目版权。从此，《名人名家》系列片不仅仅在浙江省内各市级电视台播放，北京、广东、天津、湖北、安徽、江苏等全国省市的电视台也竞相播放。毕竟电视台是那时候最受欢迎的媒体，也是受众最多的媒体，能将节目发行到浙江省以外的全国各大城市，于我而言，有种苦尽甘来的欣慰感和成就感。

无论是 DVD 发行还是向电视台出售版权，这些都给我带来了相当可观的一笔收入，也是我成功的第一桶金。但更大的意义在于，它们证明了《名人名家》的成功，证明了独立制片人制度的正确性和可行性，同时也证明了我的能力和担当。

平心而论，当时的我真是一个"三无青年"，无学历、无背景、无资金，怎样冷静客观地对待各种评论，怎样把自己的节目办成电视台和观众认可的名牌栏目，怎样在同行的竞争中发挥自己的特长脱颖而出，怎样走出一条独立制片、独立发行的路子？靠的只有闯、创、磨、钻这四个字。记得当时有位杭州机关单位的领导偷偷问我："小葛，我问你一个私人问题可以吗？你父亲是不是就是我们的葛省长啊？"我否认后，他们还不信："你什么背景都没有，怎么可能把节目做那么好？能采访到这么多名人大咖？"当时的人们认为有背景、有关系才能认识这么多的名人大咖，才有可能完成这样的节目。其实，我出生在普通的教师家庭，一切都是靠自己努力，父母唯一给我的就是刻苦、诚实、钻研的精神。《名人热线》让我在传媒行业站稳了脚跟，而《名人名家》使我的事业更上了一层楼。这两者对我的人生都影响重大，之后我为人处世、对待生活的态度、方法，都是在和名人的接触、交流中所学习到的。

指导意义｜创新力是激发潜能的生产力

于我而言，《名人名家》有三个重要节点和三个重要意义。

一是它的开播。以独立制片人的身份制作《名人名家》，使我成了浙江省第一个自负盈亏的电视专栏节目的独立制片人。也因此，《名人名家》被视为中国制播分离后社会制片公司和独立制片人制的雏形，标志着我国电视产业走到了一个新的转型期。而《名人名家》的成功至今仍频繁出现在媒介经营管理、电视节目制作等领域的课堂及学术期刊中，成为中国电视发展史上的经典案例。与此同时，《名人名家》也是内地首个名人访谈类节目，开了名人访谈的先河，之后各电视台的谈话类节目纷纷上马，比较成功的像中央电视台的《艺术人生》、凤凰卫视的《鲁豫有约》，走的都是同一个路子。

二是《名人名家》制作并播出 100 期时，《名人名家》的文化衍生品《叩访名家》出版，这充分证明了独立制片人制度的成功。《叩访名家》的出版是我对前期工作的总结，也是一份社会对于这样一种制度创新尝试的认可。这本由当时 80 多岁高龄的著名漫画家华君武先生画封面漫画肖像、时任《人民日报》社长邵华泽中将题写书名、武侠小说泰斗金庸先生题词、中央电视台著名节目主持人赵忠祥老师作序、《名人名家》采访内容整理成型、浙江文艺出版社出版的书，首印印刷发行了 1 万本，在《名人名家》节目的巨大影响力下，在一周内就一售而空，后来又紧急加印了 1.5 万本，也是不久就售罄。究其原因，主要还是因为《名人名家》在当时掀起收视热潮和广泛热议，给人留下深刻印象，很受欢迎。记得当时市面上的书籍售价一般每本在 12 元左右，因为《叩访名家》刊登了很多名人名家彩色的独家生活照、工作照，再加上访谈内容也很受欢迎，所以最后该书定价 22 元，但依然热销，这让我倍受鼓舞。为回报读者厚爱，回报社会，我最后将该书的版税收益，捐赠给了教育慈善机构。

而该书于我、于社会的意义，或者可以引用中央电视台著名节目主持人赵忠祥老师的话来说明："媒体工作者除了以自己的本职工作为观众效力外，也应在著书立说上尽力而为，才能使本职工作不成为过眼云烟，也才能在文化界与同仁们有一个沟通。"

《名人名家》的最后一个节点，是它的谢幕。在节目制作了 200 多期，播出了近 5 年之久后，我突然意识到，也许是时候跟它说再见了。当时，许多有专业团队制作的谈话类节目纷纷上线，《名人名家》尽管开创了独立制片人先河，但早已不是最亮眼的星了。时代在不断地发展，节目模式、媒体环境、政策制度也在不断地发展。最重要的是，到了一定年纪，我开始想应该从台前转向幕后了，为了更好地探寻新的创意、新的路子，应该是时候停下来充实自己了。后来，在去浙江大学读 EMBA、去香港理工大学读博士等不断提升自己的同时，我也将工作重心转移到策划、组织创意文化活动上，转移到培养年轻人、育人的方向。其实，我还在广播电台做主持人的时候，就已经开始去当时的杭州大学、杭州师范大学、浙江广播电视专科学校做讲座了。这次，我希望自己暂时停下脚步，沉淀下来梳理这几年累积的经验、案例，更好地传授给更多的年轻人。从某种意义上说，这也与我父母的教师职业一脉相承。

尽管毅然决然地亲手给《名人名家》画上了休止符号，尽管停播后观众纷纷来信表示惋惜和遗憾，但我始终认为，人在花团锦簇时要学会不迷恋，人在最巅峰时要学会急流勇退，带着掌声和鲜花，带着对《名人名家》最美好的回忆转身离开，是最明智的选择。然而，我还有很多新鲜的想法未实践，我想突破《名人名家》的套路，尝试做"让名人来采访普通百姓""采访中国女部长、女企业家""采访中国匠人"之类的新栏目。或者说，《名人名家》的结束是为了更好的开始，它的谢幕是终点也是新的起点。

我一直坚信，人是第一生产力，只有激发出人的潜能，才能绽放出绚丽多彩的生命之花。《名人名家》中的名人都是奋斗拼搏出来的时代骄子，而我们创办《名人名家》节目也是时代大潮所致，是改革开放的机遇使然，也是我努力奋进、创新创业的必然。

专家评述

"独立制片人制度"对于今天的电视人、电影人而言，已经不算是个陌生的术语，但如果回到20个世纪90年代初基本都是国家分配、缺乏竞争的媒体环境里，这样的模式却极其新鲜。用葛继宏先生自己的话说，是先有传媒实践试水，后有"独立运营、自负盈亏"的独立制片人制度，因而在少有活力、体制机制创新甚缺，几乎不谈及资本、盈利、商业运作的氛围下，试图挑战传统的节目运作方式，开创出与央视《东方时空》"准制片人制度"不同的经营形式，这一制度显然是具有标志性的，或者说具有里程碑的意义。这是一次从无到有、史无前例的冒险尝试，可见其胆识、智慧和那份执着的自信。当然，也正是这样的探索创新，使《名人名家》节目创意迭出、群星荟萃，打破了以往的电视运营模式和事业单位的"陋习"，成为重要的电视现象和传媒经典案例，享誉全国。

此外，《名人名家》节目在原有电台《名人热线》的基础上，突出电视的视觉要素，通过积极策划名人与青年小记者的采访活动，使节目形式更加生动，学生朋友也近距离地感受到名家们的风采，这既圆满完成了早期艰难的独立制片人制度的探索，又拉近了名人与普通人之间的距离，可谓相得益彰。如今，当年《名人名家》的专访素材已成为追忆冰心、曹禺、金庸、华君武等名人风采的宝贵历史资料，无论是作为名家实录还是传媒创新案例，都将激励一代又一代的学子追随、学习，具有深刻的教育意义和社会启示。

总之，用今天的专业术语讲，葛继宏先生的这一系列探索可谓是"颠覆式创新"，是对传媒机构的目标市场、价值链条、生产流程和盈利模式进行的全方位的创新和变革，其实这也对应书名《创新力——中国媒体人的文化实践》贯穿始终的核心主旨。我的深刻体会是，无论是 20 世纪 90 年代还是当前，创新始终是任何一个时代都需要的一种素养；创新也是任何一个行业发展的突破口，对于瞬息万变的传媒行业更是如此。因此，唯有源源不断的创新，才是造就传媒活力的金钥匙。我也期待当下的中国媒体人能勇敢地放开手脚，与时俱进，产生更多的创意和灵感，在新时代的召唤下迸发传媒创新力和想象力。

陆绍阳

北京大学新闻与传播学院院长

坚持《名人名家》的立意与初衷，让"'名人名家'情系凡人百家"

1996 年年末，《名人名家》播出了 100 期。短短的两年时间，《名人名家》取得了非凡的成绩，制作出了一系列动人的电视纪录片，收视率节节攀高，还得到时任浙江省委常委、宣传部部长梁平波先生的肯定。

100 是个有意义的数字，100 期是个值得纪念的节点，当时我想着不妨策划一个与众不同的庆典，既是回顾过去又是展望未来。思来想去，我想到了"'名人名家'情系凡人百家"的创意点。我想名人与平凡人的碰撞，一定能擦出不一样的火花。这也是我开办栏目的初心：拉近名人与平凡人的距离。

在我的策划下，"'名人名家'情系凡人百家"庆典分为两部分，一是邀请名人名家作为演出嘉宾的电视庆典晚会，二是庆典晚会之前的"'名人名家'情系凡人百家"活动。其中，"'名人名家'情系凡人百家"是此次活动的闪光点，我们邀请到了著名港台影星胡慧中，著名歌手张明敏、林依轮、程琳，以及著名演员陈强等十多位艺术家，亲身拜访杭州的平凡人家。

至于这些幸运的"平凡人家"，我则在《名人名家》栏目中向社会公开征集。一个月的时间，我们收到了很多很多表示盼望参与活动的来信，从中抽取了两封来信，作为凡人百家的代表。其中一封来自一位还在就读初中的小女孩，她的爸爸是杭州邮政局的员工，家住杭州上城区。巧合的是我们一行决定前往她家拜访的日子正是小女孩的生日。为此，我们特意准备了蛋糕、鲜花、水果、小礼物，为女孩举办了一场星光熠熠的生日派对。她家小小的客厅里，十几位明星济济一堂，甚至没有地方可以坐下，但丝毫不影响气氛的热烈，生日歌快乐唱响，现场一片欢声笑语。小女孩激动得热泪盈眶，笑言如在梦中，她说："我只是《名人名家》的一名普通观众，抱着试试看的心情写了一封信，没想到真的有那么多明星会来到家里，更没想到他们还特意为我庆祝生日，我真的太荣幸了，这是我一辈子最幸运的时刻。"

凡人百家的另一位代表是来自杭州西湖区龙井乡双峰村的一名普通中年人。双峰村是杭州著名的茶乡，盛产世界闻名的西湖龙井茶，茶文化韵味十足。而那位幸运儿的家就在茶园边上，我们一行兴致勃勃地参观了茶园，就着素雅陶瓷、曼妙茶香喝茶聊天，偷得浮生半日闲，还重点推广一番杭州茶文化。

此外，我还领着明星们去参观了杭州的军营，领略军人风姿，感受中国力量。明星们以表演文艺节目的形式为"最可爱的人"送去问候和祝福，而军人们则以部队训练科目表演作为回报，格斗术、障碍跑、实弹射击、徒手攀岩，一个个的精彩表演，震撼全场，让人赞叹不已。明星在瞬间个个变成了军人们的"粉丝"，争相与他们合影。此外，明星还在军人手把手的辅导下，体会了射击、格斗等，他们感慨道："这些训练强度、难度根本不是一般人能承受的，军人才是我们的偶像。"

这之后，我将明星们走进"凡人百家"的画面剪辑制作，作为先导片在"'名人名家'情系凡人百家"电视庆典晚会现场播出。"'名人名家'情系凡人百家"电视庆典晚会在杭州电视台录制播出，我邀请了影星胡慧中作为我的搭档主持人，演出嘉宾香港著名歌手张明敏演唱了《我的中国心》，林依轮演唱了《爱情鸟》，程琳演唱了《童年的小摇车》，著名演员陈强则表演了小品，我们奉献了一出精心准备的视听盛宴。我特别感动的是，武侠小说泰斗金庸与他的夫人，著名作家、美食家蔡澜先生，时任新华社香港分社副社长兼新闻发言人张浚生先生，他们不远千里自香港来到杭州参加了这台特别晚会，我第一次感受到了什么叫"大侠气度"。

《名人名家》栏目100期特别节目"'名人名家'情系凡人百家"是业界与观众给我的肯定，也是一个里程碑式的纪念，对我来说非常重要。其实，我之所以策划"'名人名家'情系凡人百家"，就是告诉大家，名人名家如抛开那些加在头上的光环，也都是平凡人、普通人，他们也有自己的偶像，他们也有不擅长的地方，而那些普通人也有自己不平凡的一面，所谓行行出状元，每一行都有优秀杰出的人。除了那些通过自身奋斗在银幕上光彩照人的名人名家，我们还有更多默默无闻、为建设国家做贡献、保家卫国的"平凡人"。正如金庸先生为《名人名家》栏目的题词所言："名人之所以成为名家，在于他对社会之贡献，而不在于其名声之大小。"而这正是我，正是《名人名家》的立意与初衷。

画作者：著名艺术家邱志杰

CHAPTER FOUR

第四章

青少年人才培养——小记者模式

导 言

人才是强国的根本，人才资源是第一资源。加快建设人才强国，是当代中国面向现代化、面向世界、面向未来的一项重大战略任务[①]。只有进一步形成育才、引才、聚才、用才的良好环境和政策优势，不断增强我国的核心竞争力，才能在日趋激烈的综合国力竞争中掌握主动，才能在国际形势风云变幻中乘风破浪一往无前。

如果你在网上搜索"小记者"，就会看到无数有趣的信息，那些还戴着红领巾的小学生，小大人样地出席各种社会活动，采访各界名人大咖，自信地问各种"犀利"问题，发表权威新闻，可爱又敬业。这样的"小记者"对于对大多数人而言，早已见怪不怪，但在20世纪90年代，它是个陌生又新鲜的词。比如较为有代表的是我在全国第三次少代会期间，组织策划了浙江省小记者团赴京采访活动，采访了包括冰心、严济慈、徐惟诚、鞠萍姐姐、知心姐姐等在内的社会名人。小记者们不仅锻炼了自身的表达和沟通能力，也加深了他们对新闻文化的热爱。这次活动成功完成了访谈专题片《冰心——一片冰心在玉壶》，成为人才培养实践中的硕果之一。

为纪念抗日战争胜利50周年和世界反法西斯胜利50周年，我还策划了大型采访活动"大学生采访中国将军"：大学生一路重走

---

① 社论.加快建设人才强国.人民日报，2010-05-27(4).

长征路，感受红色文化和长征精神；另一路策划组织、成功采访了张爱萍、萧克、吕正操、王平等上将。两路最终在北戴河汇合，完成了新时期大学生的长征洗礼。"大学生采访中国将军"采访团还得到时任中央军委副主席张震的亲切接见和高度赞赏，他称赞这次活动在青年人和革命前辈之间架起了一座相互沟通的桥梁，是继承和发扬我党我军光荣传统，进行爱国主义教育的好形式。新华社、中央电视台新闻联播，以及《人民日报》《解放军报》等媒体对该活动进行了大量报道，这可谓是科教兴国战略与抗日战争胜利50周年的完美结合。这些事迹都可以看作我作为当代中国媒体人中的一员，结合实际积极探索创新人才培养模式的有效尝试。

理论想象 | 社会教育的传媒意义

梁启超先生说："少年智则国智，少年强则国强。"毛泽东主席也曾说："世界是你们的，也是我们的，但归根结底是你们的。你们青年人朝气蓬勃，正在兴旺时期，好像早晨八九点钟的太阳，希望寄托在你们身上。"青少年群体是国家的希望，肩负着建设祖国的重任，对青少年的培养和社会化教育始终是各级部门重要的使命和职责。同时，社会教育阵地是一块广阔的沃土，有助于青少年增长知识，增强关爱他人的意识，提升对他人、对家庭、对社会的责任感，认识到长大要做对社会有益的事，从而实现自身的价值。①

随着市场经济体制的发展和改革开放的深入，20 世纪 90 年代，我国的教育体制也在逐步发生改变。1993 年 2 月，国务院颁布了《中国教育改革和发展纲要》，描绘了我国教育改革和发展的宏伟蓝图。人们的教育理念和教育方式开始转变，社会对于学生的学习和发展开始有了不同的期待，作为一个媒体人，我敏锐地觉察到了这样的转变，加强对青少年小记者的培养和社会化教育也是我传媒创新实践的有效依托。根据自身的业务发展和要求，我结合媒体平台和资源，在教育和人才培育方面，进行了自己的实践和探索。通过实践教学，让学生们走向社会，接触社会，了解社会，在更多元的维度培养和锻炼自己的能力。

在 1995 年，我组织策划了"浙江小记者赴京采访"活动，让"小记者"第一次真正走出校门、走向社会，家喻户晓。在此之后，全国各地的媒体开始效仿，纷纷开设小记者培训班，建立小记者团，至今仍在延续。或者说，是我策划的这个活动，让"小记者"闯出了"大世界"。作为一名资深媒体人、文化活动策划人，从小试牛

---

① 陆凤雯.浅谈社会教育阵地的开发与研究.教育，2018(6)：43.

刀到行业标杆，我成功策划组织过一系列对浙江乃至全国都有影响力的大大小小的各类文化活动。回眸自己的活动策划历史，尽管别人都对我的独到眼光倍加称赞，但其中艰辛也只有自己知道，我没有名师教导、前辈指点，全靠着自己的点滴理解，一路前行、一路探索，所幸的是小有所成，并找到了一条独家特色的道路。细数这十几年来的策划案例，足以编成一本书，但唯有1995年的"大学生采访中国将军"这个活动，一直是我最引以为豪的一个策划方案，也是规格最高、影响力最大的一个活动。

案例分析｜小记者模式的多元推广

一、寻路，小记者团辟蹊径

若要追溯浙江小记者团成军的因果，要从1994年说起。那年，我停薪留职离开电视台，以独立制片人的身份着手制作电视专题片《名人名家》。节目播出一段时间后，我收到了一位观众的来信，他说不仅想看到影视明星、歌星的风采，更想看到文化名人的"庐山真面目"，这样《名人名家》节目才名副其实。其实，这也是我一直以来的想法，我不断致力于拓宽节目内容，想让《名人名家》往纵深方向发展。与此同时，正如前文背景所述，20世纪90年代初期，国内教育体制发生变革，社会的教育理念和教育方式也在发生着转变。出于一个媒体人的敏感性，同时也出于对《名人名家》纵深发展的想法，我就想是不是能够把节目内容和文化、教育做一个有机的结合，既能够让《名人名家》有更深的发展，也能够在教育理念转变的背景下，关注到文化教育的层面。于是，小记者采访名人的想法应运而生。而这样的活动开展方式，正好能够契合全面发展、实践锻炼的人才培育方式，小记者采访的模式也能够实现青少年社会化培育的理念。基于以上的感触与思考，我坚定地着手策划小记者采访名人的节目内容。那么，首先要选择哪一位名人进行采访呢？这位被小记者采访的名人，既要有一定的社会文化影响，又要能够被同学们熟识、喜爱，冰心先生的名字出现在我的脑海中。作为当代文化名人的代表，同时也是著名的儿童文学作家，冰心老人就是我一直心心念念想采访的人。然而我苦于"关系网"无法一下子深入文学圈，即使东寻西觅，也还是找不到机会。巧合的是，那年浙江摄影出版社要制作"当代中国文化名人传记画册"系列之《冰心》，其责任编辑范达明正好是我的朋友，他一直很支持我和我的《名人名家》节目，表示因画册需要一些相关资料，正要去北京拜访冰心老人，届时可以带上我一同前往，大家先认识下。

就此，在范达明先生的帮助下，我与冰心老人的女儿、儿子相继结识，有了一些往来。然而，当我提出采访冰心老人的请求时，他们还是婉言拒绝了。那时，95 岁高龄的冰心老人家身体不适，一直在北京 301 医院住院，为了保护她，家人几乎谢绝了所有媒体的采访。之后，我也曾数次打电话过去，一直被婉拒。设身处地地替冰心子女着想，我首先要考虑的也是老人的健康，但作为一名记者，我还是不灰心。从 1994 年到 1995 年，我隔一阵子就给冰心女儿吴青、吴青的先生等人打电话，我也不提采访请求，就如同寻常亲友那样问好、聊天，渐渐地，我跟冰心的家人已经不陌生了，从他们的态度里，可以看出他们并不讨厌我，有时候也会跟我说说冰心老人家的近况。

转机发生在 1995 年 5 月，那时中国少先队第三次全国代表大会将在北京召开，共青团浙江省委、浙江省少工委也正委托我为即将到来的儿童节策划一次活动，原本如平行线各自延伸的事情，突然在我的灵光一闪间有了交集："冰心老人不是最喜欢孩子吗？那我能不能组织一个全是小学生的小记者团，以小记者的名义去采访呢？"

一瞬间，我又一次找到了打开困难大门的金钥匙，提出了组建浙江小记者团去拜访冰心老人的方案。没过多久，吴青回我消息，说冰心老人很高兴也很愿意同浙江的小朋友见面。至此，我这个采访冰心老人的夙愿经历了进退两难，经历了"山穷水尽"，用一年时间的磋磨，终于迎来了"柳暗花明"。消息在杭州传开后，很多资深记者也十分惊讶，并由衷佩服。

同时，我想到若兴师动众地组建浙江小记者团只去采访冰心老人一人，活动就过于单薄。于是又联系了原任全国人大常委会副委员长的物理学家和教育家严济慈先生、时任中共中央宣传部常务副部长徐惟诚先生、中央电视台著名节目主持人鞠萍姐姐、《中国少年报》的"知心姐姐"卢勤等一些知名人士，他们听说了"浙江小记者团"的概念，感觉又新鲜又好奇又意义重大，纷纷答应接受采访。此外，我还在采访名单添上了少先队第三次全国代表大会的列席代表，于是最初的拜访冰心老人的方案就成了"浙江小记者赴京采访"的活动。

小记者团的采访对象确定后，我便与共青团浙江省委、浙江省少工委合作"海选"小记者。经过认真考虑、多方甄选，从浙江几百万的小学生中挑选出10名组建了小记者团，他们有的是"少先队全国一级'雏鹰'奖章""全国少儿摄影一等奖奖章"获得者，有的是"中国好少年""中国好儿童""浙江省故事大王"荣誉称号获得者，还有少数民族少先队代表和农村希望小学的代表。

至此，浙江小记者团成军。他们将在我这位"大记者"的带领下，走出校门，走进北京，在六天时间里采访各界大咖，用童言童语向全中国描绘他们眼中的少先队全国代表大会、冰心奶奶、严济慈爷爷等，用童眼童心看世界。

1995年5月30日下午，我和浙江小记者团来到了北京301医院，带着事先准备的写着"冰心奶奶，我们爱您"的大红纸幅和花篮，轻轻地走进病房。冰心老人比想象中更开心、更亲切、更热情，她伸出搁在轮椅上的手，主动地与到来的小记者握手。更让人意想不到的是，冰心还慈祥地对小朋友说："孩子们，让我亲亲你们。"这一来，小朋友们就毫无拘束了，也忘了害羞，一一上前，还各自用一句话表达了他们最美好的祝愿。"少先队全国一级'雏鹰'奖章"获得者，来自舟山定海城关二小的丁为将一只精心制作的海螺送给冰心老人，并说："我代表海边的少年向您致敬。"冰心老人收下后说："谢谢。"蒋颖小朋友轻轻地凑近老人的耳际说："我能背诵您写的《小橘灯》，我连做梦都想见到您。"随后，小记者们就一起朗诵了冰心最喜爱的一段座右铭："爱在右，同情在左，走在生命路的两旁，随时播种，随时开放……"

在冰心老人与小记者亲切交谈的过程中，我也不失时机地问道："我可以请您谈几个有关孩子健康成长的问题吗？"冰心慈祥地笑道："我真高兴啊，你们可以提很多很多问题……"冰心老人自始至终心情愉快，有说不完的话。当见面会结束时，冰心老人又与大家握手告别，并一字一句地嘱咐这些小朋友："你们要记住，下一代的中国就在你们手中，要好好学习，天天向上……"

当天的见面会持续了将近30分钟，这在当时的北京医院有关规定里，已是破例。我们离开医院后才知道，原来医生表示冰心老人这几天不适宜接见来访者，而老人却执意要与这些来自远方的小客人们见面。而且，她听说浙江有10位小记者来看她，激动得一夜没睡好，那天很早就坐在床边等候了。

这一段记忆在我的生命长河里永远流淌着温度。同时，冰心老人在95岁高龄之际，仍不忘关心祖国下一代，这也是杰出人物对当代青少年培养的具体体现。我至今依然记得冰心老人在受访期间，曾说道："他们自己想学什么，就随他们的心意，自己想做什么就做什么……""有钱就应该多帮助一点教育事业……"而在这之前，冰心老人还欣然为我们《名人名家》栏目题写了"名人风采"四个字，末了还盖上了章，并特意为我当时正在策划当中的女性杂志和女性电视栏目题写了栏目名称——"女人"。临别时，冰心老人将她亲笔签名的"冰心全集"赠予我，作为珍藏。

同样地，这次会见也给浙江小记者团留下了深刻的印象，可能是他们一生当中最难忘的一课。他们学会了多读书、读好书，学会了理解和体贴别人，学会了用心看世界，做温暖的人。此外，"世纪老人"与"小记者"这样一次别开生面的会面，在全国引起了很大的轰动。《人民日报》《浙江日报》《杭州日报》，以及中央电视台等媒体都纷纷详细报道了冰心老人与孩子们见面的新闻，这既为全国少代会添上了光彩的一页，同时也向尊敬和关心冰心老人的人传达了一些信息，即冰心老人依然健康乐观，依然关心祖国下一代的健康成长。这既是祖国的骄傲，也是下一代的幸福。

二、广闻博见，小记者的大世界

浙江小记者的北京之旅，拜访的不仅是冰心老人，我还携小记者团拜访了浙江老乡、原任全国人大常委会副委员长的物理学家和教育家严济慈先生、时任中央宣传部常务副部长徐惟诚先生、中央电视台著名节目主持人鞠萍姐姐、《中国少年报》的"知心姐姐"卢勤等知名人士。而值得一提的是，我因此完成了《名人名家》的访谈专题片《冰心—— 一片冰心在玉壶》。由此，我也获得了人生难得的一课。或许在不知情的人眼里，这一切顺风顺水，而只有作为亲历者的我才知道并不那么简单。从 1994 年到 1995 年，我为采访到冰心老人，打了无数电话，耐心沟通，甚至和老人的家人成了朋友，其间虽然一直被婉拒，但从不放弃。不放弃，是我成功的第一要素。当然，能最终采访到冰心老人，还是因为我以小记者为突破口，找到了冰心老人愿意接受的形式，找到冰心老人喜欢的话题。甚至我成功采访冰心老人的过程也成了沟通的经典案例，刊登在了《演讲与口才》杂志上的《从对方最关爱的对象谈起》一文中。文章这样写道，每个人都有自己特别关爱的对象，交谈时如能从对方十分关爱的对象切入，也是一种投其所好的方式，有利于打开交谈局面。而这，也是我一路摸索，找到的有效方法之一[1]。

作为一名还算成功的策划人，我现在至少可以告诉大家一些经验，当你遇到困难挫折时，首先不要轻言放弃，其次，要学会从另一角度分析，灵活选择多种策略来解决问题，要结合对方的兴奋点。也正是从学生的角度出发，结合多元化培养的思路，我最终促成了这样一个采访活动的成功进行。

这是我提出"小记者"概念，并以它为载体策划的第一个活动。通过一系列的名人采访活动，参与采访的小记者们也展现了自己的风采。在这个过程中小记者得到了多方面的历练和成长，在感受智慧与文化的熏陶的同时，在心智、语言、与人交流等方面都有了长足的进步。

记得1995年5月28日，小记者们下午4时许抵达了北京机场，当晚7时就马不停蹄地去采访了《中国少年报》"知心姐姐"卢勤。当小记者们遇到那位早闻其名不见其人的"知心姐姐"时，脑子里似乎一下子冒出了许多个"为什么"。"知心姐姐"也真是个"活电脑"，当场给予了一一解答，令小朋友们佩服不已。而后，小记者们又展开了强大的采访攻势，摄像的摄像、拍照的拍照、笔录的笔录，气氛热烈而亲切。"知心姐姐"激动地说："浙江人杰地灵，孩子也非常聪明伶俐，有机会我一定来浙江看望小朋友们，并帮助

[1]　葛继宏，顾金生.浙江小记者晋京采访记.浙江日报，1995-05-10(8).

小朋友们解答更多的问题。"除了"知心姐姐",小记者们还有幸见到了另一位姐姐——鞠萍。5月29日下午,他们走进了中央电视台大楼,采访了仰慕已久的鞠萍姐姐。由于鞠萍得赶排"六一"直播晚会的节目,采访只好在演播现场进行。小记者代表高川首先为鞠萍姐姐挂上了有10名小记者签名的红领巾,并带来了浙江省460万少年儿童的问候。面对浙江来的小客人,鞠萍姐姐特别热情,她几乎给每位小记者都安排了采访机会。从未走出山村的希望小学代表、身着畲族民族服装的蓝巧芽小朋友异常激动,在采访完鞠萍后,情不自禁地在演播大厅跳起舞来。鞠萍姐姐立即为她拍手伴奏,然后又拉着其余几位小朋友的手,唱起了《种太阳》儿歌。为了能让小记者们一饱眼福,鞠萍姐姐费了好大劲为他们找来10张"六一"直播现场彩排的入场券。

和两位"姐姐"的交流沟通,使同学们变得更主动,更善于表达,他们感受到了两位"姐姐"的智慧与热情,在潜移默化得到了学习。也就在这天晚间,时任中共中央宣传部常务副部长的徐惟诚先生,听说北京来了批浙江小记者,立即通知秘书,安排时间接见了小朋友们。当小朋友们获知徐惟诚先生就是《中国少年报》最早的"知心姐姐"时,都高兴地围上去,和他握手拥抱。

5月30日,小记者们兴致勃勃地来到了原任全国人大常委会副委员长的浙江东阳籍著名科学家严济慈的家里。面对这群小老乡,95岁高龄的严老先生很是高兴,和蔼地给他们讲自己年轻时候的事,回忆自己的求学经历。他说,那时学习条件艰苦,凭着刻苦精神考上了大学,成为东阳第一位大学生。他还让小朋友们参观了他的藏书室,说:"我这里有很多东阳和浙江其他地方的小朋友给我寄来的字和画,希望你们这些小老乡要努力学习,长大了为国多做贡献,为我们浙江人争光。"小朋友们听后都备受鼓舞,表示要好好学习,长大后像严爷爷一样做大学问家。严老先生很关心家乡建设，在与小朋友交谈之际，不住地说道，"东阳变化大极了"，并说要在东阳建县1800周年时争取再回到家乡看看。

临分手时，严老先生将小记者们送到了门口，并认真地行少先队礼，小朋友们纷纷驻足回望。严老秘书忙解释："小朋友们，你们不走，严爷爷的手是不会放下的。"我想，这些小朋友不会忘记严老先生最后的那个少先队礼，而我更不会忘记严老先生的话，他说："从小让孩子们立志，这是一次有意义的活动，这个活动会影响你们的一生。"

1995年6月1日凌晨，10位小记者与全国少代会代表一起瞻仰天安门广场升旗仪式。31日晚上，大家几乎一夜未眠。次日凌晨2时，小朋友们就起床，做好出发准备。4时39分，升国旗仪式开始了，小朋友们凝视着冉冉升起的五星红旗，心里都在默默地念着：伟大的祖国，为了明天，我们时刻准备着。升旗仪式一结束，小记者们马上又采访了参加全国少代会的8位浙江代表，并立即向《人民日报》《中国少年报》发稿。

当天下午，全国少代会主席团同意浙江小记者团列席全国少代会开幕式，当小朋友们佩戴着"记者证"进入庄严的人民大会堂时，立即博得代表们的热烈欢迎。

6月2日，浙江小记者团的6天北京之旅迎来了终点。在飞机上，小记者们仍在回味这次北京之旅，激动地说："今后，我们一定要更加努力学习，争做合格的跨世纪人才。"

很快，《人民日报》《中国少年报》《浙江日报》《钱江晚报》《杭州日报》，以及中央电视台、浙江电视台、杭州电视台等多家媒体报道了我策划的浙江小记者赴京采访活动，我至今仍然收藏着这些宝贵的片段。

如前所述，这是我提出"小记者"概念，并以它为载体策划的第一个活动。其实，在我想到"小记者"这个概念时，我就知道这个活动一定会成功，并且会有惊人的影响力。这个活动契合了多元智能教育的需要，从培养学生多方面能力的角度着手，开展我们的教学实践活动，策划一个活动，选好"点"起着至关重要的作用。

对于小记者们而言，这其实是体验式游学，他们因此开阔了视野、增长了见识、丰富了阅历，得到了成长。对于活动本身来说，小记者以其独特的视角，为受众描绘了他们的所见所闻，表现生动、充满意趣，处处闪耀着创新的亮点，收到了很好的传播效果。而对于我来说，更是意义非凡，它的成功实施，既给了我无限信心，又为我之后策划的一系列小记者相关活动奠定了基础。

在我策划浙江小记者赴京采访活动之前，小记者只存在于中、小学校园内的广播电台。我大概是第一个将他们组织起来的人，我让他们走出校门，对社会上发生的新人新事等进行采访报道，使他们成了一道独特而亮丽的风景线。在此之后，"小记者"瞬间成了大气候，全国各省市不少报纸期刊都纷纷开设各自的小记者培训机构，多家电视台中以小记者为主的少儿新闻节目先后与观众见面。可以说，我让"小记者"闯出了"大世界"，成就了如今的这般百花齐放的局面。

三、溯源，成竹在胸一妙棋

遵循青少年培养的教育理念，我将小记者采访的形式进一步推而广之，应用到大学生群体中，例如"大学生采访中国将军"的活动。显然，这样的社会实践方式对于大学生而言同样富有意义，从某些程度上说产生的作用可能更大。说起"大学生采访中国将军"的渊源，要追溯到我做《名人名家》节目时。那应该是1995年6月初，我在著名诗人艾青先生家中采访拍摄，节目结束录制的前一天，当时的中央军委秘书局局长王宏源大校前来拜访艾青先生一家，我也有幸得以与他结识。王宏源局长看着像一名学者，身材清瘦、为人谦和，据艾青先生的夫人高瑛阿姨介绍，他也是来自浙江的老乡。

他乡偶遇故乡人，一瞬间，我们熟络了不少，格外亲切。我想着，王宏源大校是中央军委秘书局局长，那他是不是可以联系到上将呢？机会稍纵即逝，因此在晚饭期间，我便斗胆向王宏源局长提出了一个在我心里盘旋了很久的念头——采访中国将军。在《名人名家》开播了一年之后，一些领导和朋友对节目做了充分的肯定，同时也鼓励我走出"文人影视"的圈子，大胆地拓宽题材。出于对英雄的天然崇拜，那些南征北战、叱咤风云、立下赫赫战功，从硝烟弥漫、炮火纷飞的战场走来的老将军，一直是我最想采访的对象。如果能借此机会，聆听他们的教诲，重温他们的传奇，这样底蕴厚重而深邃的题材，是一个让人神往的挑战。从文化节目多样性和丰富性的角度来看，这也不失为一个卓有成效的努力方向。

然而，王宏源局长却给我浇了一盆冷水，他表示：老将军们作为副国级干部，按道理，采访他们要经过正规程序，要上报，要审批，重要的是，还要经过他们本人同意。那些走过战争的将军均是耄耋之年，而且生性低调、为人个性，轻易不肯接受采访，之前很多中央媒体想要采访他们，都被婉言谢绝了。虽然在意料之中，但王宏源局长的回答还是让我有些心灰意冷，想想也是，老将军们务实谦逊，一向不事张扬，现在这个年纪更是韬光养晦，注重个人空间，更何况我并不是以电视、报纸等媒体单位的名义，而是以独立制片人的名义、以浙江《名人名家》摄制组的名义发出邀请，按级别来说，我这个"个体户"什么都不是。

不过，轻易认输不是我的性格，我当时心里琢磨：那些媒体是不是因为没有找到一个合适的介入点，是不是因为没有找到一个将军们喜欢的话题呢？就在当时，一个新颖的点子突然闪现，一招妙棋成竹在胸——我既然能策划组织浙江小记者团采访冰心老人的活动，那我能不能再组织一次大学生采访老将军的活动呢？大学生们之于老将军们，大多是孙子辈的年纪，当年正值抗日战争胜利 50 周年纪念日，借这个热点，再通过大学生这个载体，以隔代的概念进行访谈，显然更能擦出火花来。它既能促进军人与大学生之间的交流了解，增加两个群体间的亲切感，又能使当代大学生更加了解将军的英勇事迹和爱国精神，继承艰苦奋斗、坚持不懈的光荣传统。这个提案得到了王宏源局长的充分肯定，他欣然同意帮忙协调："今年纪念抗日战争胜利 50 周年的活动很多，但以这样的模式、以大学生为载体来进行的活动还从来没有过，非常新颖，非常生动。"但他称还需上报并经过中央军委的批准。我的内心对于能够延续之前学生采访的形式充满期待，这样一来，我依然可以通过学生实践的途径，获得采访的内容，同时锻炼大学生的社会实践能力，让大学生以真实的体验了解革命历史、培养爱国精神。当我提出这样的建议后，王宏源局长的态度给我带来了一丝曙光，我不禁心中窃喜，这样声名显赫的将军如果能被我们节目的大学生独家采访报道，对于这些大学生来说是多么宝贵的机会，也让全国所有的学生能够以更贴近的方式接触和了解将军们的思想和对后辈的希望；同时对于我的个人品牌以及整个栏目而言，是多么巨大的正能量。好事成双，这时，高瑛阿姨见我心急如焚的样子，主动提出她和张爱萍将军的女儿、女婿关系很好，可以帮忙牵线联系。于是，我满腔热情、语气诚恳地写了一封邀请信，请高瑛阿姨帮忙转交给张爱萍将军。

也许被我真诚的态度打动，也许是因为大学生采访的点子正合心意，张爱萍上将同意接受我们的采访，并表示非常期待与大学生进行互动、交流。

张将军的同意赋予了我极大的信心，我立马把这一好消息告诉了中央军委的王宏源局长。不久之后，在王宏源局长的全力协助下，吕正操、萧克、王平、廖汉生等将军们也均同意了此次采访，中央军委也很快通过了审批。至此，我想采访中国将军的梦想，离成功仅一步之遥。活动从策划到成行只用了一个多月的时间，解决了吃、住、行、人员招募等一系列复杂的问题。后来，我也曾自问：那么多媒体纷纷铩羽而归时，为什么唯独我成功了？首先要感谢高瑛阿姨和王宏源局长，老乡的情谊和力量真是特别大，假若没有高瑛阿姨帮忙去和张爱萍将军沟通对话，假若没有王宏源局长帮忙牵线吕正操、萧克、王平、廖汉生将军，假若我孤身一人去找中央军委要求采访，那成功率几乎为零。然后，还是需要有富有时代精神和时代意义的策划内容作为支撑，才能使得内容和栏目的制作顺利进行。

抗日战争胜利50周年对于大学生的教育意义、抗战精神的传承，更是这一系列采访能够成功进行的重要的题中之意。相信经历了这次采访过程的大学生们，一定能够更好地体会和认识抗日战争胜利对于国家、民族的历史意义和沉重分量。符合时代精神、有着教育意义的内容是媒体栏目策划的重要依据，成书之际，我们迎来了中国共产党建党100周年的重要历史节点。我相信，在这样的时代背景下，也会有相应的具有教育意义、面向广大青年和学生的栏目和活动出现，并在社会上引起强烈的反响。

四、出发，浙江学子求索路

采访对象这边安排妥当了，我开始组建浙江大学生记者团。因为我当年为了独立制作《名人名家》节目而在浙江省广电厅留职停薪，我便首先向浙江省广电厅的领导报告，告知我的活动策划和意图，计划将组织"大学生采访中国将军"活动作为抗日战争胜利 50 周年的纪念活动的一部分，同时向学生们宣扬和传递爱国主义精神。厅领导听到这么有意义的活动以及这么多将军都答应接受采访，自然没有理由不支持，况且这对浙江省广电厅来说也是一个打造品牌影响力的契机。随即我又联系了共青团浙江省委和浙江省学生联合会。最后，我以他们的名义发布了大学生记者团招募令，并将招募对象范围设定为在全国各地上学的浙江籍的大学生和在浙江上大学的来自全国各地的大学生，最大限度地调动学生的积极性。因为各方领导的认可和支持，招募记者团的通知和广告铺天盖地，且得到了热烈的响应，报名人数多达一两千人。在人员的遴选中，我们既要求有突出的能力，同样也希望大学生的组成能够在专业背景、个人特长等方面做到多样化、多元化，最大限度地激发学生们之间的交流火花。我们经过深思熟虑、精挑细选，从中筛选了 26 位精英代表，组建成了大学生采访团。

一切都如我所愿，进展得很顺利，声势日渐浩大，影响力也越来越大。有一天，我接到《人民日报》华东分社老师的电话，他们表示对这个活动非常感兴趣，认为很有意义，想要参与进来、一起主办。我自然表示非常欢迎，同时也提出了一个请求，就是希望能让我们每个大学生采访将军的文章在《人民日报》上发表。紧接着，《解放军报》也主动加入了主办方行列，并愿意拿出多个版面来刊登我们记者团的采访文章。国家级的大媒体配合本次活动一起主办，更显现出活动的重大意义和规格，且更全面、更立体地宣传了本次活动。

同时，考虑到浙江当地还有很多媒体想要针对这一活动进行采访报道，而将军采访的电视画面我又想独家报道，于是，我决定将选拔出来的采访团的 26 位大学生分为 5 组，其中由我带领的《名人名家》摄制组的北京组采访老将军，其他 4 组则在其他媒体的带领下重走长征路，沿着老将军曾经走过的路线，记录那边的变化发展和社会风貌，最后再在北戴河胜利会师。

前期工作准备得差不多了，就剩下一个棘手的经费问题。苦思冥想之下，我找到了当时的杭州黄龙速补康营养保健品公司。黄龙公司老总得知我的来意后，认真倾听了我的策划案，他非常认同这个活动，表现出很强的兴趣。当时，我的要求是黄龙公司提供 30 万元人民币作为赞助费来支持活动，作为回报，我会在我的《名人名家》电视栏目以及活动过程中替该品牌做广告宣传。尽管在 20 世纪 90 年代，30 万元人民币是一笔巨款，黄龙公司的老总对此却没有异议。但他向我额外提出了三个要求——第一，他要以企业商标"黄龙"冠名此次活动；第二，他要跟着记者团一起前往将军家中采访，要和将军们一一合影；第三，中央军委副主席会见时他要坐在副主席身边，同时，他的个人形象要在中央电视台《新闻联播》里有 5 秒的特写镜头。为了活动能够顺利开展，我还是硬着头皮先答应了。船到桥头自然直、车到山前必有路，办法都是人想的，没有什么事情不能解决。说实话，我根本没有把握，但假如当时瞻前顾后，不敢答应企业家的条件，就无法争取到赞助，也就不可能有这次意义非凡的活动。后来的事实也证明，在大方向没有错的前提下，冒一定的风险是适当的，因为这些要求最后真的一一兑现了。

1995 年 7 月 20 日，由 26 位来自北大、复旦、浙大、杭大的浙江籍学生组成的"浙江黄龙大学生记者团"在浙江省人民政府大院正楼门口举行了授旗出征仪式，浙江省委领导亲自授了旗。而 26 位大学生领旗出征，兵分五路，分赴延安、太行、冀鲁、苏浙皖、北京等地进行实地寻访。其中，北京组由我带领，当时我们一行 11 人，除 6 名大学生以外，一名是《解放军报》社记者，一名是《人民日报》社记者，一名是企业家，还有就是《名人名家》摄像师和我，我们将走访抗日老将军。至于延安、太行、冀鲁、苏浙皖四组，则于当日启程出发，他们会去看看延安的窑洞、枣园的灯光，去参观冀中地道战的发生地，去走访枣庄铁道游击队，了解白洋淀雁翎队的故事，将沿着当年抗日英雄的足迹，从华东走向华北、走向西北，重走长征路、重温抗战史，开始漫漫求索路。

在这个平凡的夏天，这群浙江籍的大学生接受了一场不平凡的洗礼，沿着这些抗日老将军的足迹，他们找到了人生的坐标，杨家岭的灯火成了他们心中一盏不灭的灯。作为过去的继承者、现在和今后的创业者，他们在反思这段历史中成熟起来。那些对当代大学生来说既陌生又闪光的名字，那些离当代大学生既遥远又难忘的传奇，那些不能忘却的历史，将陪伴他们走过往后的路。正是这次不平凡的旅程，在他们的人生中增添了一抹不一样的颜色。而通过这样的方式，我也希望大学生认识到自己各自不同的能力，从多元的视角看待自己，看待这个社会，能够发现自己的人生方向。

五、会师，历史在手中流淌

在其他四组重走长征路时，1995 年 7 月底，由我带领的《名人名家》摄制组和大学生北京组一行 11 人，来到五位贡献无数、赫赫有名的开国上将——吕正操、萧克、张爱萍、王平、廖汉生将军的家中，聆听他们的传奇人生。

为了表示敬意，我还特别准备了几份代表浙江的见面礼。说起礼物也是极有意义，在出发来北京之前，我拜托中国美术学院教授，著名的人物画画家吴山明、山水画画家卓鹤君创作了精品画作。同时，在杭州市领导的支持下，我请西泠印社的著名篆刻家给将军们每人刻了一方鸡血石做成的将军本人印章。这些礼物既体现我们此行的敬意，又富含了浙江深厚的文化底蕴。

我们的采访拍摄过程也一帆风顺。在北京五位老将军家里，将军和大学生海阔天空地对话，从历史谈到现在，谈到未来，既谈到改革开放时代进步的主流，也不避讳拜金主义、浮夸作风等，他们在丽日和风下握手，历史在手中流淌。

张爱萍上将抗战时任八路军纵队政委、新四军师长等职，离任前为国务委员兼国防部长。他给我们讲了他的两件宝，一是枪，二是照相机。叱咤风云了大半个世纪的将军，给我们讲的不是打过的无数次胜仗，他出乎意料地讲了一次打败仗的经过，他说："许多战士牺牲了，我的马也死了，腿上还中了一枪。最令我痛惜的是，我从江西出发一路上所写的日记、文章和所带的一些书也失落了。从那以后，我就再也没有写过日记。"这次败仗在张将军的心中留下了深刻的印象，他写诗鞭策自己：莫作蛮干鲁莽汉，铭心教诲待急追。此外，张将军还鼓励大学生道："上有天堂，下有苏杭，你们是从大堂来的。但是中国很多地方还很穷，还有几千万人没有脱贫，要让中国人民都能生活在天堂之中，就靠你们这一代了。历史是由人民创造的，更是由勇于开拓的年轻人创造的……"

萧克上将抗战时任晋察冀军区副司令员等职，新中国成立后任国防部副部长、军事学院院长等职。我们在一个宁静的四合院见到了他，幽曲的长廊上，一位穿中山装的耄耋老人，昂首挺胸，"叭叭叭"五个标准的正步干脆利落地完成了。萧将军当时 87 岁了，说话很慢，但谈兴很浓，思路很清晰，他说，中国从秦始皇统一至今，有 2000 多年了，其中分了又合，合了又分，但是民族统一的大势不可逆转。说这些时，将军有些激动，大声说："海峡两岸的统一我希望能看到。"之后，将军还给我们讲述了一个关于大枣的故事，因敌人的封锁，粮食缺乏，大伙满山遍野地摘大枣当军粮，抵挡住了日本人的围剿。萧老意味深长地对我们说，并为大学生记者团题词写道：不忘民族耻辱，维护祖国统一。临别时，萧将军送给我一本自传，并为《名人名家》栏目题词"学海无涯"，我知道，这是他对我、对我组织这次活动的鼓励和认可。

廖汉生上将抗战时任新四军第五师第三分区政治委员等职，离任前任全国人大常委会副委员长。当时，廖将军还在北京301医院的病榻上，听说我们来了，执意起身会见。老人一派慈和，从抗战追溯到二万五千里长征。学生们问他爱唱什么歌，他便指挥学生唱"风在吼、马在啸"。他说这段雄壮的旋律伴随了他大半生，希望学生们不要总在"小我""小爱"里兜圈子，要做大学问，干大事业。此外，我们发现廖将军还保持着战争年代养成的饮食习惯，"不能糟蹋老百姓的粮食"，这是将军最朴素的信条，却深深震撼了我们。

王平上将抗战时任中共晋察冀省委军事部长等职，离任前曾任中央军委副秘书长。采访当天，王将军早晨5点就起床了，早早就叫秘书把椅子放在院子里，沏了茶，静静地等我们。8点多，招呼我们坐下后，老人的兴致就来了。说也怪，越是隔的年代久，老人的记忆越清晰，他详细给我们讲述一个个战役，也聊了他的婚姻，我们获益匪浅。之后，将军还给栏目组题了"浙江《名人名家》专栏，业精于勤"，更亲自在题词上盖章。我不胜感激，这是对身为独立制片人的我、对《名人名家》栏目的最大鼓励。

吕正操上将抗战时任冀中人民自卫军司令员、晋绥军区司令员等职，离任前任全国政协副主席。91岁的吕正操将军，手不释卷，我们脚步很轻，但他还是听到了，把书放下来，学生们围坐在吕正操将军的身旁，你一句、我一句地与他聊了起来。吕将军说，抗日战争时期有不少国际友人帮助了中国人民。"我第一次见到白求恩是在 1939 年，白求恩大夫医术高明，对当地群众有求必应。后来白求恩大夫牺牲在中国，我们为他修了一座墓，墓顶上特地做了一个地球标志，纪念他的国际主义精神。"吕将军动情地说："当年牺牲了无数的将士，我只不过是一名幸存者，牺牲的人才是真正的英雄。"

1995 年 8 月 6 日，兵分五路的 26 位大学生终于在北戴河胜利会师。在我的积极努力和王局长的大力协调下，时任中央军委副主席张震将军亲切接见了浙江大学生记者团的全体成员。张副主席先是听取了各路采访组同学们的汇报和体会，对年轻一代大学生们不畏艰辛、冒着高温酷暑寻访抗日战场，采访抗战老将军们的精神表示赞赏，他说：老一辈革命家和无数革命英烈已经向祖国和人民交了一份出色答卷，跨世纪的一代青年人，应该自觉挑起建设富强、民主、文明社会主义国家的历史重任，在建设有中国特色社会主义的事业中，向祖国和人民交出出色的答卷。同时，张震将军还称赞这次采访活动在青年人和革命前辈之间架起了一座相互沟通的桥梁，继承和发扬了中国共产党、中国人民解放军的光荣传统，更是进行爱国主义教育的好形式，并对企业支持这样的公益活动的行为予以肯定。最后，张副主席欣然为"浙江黄龙大学生记者团"题词，"重温抗战历史，弘扬爱国主义；团结艰苦拼搏，建设美好未来"。

而大学生们也纷纷表示，这既是一堂丰富的人生启迪课，也是一堂催人奋进的励志课，因为这个特殊的经历，从此会牢记革命先辈勇于拼搏、敢于吃苦、乐于奉献的优良传统，为实现中华民族的伟大复兴做贡献。

在我的精心策划下，在会见大学生记者团成员时，中央军委副主席、浙江省广电厅厅长以及此次活动的赞助企业家很自然地坐在一起。我想起之前答应赞助商的三个要求，马上找到中央电视台的那位记者，如实告知我和企业家之间的约定，恳请他帮忙给这位企业家5秒的特写镜头，以此感谢他对公益活动的帮助。该记者听后表示，热心公益事业的企业家当然要多多鼓励，如此才会有更多企业家愿意加入公益活动，便爽快答应了，至此我终于松了一口气，心里非常感激。第二天，中央电视台《新闻30分》《新闻联播》用2分钟左右的时长，详细报道了我们的这次"大学生采访中国将军"活动，也如愿地让那位有爱心的企业家有5秒的闪亮登场。此外，《人民日报》《解放军报》《浙江日报》《钱江晚报》，以及新华社等众多媒体也都大版面地专题报道了此次活动。

就这样，"大学生采访中国将军"活动圆满落幕，为我人生历史上画上了不可复制、不可重来的浓重一笔。从6月初机缘巧合认识王宏源局长，尝试向他提出"大学生采访中国将军"这个方案，到7月20日"浙江黄龙大学生记者团"启程出征，再到8月6日北戴河胜利会师，我用短短2个月时间，将这个活动成功举办。做过策划尤其是大型文化活动策划的人，都知道其中的艰辛。撰写活动创意方案、调度各行各业相关人士予以配合、寻找活动赞助商，以及协调政府、企业、媒体等多方面的关系，这是一个极致的考验。更何况，这个活动从策划到组织到赞助到落实都是我一个人完成的，当然也离不开各主办单位的加持。

而就活动本身而言，"大学生采访中国将军"活动既呼应了社会热点，又全方位强势铺开，引发轰动效应，获得空前成功，是当时"中国抗日战争胜利50周年"系列活动中最成功的案例之一。从来没有一个对话是在大学生和抗日老将军之间展开的，从来没有一个媒体能如此集中地采访到这么多位上将，它全方位记录和讲述了抗日将军们的传奇人生，这是电视专题片中的第一次，估计也是最后一次，毕竟那几乎是五位老将军留在人世间的最后一次公开活动画面，如今它们都记录在我的《名人名家》节目中，影像资料已被杭州市档案馆珍藏。

第二，它开了"红色旅游主题活动"先河。现在，每个学校都会在暑假举办"红色"夏令营，开展爱国主义教育；各个地方的旅行社都会在暑假推出"红色旅游路线"；甚至还有旅游局开发"红色景点"，都是效仿此次"大学生重走长征路"的模式。它弘扬以爱国主义为核心的伟大民族精神，通过开展形式多样、内容丰富的红色旅游主题活动，游中学、学中游、寓教于游，是政治、教育、文化、旅游的创新性统一。尤记得，时任中央军委副主席张震将军对我说的话——"你做了一件非常好的事，非常有意义的事，它是爱国主义最生动的实践。"

指导意义 | 创新力是顺应时代需要的执行力

从人才培养的层面看，一个国家的发展离不开对人才的培养，人才是国家向前发展的核心力量。无论在什么时代，教育都是一个国家发展的重中之重，新的时代要求的是有着崇高理想抱负且多元发展的全面人才。"十年树木，百年树人"，对人才培养的投入，可能是我长久以来收益最大的投入。做好人才的培养，就要树立以人为本的理念，遵循人才成长规律，根据人才多样性、多层次性特点，更加注重实践锻炼和多元化发展。

通过组织策划浙江省小记者团赴京采访活动，我不仅使小记者们锻炼了自身的表达和沟通能力，而且也加深了他们对新闻文化的热爱。而回过头看，"大学生采访中国将军"原本只是一个临时的小创意，经过补充变成了大创意，因为它正迎合社会热点变成了大事件，更变成了"中国抗日战争胜利50周年"系列活动最成功的案例之一。一开始，挑战难度巨大、实现概率极低的一件事，竟然真的按照我的预想和策划实现了。我将爱国教育的公益性引入活动中来，激起了活动在大众心中的美誉度，增加了新闻价值，可以在第一时间传播开来，从而引起全国关注。通过"大学生采访中国将军"活动，我搭建了一个让大学生广泛参与的平台，让更多大学生深刻理解中国传统优良品德、传统优良文化的重要性，增强学生对中华文化的高度认可，增强学生对中华文化建设的责任感、担当感，从而让更多大学生在这一文化活动中获得更加坚定的文化自信，我也以此激发了社会正能量。由此，我意识到创意的重要性，意识到迎合社会热点的重要性，也意识到坚定青少年培养的重要性。

我渐渐摸索出开展大型文化活动时适合自己的路子——必须顺应时代需要，立足于青少年培养，坚持与时俱进原则，在创意大方向确定的前提下，判断要准、执行要坚决、速度要快不能拖，讲究一气呵成。与我之前的人生经历一样，创意是成功策划活动的前提，而赋予一个活动"弘扬传统文化、增强精神文明建设、坚定文化自信"的内涵，是活动升值、扩大影响力的王牌。

专家评述

我与葛继宏老师虽未谋面，但依然被他的书稿《创新力——中国媒体人的文化实践》深深打动。尤其是关于青少年人才培养的一节，令我回忆起许多往事。

葛老师原来是新闻记者，后来又转向其他岗位，但他不改初心，始终以新闻为主业，始则当新闻记者，继则从事新闻教育，尤其关注青少年培养教育。

记者采访是平常的工作，小记者采访却生出不同意义的故事。小记者采访大事件、大人物更别有一番意涵。

葛老师讲述的故事发生在20世纪90年代中期。在我的印象中，那时还没有"小记者"概念。因为"小记者"含义应是中小学生，以及新闻专业本科生。不论怎样分类，大抵都属于非职业记者。依稀记得，"小记者参访团"在这之后如雨后春笋般地涌现，遍及首都和其他省（区、市）。我本人就接受过小记者的采访。

小记者出现在各种场合，总是一道亮丽的风景线。被采访者不因其小而有所轻慢，倒是因为被孩子们围作一团，问这问那的认真和专注的而心生爱意。大家都知道，面对这些涉世未深、天真无邪的孩子，应该充分满足他们的要求，也应该有同样的真诚和坦率。

葛老师策划、组织、实施的几场活动很有深意。一是选取的主题非常之好：纪念抗日战争胜利50周年和世界反法西斯战争胜利50周年。二是选择的采访对象具有代表性，科学家、作家、青少年工作者，还有开国的将军们。三是穿插一些活动，如参加天安门升旗仪式等。

对于职业记者来说，采访、写作并不难，难的是怎么得到具有代表性的采访对象的认可、信任和热情接待。坦率地说，即使像《人民日报》记者，能够采访到那么多领导、专家，特别是年事已高的老一辈革命家的热情支持，也殊非易事。这一切，在继宏老师的不懈努力下，不仅做到了，而且做得很好，得到社会各界的好评，这样的案例几乎不可复制。

我想这可能基于社会各界的一个共同愿望，那就是对青少年培养教育应该高度重视。全社会乐于给青少年教育开辟一条绿色通道，给小记者们高规格的礼遇和便利工作条件。这种拳拳之心尤为可贵。

小记者们初尝采访的欢欣，足以对他们的人生产生深远影响。当年的小记者，而今已步入中年，他们或从事新闻工作，或在其他岗位劳作，但这样的经历一定会深藏在他们的心里。人生转折往往发生在不经意之间，或进取，或沉沦，或走向正途，或坠入陷阱，往往有时就是因为他们经历了不同的人和事。从这个意义上讲，他们又是幸运的。经历过无数奋斗和磨难的老将军们，循循善诱的教导，即使对我们这些人来说，也是一笔弥足珍贵的思想财富。

谈到教育，我想说的是，对教师来说，立德树人责任重大。父母是孩子的第一位老师，而老师则是学生们的人生路标。有怎样的家长，多半就会有怎样的孩子；有怎样的导师，多半就会有怎样的学生。我们必须尊重孩子们的独立思考和自主选择，但也绝不能高估青少年时期正确的"三观"确立。

我还想说，任何老师都会有自己的看法和主张，有自己的兴趣和爱好，但作为国家育才的教育工作者不应该把个人偏执的想法和情绪带入课堂。老师们有责任传递正能量，有义务引导青少年走正路。特别是在社会主义核心价值观方面，不能有任何的偏离。不论学习什么样的专业技能，爱国主义、集体主义和社会主义都应当主导青少年的思想和灵魂。

这件事做好了，才无愧于师者的称号。

米博华

复旦大学新闻学院院长

《人民日报》社原副总编辑

走过战争的将军们

在《名人名家》开播一周年之际，一些领导和朋友对节目做了充分的肯定，同时也鼓励我走出"文人影视"的圈子，大胆地拓宽题材。当时正值"八一"建军节前夕，我想到了去采访一组老将军的点子，但作为一个独立制片人的摄制组又怕采访不到，因为一无关系二无背景。不过我还是想尝试一下，而且我这个想法也很快得到有关领导和同行的支持，于是我开始了行动。

我当时想，只要联系到《解放军报》，一切就都好办了，因为军报肯定比较熟悉老将军们，这在今天看来有点幼稚。不过这想法还是有它的价值。当我与《解放军报》社联系上，说明我们的意图时，《解放军报》欣然同意加入主办单位的行列，但联系采访的事还需要我们分头去落实。说实在的，我的关系也只限于文人影视的圈子。当时因为数次拜访诗坛泰斗艾青，我与艾青夫人高瑛已成了忘年交，当我把想法告诉高阿姨时，她非常热情地支持我，并为我牵线搭桥。高阿姨跟张爱萍将军的女儿女婿一家非常熟悉，平时常有来往，通过多次联系，我们的将军系列采访才得以成行并取得圆满成功。

1995 年 7 月 20 日，一支由 20 多名大学生组成的"浙江黄龙大学生记者团"在杭州举行了授旗出征仪式。他们兵分五路，分赴延安、太行、冀鲁、苏浙皖、北京等地进行实地寻访，由浙江《名人名家》摄制组带领的北京组走访了抗日老将军。当时我们一行 11 人，除 6 名大学生以外，一名是《解放军报》社记者，一名是《人民日报》社记者，一名是企业家，还有就是《名人名家》摄像师和我。

张爱萍：戎马倥偬将军魂

张爱萍，1910年生，四川省达县人。1928年参加中国共产党，1929年参加中国工农红军。新中国成立后任浙江军区第一任司令员。1955年被授予上将军衔，荣获一级八一勋章、一级独立自由勋章、一级解放勋章。1980年后任国务院副总理、国务委员兼国防部部长、中央军委副秘书长等职。

在采访张爱萍将军之前，我一边翻看着他的简历，一边在心中勾勒着一位南征北战的将军的形象。但不知怎么，像一张没调准焦距的相片，他的形象总和那硝烟弥漫、炮火纷飞的战场相互叠印、重合，始终模糊不定。

7月29日，我们一行8人穿过北京市几条狭长的胡同，来到一个幽静的四合院，这便是张爱萍将军的家。

"欢迎你们！"迎面走来了年逾古稀精神清癯的老将军。"听说你们要来，我非常高兴，你们看，今天连我这简陋的小屋也蓬荜生辉了。"大家笑了，曾经模糊不定的形象顿时化作慈爱的眼神、亲切的话语，深深印入我们心中。

1. "铭心教诲待急追"

在一般人的心中，张爱萍将军应该是一位叱咤风云的英雄人物，他显赫的战绩令人折服，令人崇拜，而我们最想知道的也是将军当年驰骋疆场的传奇故事。可当我们问起张老时，他却出乎意料地给我们讲了一次败仗的经过："那是1936年，我率领一支骑兵团追击敌人，当时敌人聚集于山头，是我指挥部队向山头包抄上去，发起冲锋。

"在部队得胜撤退时，由于麻痹大意，我们突然遭到敌人的伏击，许多战士牺牲了，我的马也死了，腿上还中了一枪。最令我痛惜的是，我从江西出发一路上所写的日记、文章和所带的一些书也失落了。

从那以后，我就再也没有写过日记。"

张老一直视这次败仗为"前车之鉴"，并写诗鞭策自己："莫作蛮干鲁莽汉，铭心教诲待急追。"

尽管张老在采访中只提到了这次败仗，但我们却清楚地记得他为新中国的成立与建设所立下的汗马功劳：他是我军第一支海军——华东军区海军的第一任司令员兼政治委员；他是我军第一次也是迄今唯一的一次海陆军协同作战并取得辉煌胜利的大陈列岛战役的前线司令员兼政治委员；他还是我国第一颗爆炸成功的原子弹试验基地的总指挥……

2. "我根本不懂得'灰心'两个字怎么写！"

1925 年，张爱萍接触到孙中山先生的三民主义思想，了解到了中国半殖民地半封建社会的实情，强烈地渴求着自由与民主，于是年仅 15 岁的他毅然走上了革命的道路。这以后的几十年，他经历了无数的风风雨雨，坐过牢，负过伤，"文革"中还被打断了一条腿，但是他从未对革命、对前途失望沮丧过，用他自己的话说，"我根本不懂得'灰心'两个字怎么写！"也许正是这乐观积极的人生态度使老人闯过了重重的艰难坎坷。

如今，耄耋之年的张老依然如当年一般豁达超脱。对待生命，老人有自己独特的见解："我一不怕死，二不找死。"

3. "杰诗、杰书、杰人"

众所周知，张老是一位儒将。他的书法雄视当代，摄影造诣也很高，诗词的成就更是有口皆碑。张老将他的诗词、书法、摄影作品合集《神剑之歌》送与了我。一件件姿秀神雄、气势恢宏的作品，容纳着老人坎坷曲折的人生经历和豁达无畏的精神，更折射出一位百战将军戎马生涯的灿烂功绩。这使我们想起了著名诗人张志民对张老艺术作品的评价——真情、真景、真历；杰诗、杰书、杰人。"

在采访中，我们还十分有幸地看到了张老的一件宝贝——1940年他在高邮战斗中缴获的一台蔡斯相机。将军用这台相机摄下了许多有价值的相片：《江淮大地新》《屋顶棚》《美军降落伞》……距离采访时间过去了 55 年，这台相机依然"健在"，它和那些相片一样都是张爱萍将军一生"挥剑决浮云，铸剑安天下"的见证。

吕正操：一生正气风骨硬

吕正操，1905 年生，辽宁省海城县（今辽宁省海城市）人。1922年参加东北军，1937 年加入中国共产党。抗日战争期间任冀中人民自卫军司令员，八路军第三纵队司令员兼冀中军区司令员，冀中区总指挥部副总指挥，晋绥军区司令员。解放战争时期，任东北民主联军副总司令员兼西满军区司令员。中华人民共和国成立后，任中央人民政府铁道部部长，第四届全国人大常委会委员，第六届全国政协副主席，中国共产党第八、第十一届中央委员。1955 年被授予上将军衔，同时荣获一级独立自由勋章、一级解放勋章。

夏季的北戴河凉爽又舒适，我们特地选了 8 月 1 日这个特殊的日子，前去拜访正在北戴河疗养的吕正操将军。

1. 沙场显正气

打开话匣子，吕老就兴致勃勃地给我们讲他当年抗战的经历。

1937 年，抗日战争全面爆发时，吕正操已经加入了中国共产党，当时任国民党 53 军 691 团的团长。他的部队战斗力强，纪律严明，深得百姓拥护。有一天晚上，他率部进城，居民都睡下了，他就下令，让部队睡在街道上。第二天，百姓起来，发现部队为了不骚扰他们而睡在路上，都十分感动。靠着这样的纪律，在国民党军队溃败的时候，吕正操率领的队伍仍得到人民的拥戴。

1937 年的梅花镇之战是吕老印象最深的一次战斗，通过这次战斗，吕正操看到了人民的伟大，也看清楚了国民党的腐败。现在吕老回忆起当年的情形依然激动愤慨。当时在梅花镇，691 团打死打伤日军 700 余人后，敌人大批增援部队赶到，吕正操只好率部队向城东突围。随后，日军占领了梅花镇，一进城就逼问百姓吕正操的下落，但没有一个人肯说一个字。日军恼羞成怒，血洗了梅花镇。说到这里，吕老顿了一下，长长地叹了一口气说，人民才是真正伟大的，真正有骨气的。后来，正当他养精蓄锐，伺机向敌人讨还血债时，却接到军部、师部的急电，让他火速随大部队南逃。吕正操早已对国民党军队的腐败深恶痛绝，这时，他再也无法忍受了。他说："国难当头，国民党军队却不战而逃，我怎能是非不分？"于是召集紧急会议，毅然宣布 691 团脱离国民党，改称人民自卫军，并接受了共产党中央北方局负责人刘少奇的指示，向敌后撤退，独立抗日打游击。改编后，他的将士臂章上都添了一颗红星，群众一见便联想到了当年的红军，对他们格外亲热。吕正操将军正是凭着对大是大非的清醒认识，凭着他无畏的硬骨头精神，与民众同仇敌忾，共御日寇，寻求光明。

2. 回忆白求恩大夫

著名的国际主义战士白求恩，当年曾在吕正操将军的部下。

我们对此很感兴趣，连忙追问白求恩大夫的故事。将军说他初次见到白求恩大夫是在 1939 年的一个雪天。那天，白求恩一到部队便让翻译对吕正操说："请司令员同志分配工作！"吕老看他刚到，便说："你先休息，明天开始工作。"没想到白求恩当时就发脾气说："司令员同志，我是来工作的，不是来休息的！""那你先吃了饭再去。""先分配工作，饭嘛，到哪儿都可以吃的。"吕老被他的工作热情打动了，便让卫生部部长带他去了卫生所。吕老回忆说，白求恩大夫从不计较中国的落后，经常把自己的补给品分给军民，深得军民尊敬。

他把医疗工具、药品放在自己的马上，边走边治，救死扶伤。他给自己的"马上医院"取名为"卢沟桥"。吕老还清楚地记得白求恩大夫不幸遇难的经过。在他牺牲的前一天，吕老请白求恩吃了午饭，饭后白求恩要为战士治伤，路上偶遇一个脑部受伤的伤员。在没有医疗器械的情况下，他只好用菜刀为伤员开颅取脓。因为没有戴手套，他的手指被划破了一道口子，染上破伤风，终于不治。他死前还立下遗嘱，把遗物留给中国军民。吕老告诉我们，他为自己有这样一位战友而自豪，他引用毛主席的话说："白求恩是个真正的共产党员。"

3. 张学良将军的贴心人

鲜为人知的是，吕正操将军和张学良还是莫逆之交。吕正操少年时就向往加入张学良思想开明、作风正派的新军，由于他念过书，又写得一手漂亮的小楷，便考入了张学良的东北军，成为一名文书上士。他是张学良的老乡，又颇有才气，于是很受张学良器重。张学良想把他培养成一名文官，1925年，张学良把20岁的吕正操送入东北讲武堂学习。毕业后，吕正操成了张学良的副官，后来又成了秘书。张学良把他视作贴心之人，让他专管讲武堂学员的名册和人事，北伐时，又让他负责宣传，并做了国际俱乐部干事。在俱乐部里，吕正操读了大量书籍，扩展了知识面，为以后的革命工作打下了基础。吕老说他的今天与张学良是分不开的。

直到采访时，吕老与张学良依然保持着联络。吕老说他1991年曾在纽约会晤过张学良。阔别54年，张学良已经很老了，眼睛、耳朵已经不太灵便了，但头脑清醒。近年来，通过电话联系，吕老得知张学良已经不能走路，只能坐轮椅了；他夫人身患血癌，也不能走动。二老现在住在夏威夷。吕老很惋惜地告诉我们，本来张学良计划回大陆一次，可是由于台湾当局的阻拦，终于没能成行。

两位将军的友谊和吕正操1937年公然脱离国民党的历史，使我们不禁想起了1936年12月张学良在西安"兵谏"蒋介石的一幕。真可谓"英雄所见略同"啊。

4.童心未泯的网球迷

90高龄的吕老身板硬朗，我们禁不住向他讨教养生之道。他乐呵呵地告诉我们他的秘诀："天塌下来也不要怕，别发愁。"吕正操将军正是这样一个开朗而乐观的人。他爱运动，特别爱打网球，早在青年时代就迷上了网球，即使在战火纷飞的敌后战场，在冀中平原、晋绥山坡，他也要在麦场空地上和战友打上几场球。中华人民共和国成立后，他一直担任全国网球协会主席。直到如今，将军每天都坚持打网球，少则1小时，多则数小时。每当兴之所至，往往乐不思返。他还兴致勃勃地与我们切磋网球战术，边说边比画，俨然童心未泯的样子。

除了网球之外，将军还喜欢游泳、散步和读书。他在《川滇之行》一诗中写道："最喜夕阳无限好；人生难得老来忙。"这不仅仅是他晚年生活的格言，也是他革命生涯的写照。

萧克：白首忆干戈

萧克，1908年生，1927年加入中国共产党。抗战时任晋察冀军区副司令员等职；中华人民共和国成立后任国防部副部长、军事学院院长等职。1955年被授予上将军衔。

盛夏的北京，灿烂的阳光洒满一个宁静的四合院。长廊上坐着一位耄耋之年的老人，他正兴致勃勃地与身旁的年轻人交谈着。忽然他站直身子，放大嗓门说："我还可以走正步，我教你们。"老人整整中山装，昂首挺胸，双眼正视前方，握成拳头的手用力向前一摆，不高不低恰好摆至胸中线，同时脚有力地向前踢去，脚背绷得直直的，"叭叭叭……"五个标准的正步干脆利落地完成了。周围顿时响起一片掌声。

这位 88 岁高龄的老人，便是赫赫有名的萧克老将军。

萧老将军给大家讲述了一个关于大枣的故事。

抗日战争时期，肖老所在的部队驻扎在晋察冀革命根据地的中心地区阜平山，由于敌人的封锁，粮食缺乏。大伙儿苦思冥想，终于想出一条妙计：那满山遍野的大枣不正是最好的军粮吗？于是战士们立即动手把枣子摘下来，洗干净放进米饭里一起煮，吃饭时大伙儿捧着这珍贵的枣饭，吃得津津有味。正是这些普通的大枣，补充了战士们的能量，抵挡住了日本鬼子的围剿，最后军民联手取得了反扫荡胜利，大长了中国人的志气。

"现在枣子看起来很普通，随便哪里都可以买到，但我们那时的枣子有战略意义哪！"萧老意味深长地对我们说。

这位年仅 25 岁就担任红六军团军团长的将军，谈起红军，谈起长征，就立刻神采飞扬，双目炯炯有神。

1934 年 10 月 19 日夜晚，当毛泽东和八万余中央红军离开江西于都开始著名的长征时，萧克率领的红六军团在两个月前就从江西永新出发向西进军，他们的首要任务是掩护中央红军的战略转移，并为其行动打通道路。

不足万人的红六军团突破重围，于当年 10 月在贵州的印江县木黄镇与贺龙领导的红二军团会师，直到两年后的秋天，他们到达陕北后才结束长征。

老将军将目光从历史的深处收回，缓缓说道：我们的战士都是英勇善战的，我们的干部都是能打仗的。他兴致勃勃地给我们讲了贵州毕节、大方地区的将军山战斗和云贵交界处的乌蒙山回旋战。此时，他的笑容像孩子一般灿烂。

有红军"儒将"之称的萧克能诗善书，即使在长征途中，他也不放过诗情勃发的时刻。将军山的硝烟尚未散尽，萧克就在山头简陋的指挥所里挥毫赋诗了。

"中国的军人学者"是斯诺夫人对萧老的评价。这位勇猛的沙场骁将却性格沉静，好读书，善思索，主编过《南昌起义》《秋收起义》等书，还利用作战间隙写了长篇小说《浴血罗霄》。

在采访结束之际，我们意外地碰到了萧克将军的孙子萧云志，这位文质彬彬的青年告诉我们：正步走的规范姿势，正是由萧克将军定下标准的。

王平：峥嵘岁月稠

王平，1907年生，1929年加入中国共产党。抗战时任中共晋察冀省委军事部长等职。1955年被授予上将军衔，离任前曾任中共中央军委副秘书长。

王将军得知大学生们要去采访他，早晨5点钟便起床了，早早地叫秘书把椅子放在院子里，沏了茶，静静地等我们。8点多，将军和夫人招呼我们坐下后，老人的兴致就来了。对昔日的戎马生涯，将军仍然记忆犹新。

1. 一个人缴获三杆步枪

王平将军一生参加过许多战役，打了许多漂亮的胜仗，也受了很多伤。打开了记忆的闸门，老人首先回忆起1931年攻打岳阳时一个人缴获三杆步枪的事："那时候我是宣传部长。为了便于宣传，我们要跟部队一起上前线，做'火线宣传'，向敌人喊'缴枪不杀'。虽然我是宣传队的，但战斗结束后，我还是缴获了三杆步枪。那时候缴获一杆步枪要奖励三块现洋，三块现洋中自己可以留一块，所以那时我身边有三块钱。"

1937年抗日战争全面爆发，党中央派他到冀西阜平县组织人民武装。他刚去时，光杆司令一个，没有一枪一卒，后来慢慢就打出了一方天下，拉起了四五千人的队伍。1938年，八路军主力向敌军发起反击，他们这支队伍也参加了战斗，首战毙敌300余名，收缴枪支80多件、子弹5万多发、汽车和大量军用物资。

"那是我打得最痛快的一仗。"王平说。那会儿部队中有个学生干部任教导员，跟现在的中学生一样大，从没打过仗，敌人的子弹"唰唰"地从他头顶掠过，他吓坏了，晕了过去。大家以为他负伤了，把他抬到医院，一检查，皮都没擦破。队长和政委说他怕死，要撤他的职，王平不同意，觉得他初上战场没经验，有些害怕不奇怪，锻炼出来就会好的。于是，还让他当教导员。后来他在战场上果然表现得很勇敢。

2. 半个新婚夜

我们见将军很随和，便很调皮地问起二老的婚姻来。王平笑了笑说："1937年，我在阜平县当县长时，她当妇女救国会主任，工作经常有接触，时间长了就有感情。"这时王夫人风趣地接过话题："我们认识了两年，草草结了婚，只有一张草席，连床棉被都没有。几个要好的同志弄来些花生、瓜子，嗑一阵子，唠一会儿，就算把婚结了。半夜他就上前线了，半年后才见上一面。"

在革命战争年代，将军一心为人民的利益浴血拼搏，为此有了"半个新婚夜"的戏称。

廖汉生：简朴为本，心系农民

廖汉生，1911年生，1933年加入中国共产党。抗战时任新四军5师3分区政治委员等职。1955年被授予中将军衔，离任前任全国人大常委会副委员长。

廖汉生将军躺在北京 301 医院的病榻上，听说大学生想见他，执意起身会见。老人的脸上一派慈和，拉家常似的与我们聊了起来。

1. 贺龙出钱供读书

廖老于 1928 年开始当兵，那时正好 17 岁。对于当年是如何走上革命道路的，廖老至今记忆犹新，并坦言贺龙元帅对他的影响最大。"我与贺龙是同乡，两家隔着一座山，彼此相距只有 15 华里。贺龙在部队里当营长时，我父亲是副营长，因而两家挺要好的。我 10 岁时，父亲死了，那时我正在桑植县唯一的一所高小读书。后来，贺龙到常德当了师长，我便到省里上了第二师范附属小学，由贺龙出钱供我读书。我读师范没什么大理想的，只求毕业后当个教员，赚点钱过日子。那时正逢孙中山先生逝世，学生分成了两派，一派共产党，一派国民党，天天敲锣打鼓，上街去宣传，结果两派闹摩擦打了一架，死了一个国民党员。于是，很多学生被开除了，包括滕代远、粟裕等。后来，两派越发闹得厉害。当时，湖南省省长认为贺龙在其中起作用，就带兵把贺龙他们赶走了。这样，我生活的来源没有了，只好又回到了桑植县上高小。毕业以后便渐渐干起了革命。"说这些话时，廖老显得极为沉重，完全陷入了对往事的回忆之中。

2. 谁给我们饭吃？

在与大学生的交谈中，廖老听说现在有一些农大学生有一种厌学情绪，认为学农低人一等，便表现出极大的气愤："那你问他吃不吃饭？学农的低人一等，这个观点是错误的。我们现在不是讲农业是第一产业吗？如果说搞第一产业的人比其他产业的人低一等，那么谁给我们饭吃？要革命，要大干，就得依靠农民。以共产党为领导以工农联盟为基础的队伍就是这样的。实际上，是党领导工人、农民起来推翻了三座大山。没有农民，我们的兵怎么打仗？所以对于轻视农民的人，我是很恼火的。我们有这样的说法：'布谷、布谷，谁识农家苦？''披星起握锄，月上还举锄。'最后是'汗水如雨珠'。如果轻视农民，'世人该苦'。"看到廖老将军对农民如此浓情厚意，大学生们深受教育。

3. 喜欢唱革命歌曲

当学生们问廖老爱唱什么歌、喜欢听什么音乐时，他表现出极大的兴致。"听歌，我是挺喜欢的，但我听的都是些爱国、爱党、爱社会主义的革命歌曲，对于如今的什么流行歌曲，我是一点都不感兴趣。今年不是抗日战争胜利50周年吗？《黄河大合唱》你们会不会唱？"说着，廖老便指挥学生唱"风在吼，马在叫"。他说这段雄壮的旋律伴随了他大半生，他希望学生们不要总在"小我"、"小爱"里兜圈子，要做大学问，干大事业。紧接着，廖老又和我们一起唱起了《洪湖水浪打浪》。廖老边唱边打拍子，对歌曲的熟悉程度绝不亚于我们唱流行歌曲。他是饱含着对那个时代的感情在唱。

8月6日，中央军委副主席张震将军在北戴河亲切接见了"浙江黄龙大学生记者团"的全体成员。张副主席听取了各路采访组同学们的汇报和体会，对年轻一代大学生们不畏艰辛，冒着高温酷暑寻访抗日战场、采访抗战老将军们的精神表示赞赏，称赞这次采访活动在青年人和革命前辈之间架起了一座相互沟通的桥梁，并对企业支持这样的公益活动的行为予以肯定。最后，张副主席欣然题词："重温抗战历史，弘扬爱国主义；团结艰苦拼搏，建设美好未来。"

在这个平凡的夏天，一群来自浙江的大学生接受了一场不平凡的洗礼。沿着这些抗日老将军的足迹，他们找到了自己人生的坐标，杨家岭的灯火成了他们心中一盏不灭的灯。

当我们离开廖老时，已是吃晚饭时间。服务员端来一小碟馒头、咸菜和稀饭，老人便有滋有味地吃起来。听服务员说，廖将军平时的饮食十分简单，还保持着战争年代养成的习惯。"不能糟蹋老百姓的粮食。"这就是将军最朴素的信条。

CHAPTER
FIVE

画作者：著名漫画家黄玉郎

第五章

传媒事件策划——采访香港名人

导　言

　　20世纪90年代，在香港回归前夕，内地与香港之间的文化交流活动日益频繁。这种跨地域的文化交流一方面为内地带来了新潮的港风文化，另一方面也为香港带去了深厚的内地文化气息，标志着双方的文化交流正在走向纵深，并进一步携手推动中华文化走向世界舞台。

　　为迎接1997年的香港回归，我于1996年以中国媒体人的身份策划了首个内地小记者团赴香港采访名人的活动。这次活动为内地与香港的文化交流提供了一个重要平台，使得内地观众能够更加直接地了解和感受香港文化，看到了香港国际化的文化运作模式。同时，活动增进了内地和香港人民的交流，形成全方位、多渠道交流格局，展现了内地优秀小记者的风采，增强了内地与香港青少年的民族认同感和国家认同感。此外，活动也让香港看到了祖国内地的新气象和新变化，增进了香港同胞的文化归属感和爱国热情。近年来，香港与内地青少年的交流互动愈发频繁，情感融合也愈发紧密。一系列文化惠民活动成为青年交流的重要平台，帮助香港青年学生更多地了解内地的发展，同时也加强他们对国家历史文化与社会的认识。在日渐深入的文化交流中，媒体及社会各界积极参与。双方的交流日趋常态化，融入了更多联合创作的元素，交流内容从以业界文化参访为主转向更加重视思想交流和青少年文化培育。

我认为，中国媒体人当以弘扬中国传统文化、以文化沟通为起点和落脚点，保持民族文化的主体性，推动文化自觉和文化自信建设。通过文化艺术和人才培养的不断交流、融合发展来推动中华文化在全球范围内的传播。中国媒体人在这一时期要将自己对祖国各地各区域的特色用文化活动的方式进行展示，让中华文化在传播中绚丽绽放，共铸民族魂，共圆强国梦。

理论想象｜传媒事件策划的重要意义

传媒事件策划是提升和传播地方形象、促进地方或行业经济发展的重要途径。从媒介自身角度来说，借助传媒事件策划能够打造媒体在公众心中的正面形象，提高公众知名度、信任度与美誉度，从而对受众产生影响。一次传媒事件的策划要收到何种效果，策划人更是必须做到心中有数，有科学的预见，做到统筹谋划，逐步推进，通过传媒策划制作具有传播力、影响力的节目，紧扣新局势，把握新方向，以独特的视角挖掘极佳的新闻价值，以更好的实现宣传效果。

为迎接香港回归，我以中国媒体人的身份策划了首个内地小记者团赴香港采访名人的活动，采访了金庸、曾宪梓、邵逸夫等众多名人。这一开创性活动，展现了内地优秀小记者的风采，增强了内地与香港青少年的民族认同感和国家认同感。这次活动也是内地与香港文化交流的重要平台，让内地观众更加直接地了解和感受到香港文化，了解香港与国际接轨的文化运作模式，形成全方位、多渠道的交流格局。活动也让香港了解祖国内地的变化，极大地增强了香港同胞的文化归属感和爱国热情。活动获得了香港媒体和海外媒体大篇幅的报道，对香港回归的宣传工作起到一定的助力作用。近年来，香港与内地青少年的交流互动愈发频繁，情感融合也愈发紧密。一系列文化惠民活动成为青年交流的重要平台，帮助香港青年学生更多地了解内地的发展，同时也加强了他们对国家历史文化与社会的认识。香港作为一个东西方文化交融的特殊地区，承载了两种文化交流融合的历史意义。通过香港与内地的文化交流，一方面我们得以汲取西方文化的营养，另一方面我们也得以促进中华文化的对外传播。从文化交流的角度看，西方人对中华文化的关注是非常具有意义的，随着中国在世界上经济和政治地位的变化，中华文化会发挥更大的作用。①

20 世纪 90 年代初，香港和内地的交流逐渐展开，内地对于香港文化的认识逐渐深入，并引起很大的社会反响，然而这样的认知多是建立在香港文化通过媒体直接传播的基础上，从内地受众的视角去实地交流和考察的内容相对鲜见。此外，香港民众对于内地的认知则相对贫乏，双方需要更多的沟通和交流。小记者赴港采访香港名人的活动策划正是产生在这样的背景之中。

1995 年、1996 年这两年，"小记者"已然成了我策划组织大型活动的关键词。像是突然间打通了任督二脉，它瞬间点燃了无限火花，无数的想法喷薄而出。在小记者团赴京采访冰心、严济慈、鞠萍姐姐、知心姐姐等名人之后，在大学生成功采访中国老将军之后，我通过一系列实践积累了两年的经验，"小记者团赴香港采访名人"的活动终于被我提上了议程。

1996 年，举国上下都在关注香港即将回归这一历史性事件，作为媒体人的我审时度势，适时地抓住了这一重要历史节点。面对国家新形势、新时局，选择以浙江小记者团的形式赴港采访香港名人，让香港名人以他们自己的视角讲述他们的故事，拉近此次活动与公众之间的心理距离和感情距离，更容易在公众中引起共鸣，带来显著的宣传效果。本次活动获得了香港媒体和海外媒体大篇幅的报道，对香港回归的宣传工作起到了一定的助力作用。

少年智则国智，少年强则国强。在 1995 年，小记者团还是新鲜的概念，这个概念被我成功融入一系列活动，取得了意想不到的作用，但我总相信它还能发挥更大的作用，香港行就是一个机会。时值香港回归前夕，全球的目光都聚焦在那里，媒体人特有的敏感，文化人特有的情怀，都在告诉我，我得去做这件事。

<hr>

① 陈先达.文化自信中的传统与当代.北京：北京师范大学出版社.2017：31.

案例分析 | 抓住历史节点的"空前"采访

一、集众汇智，访团初成

事关国体，当然要谨慎对待，经过一番策划论证后，我先赋予了此次活动"了解香港、宣传浙江、迎接回归、教育后代"的宗旨，再以采访浙江籍在港知名人士为主线串联，并于1996年5月上报了浙江省委宣传部和新华社香港分社（香港中联办前身），得到了领导和有关部门的批准和大力支持，我也开始积极筹办活动。

8月8日，由我作为总策划兼秘书长，浙江省新闻工作者协会、浙江省广播电视厅、共青团浙江省委以及《浙江日报》社、浙江《名人名家》栏目摄制组、西湖明珠电视台等单位联合主办，浙江金义集团公司赞助的"浙江金义小记者赴香港采访团"组建成立。我们通过团委、少先队组织在宁波、温州、绍兴、嘉兴等10个地市各选出一名代表，省会杭州选出7名代表，最终共计17名小记者代表浙江省460万少年儿童赴港采访。

这17名小记者多为小学四、五年级的学生，有善于书画的，有专攻乐器的，有爱好摄影的，能歌善舞、多才多艺。他们带上了绍兴的黄酒、温州的虾干、杭州的丝绸、宁波的咸菜等家乡土特产，带着"宣传浙江、弘扬中华文化"的使命感，出发前往香港，开始了为期9天的香港之旅。从8月13日到21日，小记者们在香港采访了张浚生、金庸、曾宪梓、邵逸夫、马临、胡鸿烈等10位名人，参观了香港富春公司、中国银行（香港）等机构，还用一天时间与香港女童子军进行了交流与联欢。

关于"小记者团赴香港采访名人"这个活动，不能说它"绝后"，但它一定无愧"空前"两字。作为全国第一个出境采访的小记者团，作为香港接待的第一批来自内地的小朋友，它受到了巨星般的待遇，香港媒体蜂拥而至，闪光灯不停闪烁，电视、电台、纸媒，全方位的报道不胜枚举，一时洛阳纸贵。

甚至，为了做一个专访，《美国之音》的记者在小记者们入住的酒店楼下，守候了两天两夜。但出于各种考量，我们最终还是拒绝了专访要求。

若认真分析香港媒体如此"疯狂"的原因，无外乎几点。其一是策划之初，我选择了"浙江小记者采访浙江籍在港名人"作为切入点。你看，无论是邵逸夫、金庸，还是张浚生、曾宪梓，都是香港非常受瞩目的人，更是经济、文化、教育、传媒等领域的代表人物，且有些名人不出席公众活动已久。尤其是邵逸夫先生，当时已近6年未公开露面，是媒体一直想方设法要采访而不得的人。我们以他们为吸引点，通过名人效应，激发香港媒体的采访欲，使更多的人真正关注到这个活动，使这个活动传播得更加广泛，事半功倍。

当然，最重要的还是"来自内地的小记者"。这群平均年龄才11岁的小朋友，涉世未深，对香港充满了好奇。同样，即将回归祖国怀抱、对内地"只闻其声不见其人"的香港媒体，也对来访的小客人充满了好奇。或者说，他们是对小客人代表的浙江，对小客人身后的内地，对小客人表达的中国文化好奇。"少年智则国智，少年富则国富，少年强则国强，少年独立则国独立，少年自由则国自由，少年进步则国进步"[1]，香港同胞、全球华人借由小记者们，借由他们架起的全方位、多渠道的沟通桥梁，知道了浙江故事、中国文化，知道了以"浙江经济、文化建设"为缩影的中国改革开放，知道了中国近几十年来飞速发展的历程，以及立足于时代格局向世界舞台展示的中国力量，打破了对内地的刻板印象，极大增强了他们的文化归属感和爱国热情，也推动了中华文化在全球范围内的传播。

---

[1] 梁启超.少年中国说.清议报，1900-02-10.

二、同学少年，未来可期

"读万卷书，行万里路"，撇开"小记者团赴香港采访名人"附带的种种光环和社会影响，它本质上还是一个体验式游学活动：17名小记者走出校园，采访名家，开阔了视野、增长了见识、丰富了阅历，收获多多。

此次香港行，小记者们最想采访的"浙江籍在港名人"是时任新华社香港分社副社长兼新闻发言人的张浚生先生。当时张先生已在香港工作了11年，作为新闻发言人，他每天要面对众多海内外记者的围堵，却是第一次接受来自"家乡"的小记者的采访，新奇、高兴又欣慰，直言小朋友是"祖国的未来和希望"。张先生为小记者们讲述香港历史，不由发出感慨："能在香港经历这样重大的历史转折并为此工作，是我的光荣，这叫'生逢其时、躬逢其盛'"。他也谈自己的工作经验，站在老师的角度指导道："采访名人时，只要你们仔细观察，就能发现各人有各人的特点，比如说邵逸夫，他是取之于民用之于民，做了许多公益活动；从教育家马临身上可以学习到他的爱国精神……"他还对小记者们提了殷切期望：要不断使自己有良好的品德，要努力学习，要多锻炼身体，不要骄傲。"虚心使人进步，骄傲使人落后。"他语重心长地说。值得一提的是，因公事在外未归的新华社香港分社社长周南先生也托张浚生传话，寄语小朋友"宣扬好人好事，振兴中华民族"。事后，小朋友们纷纷表示从张浚生先生身上学到了好多道理。其实，我亦从张浚生先生那里收获良多，譬如"助人为乐"。张浚生先生可谓是我生命中的贵人和恩师，单就此次活动而言，就给我了很大的帮助和支持。

当时我虽然是中国第一个电视栏目独立制片人，却也的的确确是个媒体圈的新人，这回小记者们能顺利采访到诸多名人均是张浚生先生热心介绍协调的结果，为电影、教育事业做出杰出贡献的邵逸夫爵士就是其中之一。

邵逸夫先生是香港媒体、娱乐行业甚至流行文化产业的代表人物。时年89岁高龄的邵逸夫先生，当时已极少公开露面，也极少接受记者采访，此次"破例"接见小记者，让香港媒体颇为不解。我想，也许是乡情起了至关重要的作用。小记者们是在香港九龙半岛的无线电视台与邵逸夫先生见面的，访问场面很是隆重，诸如"您在杭州等地办了那么多图书馆、体育馆、科技馆，为什么要这样做呢"之类的问题——抛出，邵先生感慨地说："教育很重要，我一直为此工作，希望祖国的教育事业越来越兴旺。"谈到香港回归的问题，他显得很兴奋："香港是个好地方，香港回归我们很高兴。"小记者们还给邵先生表演了丰富多彩的节目，邵先生兴致很高，全程乐呵呵的、挂着灿烂的笑容，中途还让夫人出去买了冰激凌回来招待小朋友们。不知不觉间，这次会见已从原定的半小时延长到了一个半小时。临别前，邵先生认真倾听来自家乡的消息，开心地接下了小同乡送上的家乡特产，还对小记者说：你们在港的时间不长，但可以学到不少东西，希望你们长大再来，到时候我再来见你们……"

香港著名企业家曾宪梓很忙，行程密集，但还是抽空在自己公司的会议室会见了小记者团，乐呵呵地说："你们是赴港采访的第一批内地小记者，是浙江省的小精英，希望你们在学习文化中学会做人，热爱祖国，努力进步。" 小朋友一听，都拥在他的身边，有的向他自我介绍，有的递礼物，拿出从家乡带来的土特产，曾获全国书法一等奖的舟山小记者黄文江还送出了一幅书法作品，气氛一下子热闹起来。之后，曾先生热情回答了问题，聊运动、谈足球、讲爱国，更一直陪同着参观公司。他还回顾了创业史，一再强调自己的成长伴随着苦难，因此他说：前途不是恩赐的，要创造。之后，曾先生驱车到九龙塘会与大家共进午餐。席间，他如家中长辈一样，亲切又耐心地给小朋友夹菜，同时不忘嘱咐小朋友"谁知盘中餐，粒粒皆辛苦"，甚至把未吃完的烧鹅等剩菜打包回家，不由让人想起先生的人生信条"勤俭诚信"，而小朋友们看在眼里，若有所思。

此外，小记者团先后采访了著名学者马临先生、著名律师胡鸿烈先生，还与香港《文汇报》的大记者们一起"切磋"业务，听当时的社长张云枫介绍报史。也许是见惯了大场面，小记者即使面对著名学者也不怯场，提问很是积极，从"基本法的主要内容是什么"到"对香港的明天怎么看"，马先生——给予了耐心而精辟的回答。针对小记者"一要学好中文和英文，二要学好电脑"的希望，他说求知的道路就是活到老学到老，要抓紧机会充实自己，甚至题词书写期望："你们求知的精神给我深刻的印象，这是成功的要素，盼终生如此。"

而在与胡先生的交流中，面对小记者"怎样做好律师"的问题，胡先生说："做一名好律师口才等技能不是最重要的，重要的是有一颗乐于助人的心，一个正直的律师才会成为最成功的律师。"他也为小记者们题词："你们的聪明活泼和求知的精神给予我深刻的印象，从你们身上我见到了祖国前途的康乐富强。"

采访传说中的"大侠"金庸先生，显然是小朋友们一直向往的。金庸先生在彼时位于香港山顶道1号的家里，欣然接受小记者团的专访。对于远道而来的家乡的孩子们，他表示非常欢迎，笑着说："得知家乡的客人要来，我特别兴奋，昨天晚上激动得没有睡好。"他特意请厨师为我们制作了精美的点心，还吩咐家里的管家和阿姨：给孩子们吃的东西要处理得精细一点，荔枝的壳都去仔细，葡萄也把皮都剥掉，犹如一位熟悉的长辈悉心呵护着家中晚辈，亲切又暖心。小记者们在客厅席地而坐，天真地问："您真的会武功吗？"金庸先生偶尔也回问小记者们这几年家乡的变化，采访的气氛很轻松，笑声连连。

短短一个下午的采访，我们聊了很多，金庸先生告诉我们，他打算在任客座教授的英国牛津和剑桥大学开一些讲座，主要讲中国历史和文化；他除了写小说，也做过编剧和导演，拍过一个根据绍兴戏改编的影片《王老虎抢亲》；他聊梁羽生，讲他们一起喝酒、写诗赋词、下围棋，偶尔也切磋"武艺"；他谈办《明报》的经历，说自己的新闻观和过往经验，甚至很明确地说，"下辈子还想做记者"；他兴致勃勃地聊西湖龙井茶以及在杭州即将竣工的别墅，说"想在杭州有个家"……我们临行前，金庸先生再次表达自己的心情，题词道，"见到一群可爱而精彩的小同乡、小同业十分高兴"，还叮嘱小记者们，当一名好记者要有扎实的基本功，要好好学习政治、历史，最重要的是做一个诚实的人。金庸先生和蔼可亲的笑容、不拘泥于事的作风，现在想起，那一幕幕犹如近在眼前。而印象最深的，还是金庸先生肯定地对我说："你策划这样的活动非常有意义，将会影响他们（小记者）一辈子。"

香港之行，在与如此多名流大家的交流中，我们可以感受到的是割舍不断的乡情，还有浓浓的中华文化的气息。在香港这样一片受到西方文化浸润的土地上，中华文化依然能够蓬勃生长，中西交融，不断迸发出新的活力，展现新的气象，这是一种难能可贵的文化现象。

于我而言，这是莫大的鼓励。为此，我一直留意这些小朋友们，得知他们回去后发奋图强，之后个个考上心仪大学，事业有成，长成了各位先生当初期望的模样，一时间热泪盈眶，倍感欣慰。

三、再次赴港，相隔 5 年

当然，小记者们的种种精彩人生是后话，而彼时，未来可期的小记者们正带着前辈的期望、带着在香港的一路见闻回到浙江，回到家。

此前为小记者团题词"好好学习，刻苦锻炼，把自己培养成社会主义建设事业的接班人，做二十一世纪的新主人"的时任浙江省委副书记刘枫，在省委大楼接见了这些凯旋的小记者。小记者们向刘枫副书记汇报了采访成果："此次赴港采访了10位名人，有8家香港报纸和多家电视台报道了这次活动，小记者从前辈那里学到了很多东西。"听了小记者的汇报后，刘枫副书记高兴地说："我对采访团的成功表示祝贺。现在离香港回归还有314天，在这举世瞩目的时刻，你们能到香港去看看，宣传浙江，了解香港，得到了锻炼、受到了教育，此行很有意义。"

此外，浙江电视台、浙江人民广播电台、西湖明珠电视台、杭州电视台纷纷播出小记者团访港专题片，让小朋友们畅谈在港城的所见所闻。同时，《人民日报》《浙江日报》《杭州日报》《钱江晚报》等各大报社也都跟进报道，更开辟专栏刊登小记者们用自己的笔写下的一篇篇生动的采访札记，以飨读者。譬如，为了让更多的小朋友了解小记者的采访活动，《杭州日报》下午版的"小人国"专刊推出《我心中的香港名人》专版；小记者在港采访的风采也在杭州电视台《小伢儿》栏目中陆续播出。一时之间，"小记者团赴香港采访名人"活动像一个枢纽，成了内地与香港文化交流的重要平台，既让港人看到真实的内地，也让内地人们更加直接地了解和感受香港文化，了解香港与国际接轨的文化运作模式，引来诸多好评。

不过，我没有就此止步。

2002年，正值香港回归5周年，我再次策划、组织了浙江小记者团赴港采访的活动，这回旨在让内地的孩子们以小记者的个人视角，对香港多个领域进行探访，展示回归5年后香港的变化和独具特色的亮点，加深对香港的了解。小记者团第二次赴港采访的活动由共青团浙江省委、浙江广电集团联合主办，时任共青团浙江省委副书记张兵任小记者团团长，我任活动总策划兼秘书长。这项公益活动还得到了国都房产集团的大力支持。团员仍是从全省 11 个市的优秀少先队员中选拔而出的，其中有"少先队全国一级'雏鹰'奖章"获得者、省十佳少先队员，甚至还有 5 年前曾赴香港采访的第一批小记者团成员。建议第一批小记者团成员再次探访香港这颗海上明珠，是我的坚持，我希望小朋友们亲身体会香港回归这 5 年的"变"与"不变"，亲身见证这值得纪念的时刻。

至于要访问的在港浙江籍名人，我依旧向张浚生先生求助。他听了我的想法后非常支持，亲自打电话、写信给当时的中央政府驻香港联络办公室副主任王凤超、香港立法会主席范徐丽泰女士、驻港部队司令员熊自仁中将以及邵逸夫、曾宪梓、张学友等各界名流，在他的热心协调下，这些名人欣然接受了小记者团的采访。

在采访活动中，王凤超、范徐丽泰、熊自仁等向小记者们介绍了香港回归 5 年来的基本情况、中联办的职能、香港立法会的地位作用以及驻港部队的情况。小记者们就各自感兴趣的问题踊跃发问，认真记录，并进行了精彩的才艺表演，展现了内地青少年健康活泼、多才多艺的精神风貌。与 5 年前一样，小记者们所到之处，均受到热情的欢迎和接待，浙江省主要媒体均派出记者全程随团采访，《人民日报》也刊登了相关新闻，并刊发小记者们撰写的在香港的所见所闻的文章。

尤其值得一提的是，小记者团里的鲁韵同学回到杭州后将此行所拍摄的照片整理出来，在杭州青少年活动中心举办了一个小型摄影展，张浚生先生得知这个消息后非常高兴，亲自题写了"浙港少年的心愿——庆回归，浙江小记者鲁韵摄影展"，为这个仅有过一面之缘的少年送去自己的祝福和支持。

至此，从"迎接香港回归"到"验证香港回归"，我们为这个相隔 5 年的"小记者访港之旅"画上了完美的句号。

指导意义｜创新力是立足大局的判断力

很多人曾就"小记者团赴香港采访名人活动为何会引起这么大的关注"来问我，仔细想来，或是因为这是一个心系大局、立足大局的活动，它紧跟社会热点，甚至跟国家命脉相关；或是因为它找准了"浙江小记者采访浙籍名人"这个切入点，触碰和温暖了人们内心最柔软之处；或是因为它以小记者活动为载体，创新了传统文化传播路径，为内地与香港的文化交流活动提供了一种新思路，让内地与香港的文化交流走向纵深。内地和香港文化的交流和碰撞为中华文化的发展提供了新的土壤和营养，也凸显了双方文化的互通与交融。从公共关系的角度看，在 20 世纪 90 年代中后期，媒体的生存压力剧增，这种新颖的节目策划方式实际上为传媒走向市场提供了一种竞争新策略——将"事件＋报道"式策划移植到新闻活动中。新闻媒体通过主动借助自身影响力，借助公关的策划理念形成新闻报道策划和传媒理念策划，这无疑已经成为进行传媒改革经营管理、实行产业化运作的有效利器。

党的十八大以来，以互惠双赢、加强合作、共同发展为原则，内地和香港在重大文化活动合作、文化遗产保护、文化惠民服务、文化产业合作、文化走向世界等方面合作全面深化。自粤港澳大湾区在《政府工作报告》中被提出后，粤港澳大湾区建设一直是全社会关注的重点，人们普遍认为大湾区将成为备受世界瞩目的极具影响力的城市群，而夯实粤港澳大湾区的经济和城市建设成就的基础就是文化建设。

习近平总书记在庆祝中华人民共和国成立 70 周年大会上指出，要"保持香港、澳门长期繁荣稳定，推动海峡两岸关系和平发展，团结全体中华儿女，继续为实现祖国完全统一而奋斗"[①]。上千年历

---

① 习近平.在庆祝中华人民共和国成立 70 周年大会上的讲话.新华社，2019-07-01.

史流变孕育了中华民族博大精深的历史文化，内地多年来的建设成就为新时代文化建设书写了精彩绝伦的篇章，香港鲜活的城市文化赋予了香港同胞强烈的地区自信与身份认同。内地与香港在文化交流方面，呈现出内容日趋丰富、形式更加多样、合作渐趋紧密的良好态势。双方在文化艺术和人才培养上也取得了一定的成果，日益增强了香港同胞的文化归属感和爱国热情，但这只是一个阶段性、过渡性的成果。香港特殊的历史背景和（目前的）社会现实告诉我们，要保持香港长期稳定繁荣，内地与香港的文化交流任重而道远。文化交流互通是社会凝聚力的基石，是各地区中华儿女同心同德、团结互助、共同奋进的助推器，是打造高质量粤港澳大湾区建设的重点工作之一。如何进一步扩大文化互动合作力量、巩固内地和香港人民的民族文化认同性、推进双方青少年文化的同一性培养，是值得我们不断思考和探索的问题。

无论如何，在我之后，各种形式的小记者团访港活动层出不穷，"小记者团"也成了内地与香港文化交流的又一新途径，在内地与香港文化交流史上被浓墨重彩地书写了一番。而我，作为新途径、新突破的起始点，与有荣焉。

专家评述

葛继宏教授是新闻传播领域难得一见的跨界人才。在业界，记者、主持人、编导、制片人、广告人、总裁等职务他干了个遍；在学界，教授、研究院院长、中心主任、研究员等角色也都集于一身。因此，他这本总结传媒创新实践探索的力作显得格外引人入胜。

在葛继宏的众多身份中，令人印象最为深刻的也许还是他策划人的身份。1988 年为单亲家庭孩子和残疾儿童策划的"'爱的'夏令营"，1992 年首创的电台、名人、听众三方通话的《名人热线》，1994 年策划的浙江省第一个自负盈亏的电视专栏节目《名人名家》，1995 年策划的浙江省小记者团赴京采访活动和"大学生采访中国将军"活动，1996 年策划的迎接香港回归小记者团赴香港采访名人活动，2004 年策划的"亚洲小姐"中国区杭州总决赛，2007 年策划的"发现杭州湾——大学生记者对话市长"活动，2009 策划的浙港商界精英对话活动，都被传媒界传为佳话。

本章以小记者团赴香港采访名人活动为典型案例，对传媒事件策划进行了独到思考。我是一口气读完的。得知小记者团采访的活动形式是葛继宏先生首创时，我更是心生佩服，深感媒体事件策划之重、之难、之妙。"媒体事件"的概念来自丹尼尔·戴扬（Daniel Dayan）和伊莱休·卡茨（Elihu Katz），指的是令国人乃至世人屏息驻足的电视直播的历史事件，主要是国家级的事件，例如史诗般的政治和体育竞赛，以及大人物们所经历的交接仪式，即"竞赛""征服"和"加冕"。这些事件以一种电子媒介的独特叙事方式实现了一种仪式性的传播。戴扬和卡茨将这种电子媒介时代媒体事件的传播过程称为"历史的现场直播"。

历史由事件组成，媒体对事件的策划和传播过程就是一个创造历史的过程。本章的案例告诉我们，媒体在媒体事件中发挥的作用不仅仅是对历史事件进行"直播"，还包括对事件本身的策划与实现。从本章的个案中，我们也许可以总结出媒体事件策划的秘诀。

一是主题要重大。重要性是新闻价值的主要衡量标准之一。越重要的主题，越能够引起公众的关注。判断重要性的标准主要有两条：一是涉及的人物是否重要，二是影响的人数是否够多。1996年，香港回归无疑是举国上下关注的焦点，涉及众多政要。因为事关国家主权和领土完整，每一个中国人都翘首以待。任何与香港回归相关的新闻，都会吸引全国人民的目光。选择这一主题进行媒体事件策划，无疑具备广泛的受众基础。

二是形式要新颖。新闻贵在新。对媒体事件来说，不仅事件要新近发生，而且形式要让人耳目一新。仪式感很强的媒体事件，如果形式老套陈旧，恐怕难以引起公众的兴趣。1996年，小记者团采访的形式尚不多见，赴境外采访更是没有先例。也许正是这种新颖的形式，才使得像邵逸夫这样多年没有接受媒体采访的名人愿意参与其中，与来自家乡的小记者们进行交流。这种新颖的形式也引起了香港媒体的极大关注，对事件进行了全程报道。

三是内容要有趣。同样的新闻议题，有趣的视角和叙事更能吸引公众的兴趣和关注。与大量有关香港回归的事务性、会议性、程序性新闻报道相比，浙籍香港名人与浙江小记者充满童趣的互动无疑更能打动读者的内心。平日位高权重的香港风云人物，见到家乡的小记者们之后展现出来的温柔慈祥、风趣幽默，围绕小记者们采访问题给出的举重若轻、语重心长的回答，以及对小记者们寄予的殷殷嘱托和美好祝愿，都是平日难得一见的有趣内容。

四是资源要丰富。好的策划人一定是社会活动家。再好的想法，如果没有资源支撑，也是镜中花、水中月。浙江小记者采访浙籍香港名人的策划能否落地，关键是这些名人是否愿意接受采访。通过时任新华社香港分社副社长张浚生先生的支持和帮助，这些名人欣然同意参与，活动得以落地。因此，媒体事件策划人一定要善于交朋友，积极拓展和经营自己的社交网络，敢于出击，不怕碰壁，平等相待，真诚以对，这样才能为媒体事件策划创造良好的资源条件。

五是理念要向善。增进社会福祉是媒体事件策划的终极目标，也是评价媒体事件是否成功的终极标准。小记者赴港采访活动之所以成功，关键就在于该活动的目的是顺应香港回归大势，促进内地和香港的文化交流、民心相通，为香港回归创造良好的民意基础和舆论氛围。这样的活动自然也会得到内地和香港人民的欢迎和支持。前文提及的葛继宏先生策划的许多事件，都很好地体现了造福社会的向善理念。在当前流量至上的新媒体环境下，如何坚守这一向善理念，追求社会效益和经济效益的统一，是传媒创新实践需要思考的重要课题。

韦　路

教育部青年长江学者

浙江大学传媒与国际文化学院院长

CHAPTER SIX

产学研融合——对话市长

导　言

回首人生路，我大多是在自己摸索与奋斗，偶有时候停下脚步静下来思考。然而在 2006 年，恰逢我从浙江广播电视集团调到浙江传媒学院工作，由业界到学界的身份转变之间，恰巧有了那么一些静下心来思考的时间。这段时间，我会思考一直以来工作的价值，沉淀自己在传媒业界的获得和在文化领域的所为，甚至还想到诸如个人之于社会的关系、意义和作用这类议题。这所有思考的心锁，似乎都在我进入学校面对学生之时，找到了解惑的钥匙，这把钥匙就包括我在学校的产学研结合。

传媒领域产学研模式的发展需要充分的灵活性和实践性，将现实的技术和动态及时地吸收消化然后再用于实践。在传媒领域产学研的实践过程中需要建立产学研技术服务联结模式，建立产学研协同技术创新运行机制，推动产业创新能力，完善产学研合作实体模式，推动区域集群创新能力。长久以来的从业积累给予我无比珍贵的经验知识和实践营养，而高校的环境正好为我提供了一块分享经验和传播知识的土壤，我要做的就是在这样一片沃土上播撒种子，并帮助他们苗壮成长。与此同时，学校也鼓励和推行课堂知识结合实践经验的人才培育计划，这样的方式亦是符合高校"产学研"结合导向的培育方式。如此的转变，就像是一个多年在海里撒网捞鱼的渔夫，终于有机会能够授人以渔了。而怎样更好地做好高校产学研，特别是传媒类学科产学研，是我思考的重要方向。

基于产学研模式的思考，结合自身的制作经验，我策划和组织了大学生对话杭州湾六市市长的媒体实践活动。该活动于2007年7月22日在杭州正式启动，由共青团浙江省委、浙江传媒学院、杭州日报报业集团、浙江电视台经济生活频道、杭州市工业资产经营有限公司、杭州娃哈哈集团有限公司共同发起、主办。历时15天，先后踏访了浙江省环杭州湾区域的杭州、宁波、嘉兴、绍兴、湖州和舟山等6市13地，直接对话各地市长，全程2400千米，至8月7日顺利结束。大学生媒体实践活动锻炼了学生的实践能力，也展示了浙江各地区富有代表性的文化风貌和风土人情。

理论想象｜社会发展视域下的创新理论实践

产学研合作是个老生常谈的话题，我理解的产学研合作指的是企业、科研院所和高等学校之间的合作。高校产学研合作模式即通过产业、学校、科研机构等相互配合，利用各自的资源优势，形成集研究、开发、生产于一体的先进系统，得以在运行过程中体现出综合优势。通常以企业为技术需求方，科研院所或高等学校与技术供给方之间的合作，实质是促进技术创新所需各种生产要素的有效组合。

据我观察，产学研模式的推动是基于创新理论的实践。经济学家熊彼特提出的理论认为，创新就是将技术发明应用到生产经营活动时所引起的生产要素与生产条件的重新组合[①]。创新理论主要包括五个方面的内容：一是引入新产品或者一种产品的新特性；二是采用一种新的生产方法；三是开辟一个新的市场；四是获得原材料或半成品的新的供应源；五是实现一种新的企业组织形式。这五个方面内容都与传媒领域产学研相关。传媒领域产学研结合的模式有利于产生新的生产方式，开辟新的媒体市场，也有利于充分整合媒介领域的生产资源，形成新的企业组织形式[②]。基于对产学研模式的研究，罗森伯格等经济学家提出了创新过程的集成化、动态化的观点[③]。

2006年，浙江省社会经济文化快速发展，产业布局不断优化，经济结构更加合理。我一直从事文化产业和传媒行业相关的工作，自认对时代潮流奔腾的方向还算敏感。彼时，我已能明显感觉到浙江的文化综合实力不断提升，文化竞争力显著增强，文化自信、创

---

① 约瑟夫·熊彼特.经济发展理论.何畏，等译，北京：商务印书馆，1990：468.

② 徐则荣.创新理论大师熊彼特经济思想研究.北京：首都经济贸易大学出版社，2006：10.

③ 孙宝军.产学研合作相关基础理论研究.长春师范大学学报，2013，32(6)：18-19.

新创业将在未来相当长一段时间内成为社会发展的主旋律。

2006年，我刚从浙江广播电视集团调入浙江传媒学院不久，主要负责产学研方面的工作。从社会工作转入学校平台，我迫切地希望能利用自己积累的社会经验和人脉资源，实现导向功能，引导社会的方方面面为大学生成才创造条件。在我向时任浙江传媒学院党委书记奚建华教授汇报如何深度发掘高校资源优势、让学生更好地与社会接轨时，奚书记非常同意我策划一次高校学子的社会实践活动的想法，作为推动产学研深度融合的重要助力。在寻找社会资源进行嫁接时，我联系到了时任《杭州日报》社总编辑赵晴先生，了解到报社也需要用活动来提升品牌影响力，于是一拍即合，有了本次传媒院校与传媒集团的强强联合。

"发现杭州湾——大学生对话市长"活动的组织策划，旨在以大学生为切入视角，有效地引导社会受众对杭州湾区域的关注度，是大学生暑期社会实践的一种创新尝试，是进一步打通学校教育与社会实践的渠道，进一步拓宽了办学的空间、思路、办法。通过大学生的亲身体验，活动引导他们关注现实社会，加强他们的分析和思辨能力，通过大学生与市长的沟通，活动构筑起交流沟通的桥梁，同时也搭建了宣传引导的舞台。

案例分析 | 引起各界反响的创意策划

一、发现杭州湾——大学生对话市长

我曾经在抗日战争胜利50周年之际策划过"大学生采访中国将军"的活动，也曾为迎接香港回归策划了小记者团赴香港采访的活动。我们身为策划者最重要的是创新，要抓住社会热点，紧扣时代脉搏。因此，确定浙江传媒学院与《杭州日报》社联合组织活动后，

我一直在思考我们能为学生做什么。2007年，浙江最轰动的事件当属杭州湾跨海大桥全线贯通，2003年奠基时它是中国第一座、世界上最长的跨海大桥，可谓意义非凡。原本我们想围绕杭州湾跨海大桥的建设难度、设计意图、建筑工人的奋战精神，以及大桥对交通、经济、文化的影响组织一次社会实践活动，但我始终觉得不够聚焦，不够全面。在与各方反复讨论、几经商议后，我决定着眼于"杭州湾"的概念。杭州跨入钱塘江时代、打造都市经济圈、杭州湾跨海大桥带来经济新格局、宁波和舟山港口成功建设、绍兴古城文化和国际经济完美组合、嘉兴城乡一体化建设和谐探索、湖州打造生态经济……一次次的机遇和创新将使杭州湾区域成为财富与成功的福地。那么在大学生眼里，"新杭州湾"的魅力又是怎样的？我觉得这将成为一次非常有意义的碰撞。最终，在以往活动策划经验的基础上，我将这次社会实践活动的主题定为"发现杭州湾——大学生对话市长"。"对话"意味着平等的交流，这是一次大学生与城市的互动、与市长的互动，是未来城市的建设者，甚至也许是管理者与现任"城市规划师"的互动。我们不仅仅是为大学生创造了一个很好的创新实践平台，还为社会提供了一个了解大学生的界面，也为市长们提供了直接倾听民声的渠道。

大家认可选题后，我就去联系和落实邀请市长的工作了。可以说，如果能顺利邀请到市长们参与，采访就成功了三分之二。杭州湾相关的城市有杭州、宁波、绍兴、嘉兴、湖州、舟山6个地级市，说实话当时我对杭州、宁波两个副省级的城市没有十足把握，尤其是当时蔡奇同志刚就任杭州市市长三个多月，正是交接工作最繁忙的时候，但杭州是本次活动的发源地，杭州市市长的成功邀请将对我后期所有工作的开展都起到积极作用。于是，我怀着忐忑的心情写了邀请函，递交到杭州市政府办公厅。当时蔡奇市长上任时间不长，一来担心自己对杭州的情况了解不够全面，二来怕时间上无法配合，所以提出希望由副市长参加本次活动、接受访问。经过我们不停地做工作、反复沟通，终于在采访前的两三天接到了蔡奇市长同意接受我们采访的通知。不仅如此，就在对话前一天晚上，我还接到了市政府研究室主任的电话，说市长希望全面了解此次来访的大学生们的背景资料，以便更好地完成对话。最后，一份包括所有成员年龄、性别、籍贯、学校、专业背景等在内的详细材料，在凌晨时候发给了蔡奇市长。对话时任宁波市市长毛光烈时也是这样，场地大小、用光环境这些细节，毛市长都亲自过问、一一确认。市长们如此重视这次对话活动，并且做了非常多认真细致的准备工作，在让我们这些组织者感动感激之余，也给了我们大学生非常大的鼓舞和力量。

在这次实践活动中，学生们的表现也很突出。活动筹备阶段，组委会向北大、清华、人大、复旦等外地高校浙江籍学子和省内高校大学生发出邀请，准备通过学校推荐或自荐的方式招募一批优秀的大学生，组建一个高素质的记者团。

二、四面八方，纷至沓来

2007 年 7 月 3 日上午，"发现杭州湾——大学生对话市长"活动组委会在浙江传媒学院举行新闻发布会，宣告这一大型主题报道即将启动，并向社会招募浙籍大学生记者。不少大学生一听说有这么个活动，赶紧在现场向记者打听报名细则。更令人惊喜的是，消息还没来得及在报纸上刊出，我们就迎来了首位报名的大学生，这时离新闻发布会结束还不到半天的时间。

报名的学生络绎不绝，其中有想把家乡推介给世界的北京奥运会志愿者，有想和市长聊聊老外眼里的杭州的外语专业学生，有想为东亚学研究打基础的哈佛女孩，有即将踏上留学之路的大学毕业生。学生们有的希望了解一个城市的经济、社会背景，认为这不仅对专业学习有帮助，也能提高自身素质。有的希望多留住一些家乡的记忆。刚刚从上海外国语大学法语系毕业的杭州女孩杜颖，9月即将踏上去法国的留学之路。得知"发现杭州湾"的活动后，她放弃了原本出去旅游的计划，更愿意选择这样一个有意义的社会实践活动。"我想对家乡有更多的了解，这次活动无疑是一次很好的机会。"而有的大学生是想更多地了解自己的家乡，也是为了日后建设家乡。"作为嘉兴人，嘉兴有幸成为（杭州湾跨海）大桥的起点，这是我们每个嘉兴人的骄傲，家乡经济的腾飞不远了。"而有的希望能够参加这个活动，更全面地开阔自己的视野，并把杭州湾介绍给同学。

面对这么多优秀学子，我们组委会负责大学生记者筛选工作的人员倍感压力沉重。最让我们感到高兴的是，这次活动还影响到了海外。有位性急的报名者叫马珂迪，是浙江传媒学院播音主持艺术学院大三的学生。因为忙于考试，她没有参加新闻发布会，所以对招募大学生记者的消息一无所知，还是母亲在网上看到后告诉她的。马珂迪立即兴匆匆地顶着烈日从家里赶到《杭州日报》社来报名。"没想到我是第一个。"她有些兴奋。为什么想参加这个活动呢？马珂迪说，她一直在学校学生会里锻炼自己，放假前还和老师商量策划一个社会实践活动，到各地市去考察，可惜没有获得批准。根据报名的规则，马珂迪被要求先给市长提个问题。小姑娘考虑了一下说："我还是回家再想想，发个电子邮件过来。"她很希望能得到这个机会。

打电话报名的读者当中，有很大一部分是学生家长。他们的热情甚至比大学生还要高。女生王忻恬在杭州已经小有名气了。2005年，她是杭州的理科高考状元，她的妈妈替她报名时，她已是北京大学光华管理学院的一名大二学生。"我女儿很要强，社会实践活动从小就参加了不少。今年放暑假，她也想做一些有意义的事情。我听说了你们的活动，就马上通知她了。"王妈妈说，能亲自跟市长进行对话是个很好的锻炼机会。王忻恬当时学的是营销专业，王妈妈说，到杭州湾的各个地市去走走，对女儿将来的发展很有好处。了解一个城市的经济、社会背景，不仅对营销专业的学习有帮助，也是对王忻恬自身素质的一个提高。

让我印象深刻的报名者还有两位在香港求学的浙江籍大学生。毕业于学军中学的印娴婷是在香港读书的杭州人。她在香港理工大学念建筑工程与管理，刚刚结束在英国拉夫堡大学的交流学习，回到杭州过暑假，她在香港康复中心做过义工，在西安的一家公司做过物业管理工作，还参加了香港理工大学组织的不少活动。"香港的高校不单单是强调书本知识，要求成绩突出，更注重实践，注重独立思考、分析问题、解决问题的能力。"看到"发现杭州湾"的活动后，她很感兴趣："虽然香港的繁华让人流连忘返，但杭州养育了我，作为城市的一分子，我目睹了杭州属于自己的繁华以及那一份不可替代的亲切感。而且我的祖籍是绍兴，宁波也有亲戚，所以走访杭州湾区域会让我感到很亲切。"她很希望能够参加这个活动，更全面地开阔自己的视野，并把杭州湾介绍给她的香港同学。和印娴婷一样，杭州人胡杨是香港浸会大学的学生。胡杨高中毕业后就去了香港，算是香港高校开始在内地招生时第一批"吃螃蟹"的人。所以这次来报名，他是想练练"身手"，好在学业上有所突破。胡杨说，他平时经常翻阅香港的报纸。虽然香港媒体很发达，创意很多，不过像这样的大型互动活动还是很少在香港媒体上出现的。

出于客观原因，我们此次活动只招收在校大学生。有好几位刚刚参加完高考的"准大学生"也积极参与报名，其中还包括当年高考的浙江理科状元。对于这样优秀的"准大学生"，我们组委会只能忍痛割爱，并对他们表示感谢。

　　面对 200 多位大学生的报名表，了解到不少大学生的优异成绩和丰富的社会经历时，我们真正感到无从下手，放弃哪一个都觉得可惜。万般纠结之下，组委会只好从这次活动的主旨出发，最终规定了一些原则。比如，考虑到学校分布，除了主办单位之一的浙江传媒学院外，尽量兼顾到各所高校的比例平衡；专业不局限于新闻，一些在采访活动中能结合的理工专业甚至优先考虑；作为一次主题报道活动，这次活动要求大学生文笔要好，最好能有新闻实践经验；面对市长，如此宝贵的机会应该提些什么问题，这又考验大学生的能力……最后，结合大学生报名材料准备的充分程度以及男女比例，我们从 200 余位报名的大学生中反复筛选，最终确认了 15 名浙江籍大学生记者团成员。他们中有学新闻专业的，也有学理工科专业的，有来自北大、清华等国内高等学府的，也有来自美国华莱士大学等海外知名院校的，可以说是一支精英队伍。

　　二、各城各市，各有不同

　　我们的大学生记者团按计划行走在杭州、宁波、嘉兴、绍兴、湖州等地，一路对话各位市长。每一站都得到了当地市委、市政府的高度重视，不少当地媒体都用重要篇幅报道了我们记者团的对话活动，也记录了市长先生对这次活动的高度评价[①]。作为活动策划者，我深感这次活动可以被看作是"产学研"一体化背景下大学生文化创新能力提升的一次成功实践。

_____

[①]　中国人民大学的徐相回顾对话过程时说，这些平时在电视上见到的面孔，既不缺少作为城市总规划师的精敏睿智，亦不乏长者式的诙谐幽默，都给大学生们留下了和蔼可亲的深刻印象。

1. 对话杭州，从西湖走向钱江

在杭州，时任杭州市市长（现任中央政治局委员、北京市委书记）蔡奇评价这次活动是一次很有创意的暑期实践，充分体现了团队关心祖国和家乡建设发展的使命感。他说，这次活动的策划正好抓住了长三角发展的新趋势。2007年5月，温家宝总理亲自主持召开长三角地区协调发展座谈会时，对长三角经济发展提出了更高的要求，他认为杭州湾必将步入新的发展时期①。蔡奇市长寄语大学生记者们，希望他们学有所成，希望他们关心、支持杭州的发展，加入建设杭州的行列中来。在杭州从"西湖时代"走进"钱塘江时代"的进程中，钱江新城是一个代表性项目，蔡奇市长建议我们"去走一走，看一看"。壮观的钱江新城，当时正是一片建设的热土。

在杭州大剧院，来自清华大学的陆炯杰同学参观了这里灵活多变的可变剧场，酷爱拉丁舞的他，还了解了这里诸多先进的演出设备。时任杭州钱江新城建设管理委员会黄昊明副主任向浙江传媒学院的学生孟娇等一众同学介绍了钱江新城的现状与规划。他说道："钱江新城在地理位置上就是杭州的中心，这里古代也是很热闹的地方，有很多码头。市委、市政府把这里列为杭州新的城市中心，人气的笼络和交通的连接并不存在问题。钱江新城主轴线上的市民中心并不只是用于政府办公，还有周围的图书馆、规划馆以及占地4万多平方米的青少年活动中心；主轴线上的服务性设施明年就能完成，到2015年，钱江新城的GDP要达到360个亿，税收能有30亿元！"来自浙江大学的徐涛就感慨他从钱江新城看到了浦东新区的缩影，同学们第一次近距离感受到了钱塘江的气魄，对杭州未来的发展充满了期许。

①　温家宝. 进一步发挥长三角区域优势 实现率先发展. (2007-05-17)[2021-06-30]. http://www.gov.cn/govweb/ldhd/2007-05/17/content_617797.htm.

2. 对话宁波，兴港兴城新气象

结束杭州的采访活动后，我们的团队启程赶往活动的第二站——宁波。时任宁波市市长毛光烈热情地接待了大学生记者团一行，并着重讲解了宁波为了大力发展临港重化工业和现代物流业而在城市基础建设方面做的工作，介绍宁波从"红帮裁缝闻"到"全国服装生产基地"的发展，并强调"在未来的几年里，宁波服装产业要引领时尚，推动服装设计，把创新作为重要的努力方向"。说到宁波对人才的需求时，毛市长忍不住"自卖自夸"起来，详细介绍了宁波市政府对教育事业的投入以及为高素质外来人才提供的优惠政策，毫不掩饰宁波对人才的渴求，同时也对在座的各位精英学子们抛出橄榄枝："欢迎你们去宁波的人事网站了解一下。"惹来大家会心一笑。

到了宁波当然不得不提宁波港。时任宁波港集团党委工作部副部长张逸耀用一部 8 分钟的短片简要地介绍了宁波港的地理优势和区位特质。"省内通过宁波港进出的货运量，占了总量的一半以上。我们为杭州湾区域的发展做了不少贡献。"张逸耀自豪地说。宁波具有得天独厚的地理优势，处于中国海岸线中部，是世界少有的深水良港。登上 27 层的港区大楼极目远眺，外面一派繁忙，海里停满了国内外的巨轮，一辆辆大货车在港区频频进出。宁波港的发展除助力城市本身，也带动了长三角一带的经济发展。宁波港参访的活动安排帮助同学们认识到了区域经济由点及面的发展特征。

杭州湾跨海大桥南岸，就是宁波市所辖的慈溪市。从杭州到慈溪，要从杭甬高速余姚的出口下，再开 30 多分钟才能抵达。慈溪原来处于交通末端，杭州湾跨海大桥的贯通将从根本上改变慈溪的区位条件。一桥飞架南北，天堑即将变通途。慈溪将一跃成为连接上海、辐射周边地区的交通枢纽和宁波的北大门，成为宁波接轨大上海、融入长三角的"桥头堡"。慈溪市徐华江市长说："杭州湾跨海大桥是慈溪百万人民多年的梦想，也是慈溪发展的极好机遇。我们要借大桥开通之际，构筑立体交通网，打造桥城；进一步扩大开放，利用上海的经济辐射、经济带动来建设桥城；借助大桥经济，进一步建设新颖城市。"三五年后，慈溪将因为大桥经济而发生巨变，徐市长对此很有信心。

3. 对话嘉兴，红船精神永流传

告别宁波，直奔"红船精神"的发源地——嘉兴。

嘉兴下辖两区、三市和两县，自古为富庶繁华之地，为中国江南文化的发源地，是中国优秀旅游城市和国家园林城市，更是中国共产党的诞生地。站在嘉兴南湖的烟雨楼上极目远望，映入眼帘的除了荡漾的湖水和层层绿荫，还有远处嘉兴城拔地而起的高楼大厦。而远远地望见那艘停泊在湖心岛的红船时，大学生们不由自主地凝神屏气，气氛顿时变得严肃起来。正是这么一条小小的丝网船，见证了中国共产党的成立，见证了中国共产党从无到有、从弱变强的历史过程。注视着这艘看似普通的船，历史在这一刻回转，一批忧国忧民的有识之士、一批热血沸腾的中华儿女为了民族之解放而奔走呐喊、殚精竭虑的情景，浮现在我们眼前。

与停泊在南湖水面的中共一大纪念船隔湖相望的，是同样值得一览的南湖革命纪念馆。南湖革命纪念馆前，大学生记者团成员中的中共党员还经历了一个特殊的仪式，在党旗下重温庄严的入党宣誓。"团结就是力量，团结就是力量。这力量是铁，这力量是钢……"大学生们在红色的党旗前，用歌声祭奠逝去的英雄，用歌声表达当代学生的心志。

第二天对话时任嘉兴市市长陈德荣时，陈市长还特别阐述了他理解的"红船精神"。"'红船精神'是一种创新精神，是20世纪初中国人探索救国新路的象征。这个创新就是我们今天所说的'科学发展和谐社会'。发扬'红船精神'，需要不断创新，抛弃不适合今天社会环境的发展方式，与中华文明的传统结合，与社会主义市场经济体制作为我们经济基础制度的上层建筑结合，这也是今天'红船精神'的现实意义。"而对于嘉兴对运河的规划、嘉兴如何与2010年上海世博会接轨等问题，陈德荣先生的回答非常详细而又妙趣横生。此次活动帮助同学们用新视角发现杭州湾的魅力，也是一次促进他们运用知识提高能力的好机会。

4.对话湖州，湖美州美人更美

对话从杭州走出去的时任湖州市市长马以，也让大学生记者们受益匪浅。马市长告诉学生们，浙江唯有湖州临太湖，因湖而得名的也唯有湖州，做好太湖的文章是今后湖州发展的战略方向，当然首先是要保护好太湖，在保护的基础上开发建设滨湖城市。

而提到引起社会广泛热议的湖州与浙江大学合作共建省级社会主义新农村实验示范区的项目时，马市长幽默地说："湖州和浙江大学合作是美满的'婚姻'，双方'自由恋爱'，非常美满，也很有前景。"引得大学生们哈哈大笑。最后他寄语大学生：在学校里学知识，更重要的是还要学做人，有好的人格和人品，终身受益，要努力培养健康、优秀的人品、人格以及价值观。

告别马市长后，我们的团队在湖州市吴兴区八里店社区探访新农村建设的魅力，感受到村民洋溢在春风中的幸福，时任村党委书记汤水根自豪地说："城里有的这里都有，城里没有的这里也有。"我们亲眼见到了"两个黄鹂鸣翠柳，一行白鹭上青天"这句脍炙人口的名诗所描绘的场景——德清下渚湖。德清县发展改革和经济委员会主任陈泽霖通过我们向大杭州湾发出邀请："随时欢迎到德清落地生根。"

5. 对话绍兴，江南水乡新动向

在同样以水为城市之脉的绍兴市，时任绍兴市市长张金如对环境保护也有自己的一套心得体会："水是有灵性的，河道是有生命的。我们要加强历史文化的保护，使之更好地与现代文化有机地结合起来，同时保护生态环境，使人文与自然更好地结合，依托文化开发旅游，让绍兴的历史文化有更多的人来欣赏。"

对话结束后，绍兴市政府邀请大学生们走一走奥运火炬接力线路，2008 年 5 月 17 日，奥运火炬接力将来到绍兴，并停留 4 个小时，这让绍兴人感到骄傲与自豪。大禹陵、名贤馆、黄酒博物馆、鲁迅故居……这条耳熟能详的绍兴旅游线路，因"奥运"二字而有了不一样的意义。"悠悠鉴湖水，浓浓古越情"，水已经转化为绍兴的一种文化，深刻影响着绍兴人日常生活的方方面面。绍兴是典型的江南水乡，河道四通八达，自古乌篷船就是绍兴人出行的主要交通工具。大学生们顺着和缓清澈的河水穿行于绍兴的街头巷尾，河道时而狭窄只容下一只船身，时而豁然开朗，让学生感觉如同置身于大运河。凭借其得天独厚的水路运输优势和秀美隽永的江南风景，绍兴吸引了无数来自四方的博识风雅之客，也诞生了一大批闻名海内外的杰出人物。

水也是古代绍兴生活的主线。一条条小河绕城而过，创造了桥的文化。"万古名桥出越州"，绍兴的桥数量堪称全国之最。这里有因陆游的"伤心桥下春波绿"而得名的"春波桥"，也有在 2000 年后建成的"浪漫之桥"——风则江廊桥。当地居民告诉我们这样的俚语，"无桥不成市，无桥不成镇，无桥不成路"，可见桥对于绍兴是多么意义重大。

眼前看到的绍兴与孩提时随父母来游玩时的记忆已经大不相同。古城水乡焕然一新——沿河而建的住宅统一规划，统一管理，临近的商铺酒家统一排放标准，统一考核。曾经搬离的居民纷纷回到河边。张市长的话仿佛还在耳边萦绕："人与自然、人与水要相互融合，以保护水环境——这生命之源和城市之眼。"

绍兴也盛产纺织化纤原料，其产量占了全国的1/10。结束了对绍兴市的采访后，我们继续深入走进了绍兴县（今柯桥区）——一个因中国轻纺城而闻名遐迩的经济强县。时任绍兴县县长冯建荣专门抽出时间，向学生们展示了一个生机勃勃的县城。在杭州湾区域范围内，已经形成了与绍兴纺织业相关联的产业群。一路走下来，活动使大学生记者们对杭州湾区域的产业集群模式产生了很大的兴趣。这种集群有助于产业资金流、物流、信息流、技术流的共享，也可以更好地发挥产业链优势，加强企业上下游间、不同地区间的合作，冯建荣县长这样认为。绍兴县的18家纺织企业把绍兴柯桥的面料带到北京，借奥运会向世人展示绍兴的"面子"。冯建荣县长说："承办奥运会是中华民族扬眉吐气的一件大喜事。我们把纺织产品送到奥运会，是尽了绍兴人民应尽的责任和义务。同时，通过这个广阔的国际舞台，可以充分展示绍兴纺织产业与产品应有的魅力和风采，有利于扩大在国际纺织品市场的影响力，更好更快地打造国际纺织之都。"冯建荣县长希望通过全方位的对接，促进绍兴、杭州的经济合作与交流。

四、步履不停，感触良多

我策划这次大学生记者的行程当然不只是为了对话杭州湾六市的市长，在对话之前，我还要通过参观了解各市的经济、文化、基础设施建设等各方面的情况。在走访、参观的过程中，让他们接触到许多省内各领域各行业的领导者和建设者，了解发展建设的过程，其中包含着可供借鉴的经验和教训。活动给大学生记者们提供了很多答疑环境，让他们对所见所闻提出的不解和疑惑都一一得到耐心的解答，也为他们与市长的对话积累了丰富的资料。

这次深入走访6市13地的"发现杭州湾"活动，给大学生提供了全方位、多角度的思路，让他们由点到面地认识、了解浙江，特别是环杭州湾地区发展轨迹的好机会。在美国华莱士大学留学的翁寰瀛以一个女留学生的视角去发现杭州湾，其中，湖州的生态农业，舟山、宁波、绍兴等地对投资的筛选意识，不少城市的工业外迁等措施让她触动，她认为自己亲眼见到了代表中国最繁华地区——长三角经济圈的最新发展。"我看到这些城市的环境与经济发展的和谐，只有在美丽环境的基础上，所有的发展才会成为可能。我相信杭州湾区域将变得更加灿烂辉煌。"北京外国语大学语言专业的戎颂怡由于所学专业限制，很少有机会在现实的环境中获得感触和进行实践。作为杭州本地人的她得益于本次近距离观察家乡的机会，才真正在杭州这么"发现"了一把，和市长"对话"了一番，她才知道，原来杭州的发展这么快，而杭州的将来，还有这么美好的前景。特别是在钱江新城的参观，看着沙盘，她心里有说不出的自豪，原来将来杭州的中心会变得这么现代化、这么漂亮。这次活动使她对杭州有了更新的认识，她更期待着日新月异的杭州。

为了参加这次活动，浙江工业大学的孟婧忍住脚伤，一瘸一拐地走完了全程；中国人民大学的徐相原本要赶到北京参加奥运会志愿者培训，也因此推迟了行程；浙江传媒学院的周雪梅硬是在活动间歇挤出时间，一天录完20集的节目，以便赶上下一站的行程……浙江大学的徐涛说，他们所看到的宁波的港口经济、嘉兴的城乡一体化、绍兴的古城文化国际探索、湖州的生态经济、舟山的港口旅游优势等都将成为浙江乃至中国的可借鉴经验。大学生记者们一路感受、一路见证、一路思考，亲身感受到了杭州湾区域广阔的发展前景，亲眼见证了一个个未来发展进程中的里程碑。

　　一路上，无论是市长、县长，还是来自企业的各位长辈，都对大学生的成才、成长格外关心。长辈们用自己的经历，告诉他们做人要务实、要勤奋、要诚实；自己规划人生、规划事业的经验；告诫他们要保持中国人的民族气节；鼓励他们是金子总会发光。而同行的记者老师的敬业精神，也让尚未走上工作岗位的他们敬佩和感动。有着诸多省级以上晚会、讲解、选举、新闻发布会主持经验的周雪梅担任本次与市长对话的主持人，在浙江传媒学院学习播音主持的她努力实践着自己的专业知识，在采访中尝试在不那么正式的场合中，打破一下原来的固定模式，更好地把握整场采访进程的顺序和气氛。于是，在采访慈溪市长的时候，她把市长介绍概况的环节直接跟在了介绍完市长之后，把记者团成员的自我介绍放在提问环节的一开始，这样下来整场对话的气氛轻松了很多。同样来自浙江传媒学院的孟娇作为工作人员参加了活动的前期准备工作。虽然准备工作很琐碎，但她有很多的"优先权"，优先与队员们接触，优先了解新闻工作者的辛苦，优先感受媒体的工作氛围，优先得到学校和报社老师的指导以积累经验。在前期和队友们建立起来的友谊，通过电话联络和接触其他事宜，既树立了她的团队意识，也提高了她的协调能力，这些都让她收获颇丰。这次活动为同学们提供了一个磨炼品格、丰富专业知识的舞台，理论知识与实践碰撞出的新火花，个人命运与地方命运的紧密联系，都成为同学们成长成才之路上的宝贵经验。

　　长三角是中国最具热点的经济圈，而环杭州湾又是长三角最具活力的板块，我们的这次活动选取了杭州湾这一报道区域，并采用大学生记者这一新锐角色和各地政府最高领导人直接对话的模式，使得这次活动一亮相，就吸引了受众的眼球。创意的新颖之处还在于，这次活动巧妙地将大学生暑期实践、新闻记者联合采访和各地对外宣传工作结合起来。从形式破旧，于立意见新，参与者都获取了相当宝贵的新闻实践经验。

作为贯彻落实省党代会精神，喜迎十七大的献礼之作，我们的活动于同年11月获得了浙江省委宣传部、共青团浙江省委、浙江省教育厅等单位颁发的"2007年浙江省大中专学生志愿者暑期文化科技卫生'三下乡'社会实践活动优秀团队"奖。

这次活动也得到了社会各界的大力配合。据统计，这次活动各媒体发稿近200件，如果加上大学生的个人博客内容，发稿文字超过30万字。以《杭州日报》为宣传主阵地，活动整合了浙江电视台经视频道、新华网浙江频道、中国网、浙江交通之声电台、亚洲商务卫视等多家媒体力量，组成随行记者团。同时还设计了大学生记者博客这一新载体，在搜狐、杭州网开出学生博客群，通过网络这一跨越国界的传播媒介将此次活动的影响带到了海外。新华社以及《人民日报》《浙江日报》《21世纪经济报道》等30多家国内主要新闻单位也对这次活动进行了全程关注，引起了社会各界的强烈反响。这种影响，一直伴随着活动的不断推进，形成持续、深入的热度追踪，具有广泛、生动的教育和宣传意义。通过一次活动，我们激发起全社会范围内对大学生使命的更多关注，以及对长三角经济发展的更多关注，让大学生实践活动与社会发展的核心命题、与社会发展的核心主旨紧密结合，进而形成更大范围内的聚焦效应、协同效应和发散效应。

指导意义 | 创新力是融合协同的管理力

我认为，传媒类学科的产学研模式对高校学科建设来说具有非常重要的价值，也对未来的产业发展和社会服务工作具有极其有益的启示。首先，我们应当实践加强协同创新。结合社会、企业、高校中的有利元素打造协同创新型产学研团队，在组织创新方面，通过对人员的构成给予相应的权限，营造一种新的育人文化。通过高校内组织的协调架构，对于团队成员的构成进行合理的调整，吸收社会、业界、学界各个成分的媒体成员，并给予团队更多自主权。产学研团队的构建要创新信息沟通机制，以定期会晤等方式提高整个团队的协同性。其次，我们还可以充分利用媒体融合构建产学研体制机制。融媒体时代，媒介形态和内容传播规律都发生了很大的变化，报纸、广播、电视、网络媒体共同为文本建构和信息传播构成一个融合的媒体场域。基于此，高校的产学研教育要以融媒体内容生产为构建依据，将传统主流媒体和新兴媒体程结合起来，形成优势互补、具有自适应能力、能够适应业界发展的产学研学习型人才培养合作平台。再次，实行过程动态化管理，提高产学研效果。在进行产学研管理模式创新中，我们可以依据传媒类学科的特点，建立动态管理式的教学团队，依据课程或者实践项目的进度和过程合理调整管理目标和实践方式。与此同时，我们也要保持成员理念的一致性，彼此信任、共同负责，为实践教学效果的提升以及科研教学效果的提升做出努力。

这次"发现杭州湾——大学生对话市长"主题社会实践活动，将科研、教育、生产等不同社会分工在资源和功能优势上协同化、集合化，创新性地帮助了大学生们理解知识、解读社会、感悟生活。对大学生们来说，这样的活动是一次创新的社会实践，规避了传统的大学校园社会实践常见的"走马观花"式的形式主义，他们真正得到了锻炼和实践。通过这次活动，大学生发现的不仅是杭州湾，更是一个继续走在前列的浙江；发现的不仅是浙江块状经济繁荣、环杭州湾经济协作不断增强的现象，更是浙江乃至长三角社会经济文化快速发展的内在规律。他们通过思辨与感悟、观察与解读、行动与实践，升华了在学校掌握的知识体系，也践行了良好的社会风尚和精神。这种以良好的社会使命感、开拓的视野、创新创意激情、团队合作意识和吃苦耐劳等为主要内涵的社会精神，通过各种渠道和载体，通过整个社会实践活动集约化的创意与设计，传播到更广泛的范围内，影响着更多的人成长成才。这样的切入点，也能够激发起全社会更多的注意力和创造力，让更多人投身于全面建设小康社会的时代浪潮中，进一步升华了"产、学、研"相结合的教育目标。

活动创意执行过程中，正值浙江省第十二次党代会胜利闭幕，全省上下深入学习贯彻第十二次党代会精神，具有重要的现实意义和时代特征，也得到了省委、省政府，各地市党委和政府的亲切关怀和大力支持。时任浙江省委常委、常务副省长（现任中央政治局委员、重庆市委书记）陈敏尔同志充分肯定这一创意，并为活动亲笔题词——知无涯，行无疆。活动组委会主任、时任浙江传媒学院党委书记奚建华说："以大学生的视角切入，可以有效地引导社会受众对杭州湾区域的关注度，解决存在的问题，呼应省党代会的精神。"奚书记认为，活动本身是创新大学生暑期社会实践的一种形式，超越了原有的社会实践的内涵和形式，它"前沿性、立体化的命题设计，开放式的人员遴选和复合型的队伍架构"，是进一步打通学校教育与社会实践的渠道，可以拓宽办学的空间、思路、办法。通过大学生的亲身体验，我们可以引导他们关注现实社会，加强他们的分析和思辨能力，在差异总结和比较分析中得到新的收获。"新时期大学生应该具备什么样的观察方法，学校应有所贡献"，时任浙江团省委副书记蔡永波同志对这样一个积极引导当代大学生踊跃投身社会实践的活动也表示赞同和支持。他说，通过大学生独特的新锐视角，我们可以展现"新杭州湾"的魅力，这片土地不仅商机无限，更有着锐意进取的气魄与胆识。他希望采访团能借着省党代会的东风，结合"三贴近"的原则，感受杭州湾区域的蓬勃与美好，记录鲜活的时代气息，而不仅仅是当一个见证者。

从活动的创意到执行，我作为活动策划人兼组委会秘书长忙碌了整个夏天。前期策划通联的每个细节，让我倍感肩头压力之大；一路上和采访团成员们的朝夕相处，更让我倍感心头责任之重。如今活动虽然结束了，但是我认为我们紧扣时代发展核心命题的策划之路远没有结束，进一步推进传媒教育与实践领域产学研相结合的征程也远没有结束。我一直坚信，不论前路万般艰险，只要我们顺势而为，借势而上，度天时，识地利，重人和，谋定而动，则成功在望。未来，更多更好的创新性产学研社会实践活动会不断开展，更好地服务于社会发展的大局！

专家评述

在知识社会，产学研融合既是人才培养的必要途径，也是促进知识转化的重要渠道。随着科技创新与人才培养在国际竞争与经济社会发展中的地位不断凸显，产学研融合的研究与实践越来越引起人们的高度重视。葛继宏教授从业界转到学界，对产学研融合的意义具有独到的认识和体验。在"产学研融合——对话市长"这一章中，葛继宏教授主要围绕传媒创新的理论想象、传媒创新的案例分析、传媒创新的指导意义等问题，阐述了自己的观点和经验。

在我看来，该章体现出以下三个明显特点：

第一，实践性强。与有关政府、媒体、企业合作，葛教授以浙江传媒学院为依托组织浙江籍学生深入一线，开展媒体实践活动，取得明显的育人成效。如：2007年7月，杭州湾六市的"发现杭州湾——大学生对话市长"实践活动，为大学生提供了了解当代社会发展的难得机会，让大学生在实践中认识社会真情、增加社会责任感。

第二，理论反思有深度。葛继宏教授在分析产业、学校、科研机构等单位资源优势的基础上，提出促进技术创新要素的有效组合，打造协同创新型产学研团队，构建产学研合作体制机制，推动科研、教育、产业协同化等观点，对深化产学研合作具有实践意义。

第三，具有传媒特色。产学研融合是多类型、多层次的，不同的发展模式具有独特的个性。葛继宏教授是我国传媒行业知名人士和浙江传媒学院教授，他策划的产学研融合针对性强，具有鲜明的传媒味。

人才培养是系统工程，必须面向社会、面向实践、面向学生的健康发展。产学研融合是贯通教育链、社会链、科技链、创新链，促进各发展要素和谐共生的重要桥梁。抓好产学研融合工作，一要明确产学研融合的多元主体，发挥不同主体的积极性，从"要我融合"向"我要融合"转变；二要完善融合机制，从解决经济社会发展和人才培养的痛点入手，打通阻碍融合堵点，强化合作的紧密性，提高合作的黏合度；三要以项目为抓手，通过项目驱动，实现共建共享，在合作中促进经济社会发展；四要以育人为本，注重育人的长期性、渗透性，在实践中提高学生的综合素质。

徐小洲

教育部长江学者特聘教授

浙江传媒学院校长

联合国教科文组织中国创业教育教席主持人

CHAPTER SEVEN

画作者：著名国画家唐勇力

第七章

讲好中国故事——富春山居图

导　言

　　讲好中国的故事，我们需要懂中国，也需要懂世界。在我看来，文化创新实践既要学习和内化，对中华文化有更深更广的理解，做好发展与传承；又要传播与外化，做好文化的宣传与弘扬。而中华文化的传播，可以体现在文化的符号性传播上。文化符号是具有特殊内涵或者特殊意义的标志，是一个地域、一个民族或一个国家独特文化的抽象体现，是文化内涵的重要载体和形式。如四大发明的符号性，伴随着科技的进步，高铁、移动支付、共享单车、网购取代火药、指南针、造纸术、活字印刷术成为中国新的"四大发明"而逐渐享誉全球。再如民族音乐的符号性，杭州 G20 峰会期间，《春江花月夜》等经典曲目伴随着中国古琴与大提琴的合奏实现了中西合璧，中国曲调与世界韵律交相辉映，表达了建立人类命运共同体的美好愿景。我所参与策划和制作的《天机·富春山居图》《家有喜事 2009》《花田喜事》等电影，都将杭州元素、杭州符号融入其中，用光影演绎杭州文化，讲好中国故事。

　　与此同时，中华文化的传播还体现在学理性的传播上。国学源远流长，是中华文化传播的重要载体，我们民族的文化之躯。我策划"让国学走进生活"2017 国学公益论坛便是出于弘扬国学的初心，国学经典带来的影响不会停留在某个时代，而会穿越时空渗透到人们的灵魂中去。当然，中华文化的思想性传播是维度更高的传播。中华文化博大精深，蕴含丰富的思考和深厚的哲理。这些哲思是几千年中华文化的精髓与大成，相信随着国家的不断强盛，在恰当方式的表达下，这些思想必将闪耀在世界的舞台上。与星云大师、李敖大师和蔡志忠大师的见面和交流，使我领略了什么是真正的大师风范。大师们只言片语之间流露的才思与深意，往往令人受益匪浅，回味悠长，我想，这或许正是中华文化的思想性具体到个人的魅力所在。

我相信，选择了正确的路径，通过"讲好中国故事"，我们的文化创新与传承发展必然会走上一条更宽广的道路。守正笃行，不忘初心，中华文化的思想与哲理必将会更广泛更深刻地为世人所闻所知，所用所识。

理论想象 | 文化自信与文化传承

　　文化的传播是文化自信与文化传承的重要体现，文化的对外传播是彰显中华文明的重要途径，也是媒体人需要践行和推进的事业[①]。文化符码是文化得以传播的必要载体，也是文化对外传播的重要表现方式。

　　跨文化传播要用适当的传播方式去适应不同传播环境的文化氛围，同样要用适当的语言去沟通和交流，比如通过电影、文学、音乐等艺术形式进行文化层面的表达。在跨文化传播领域，人类学者德尔·海默尔和菲力普森曾提出过语言符号的概念，即传播行为在不同文化层面上体现为不同的文化符码，也就是文化符码理论。该理论指出，在社会文化中言语符码是指历史上制定的、建构的与传播行为相关的说话方式、意义、前提和规则体系，言语的意义与互动者使用的言语符码息息相关。巧妙地运用某种情形中的言语符码是预测、解释和控制、理解传播行为及其慎重而符合道德规范的话语形式的充分条件[②]。因此，文化符码理论能够提供对人的传播行为的语境化理解，呈现传播与文化的关系，从而提供与日常生活中的其他人和与其他文化语境中的他者进行互动的可能路径。

　　"中华民族伟大复兴需要以中华文化发展繁荣为条件"，习近平总书记如是说，他在多个场合强调：要传承和弘扬中华传统文化，要坚定文化自信[③]。"文化自信是一个国家、一个民族发展中最基

---

① 陈智荣.文化自信与中华优秀传统文化对外传播关系探究.西部广播电视，2018，07(14)：33.

② 严明.跨文化交际理论研究.哈尔滨：黑龙江大学出版社，2009：63.

③ 四川省中国特色社会主义理论研究中心.民族伟大复兴要以中华文化发展繁荣为条件——学习领会习近平总书记在山东考察时重要讲话精神.光明日报，2013-12-04(01).

本、最深沉、最持久的力量。向上向善的文化是一个国家、一个民族休戚与共、血脉相连的重要纽带。"① "没有中华五千年文明，哪有我们今天的成功道路？"② "中华文化积淀着中华民族最深沉的精神追求……是中华民族生生不息、发展壮大的丰厚滋养。"③它历经内外夹击却依然显示了强大的生命力，其蕴含的哲学思想、人文精神、道德理念，为治国理政提供启示，为道德建设提供资源，为解决人类面临的共同难题提供智慧。"优秀传统文化是一个国家、一个民族传承和发展的根本，如果丢掉了，就割断了精神命脉。"④从参与电影的制作到推广国学的活动策划都体现了富有中国元素的文化符码在不同文化语境下的建构与再现。在参与制作《天机·富春山居图》《家有喜事2009》《花田喜事》等影视作品的时候，我发现影视文本符号不仅蕴含着杭州的元素，也体现着中国的文化。邀请国学大师来杭活动，更是以直接的交流形式传递文化信息。这些传媒文化创新实践都可为文化的对外传播积累经验，以利于构建中国的话语体系和传承中华的文化脉络。

案例分析｜策划文化衍生品与跨界合作

一、光影中的中国文化

即使你没有看过电影《天机·富春山居图》，那也一定听说过它。

---

① 习近平.在全国抗击新冠肺炎疫情表彰大会上的讲话.(2020-09-08)[2021-06-30]. http://www.xinhuanet.com/politics/2020-09/08/c_1126467958.htm.
② 习近平考察朱熹园谈文化自信：没有中华五千年文明，哪有我们今天的成功道路.(2021-03-23)[2021-06-30]. http://www.xinhuanet.com/politics/2020-09/08/c_1126467958.htm.
③ 习近平.习近平总书记系列重要讲话读本.人民日报，2014-07-09(15).
④ 习近平.在纪念孔子诞辰2565周年国际学术研讨会上的讲话.(2014-09-24)[2021-06-30]. http://www.xinhuanet.com/politics/2014-09/24/c_1112612018.htm.

这部于 2013 年上映的特工题材电影，由刘德华、林志玲、佟大为、张静初、斯琴高娃等多位明星联袂演出，讲述的是中国特工和日本黑帮、英国大盗为了保护和争抢中国元代传世之作《富春山居图》而发生的夺宝故事。

电影里，奇妙的夺宝故事起源于一场展出。故事之外，《天机·富春山居图》这个项目的建立，也同样起源于一场展出："山水合璧——黄公望与《富春山居图》特展"。

《富春山居图》是元代著名画家黄公望的晚年名作，被誉为中国十大传世名画之一。清初时被焚为两断，分别称为《剩山图》和《无用师卷》，前者 20 世纪 50 年代后存于浙江省博物馆，后者于 1948 年被运到台湾后收藏在台北故宫博物院。杭州、台北，这幅见证了两岸同根同源、折射着悲欢离合的不朽画作，就这样"天涯飘零各自伤"，隔海相望了几十年。《富春山居图》作为一副举世闻名的中国画，呈现出一画置两岸的现状，可谓是一个典型的中华文化符号代表，它不但承载着中华文化的书画文脉，也体现了两岸一家、同文同种的情怀。这样极具特点的文化符码，能够连接两岸的情感，同时又向世人展示统一的形象，体现了合和完满的愿景。

转机发生在 2005 年。那年，时任凤凰卫视董事局主席、行政总裁刘长乐先生和浙江省文化厅联络，表达了希望促成《富春山居图》合璧之事，浙江省文化厅立即表示出积极的态度，开始为命运多舛的《富春山居图》谋划团圆。同时，刘长乐主席开始组建团队促成"合璧"，而我作为一名浙江人、一位媒体人、一个凤凰人，非常有幸地参与其中，负责策划、执行《富春山居图》合璧计划在浙江的具体事项。

然而，"合璧"之路并非一帆风顺，我们与台北故宫博物院进行了多次沟通、反复磋商，几年过去了，一直未能如愿。2010 年，当时的温家宝总理在回答记者提问时谈及黄公望和《富春山居图》，一句"画是如此，人何以堪"引发中华儿女深深共鸣，两岸翘首以盼，期待这幅历史名画"旷世合璧"，以此喻义两岸和平统一的愿景，这也加快了《富春山居图》合展的步伐。不久之后，时任浙江省省长吕祖善访问台湾，表示"浙江愿意为《富春山居图》合展走出第一步，将浙江省博物馆收藏的《剩山图》先送到台湾合璧展出，同时也希望未来在合适的时候，请台北故宫博物院将所藏《无用师卷》送到大陆来合璧展出"。因为浙江这怀着最大诚意与善意的第一步，"合璧"之事终见曙光。

打铁趁热，夜长梦多。吕祖善台湾之行结束后，在刘长乐主席的带领下，我们着手筹划合展的签约仪式。2011 年 1 月 16 日，时任浙江省博物馆馆长陈浩与受时任台北故宫博物院院长周功鑫委托的台湾财团法人、广达文教基金会董事长林百里先生，在《富春山居图》的原创地浙江富春江畔的富阳市举行"山水合璧——黄公望与《富春山居图》特展"备忘录签署仪式，周功鑫院长现场见证。至此，《富春山居图》合璧之事守得云开见月明。

我是一个幸运的亲历者，即便时间过去了近十年，合展的种种细节依然深刻于脑海，让我始终难忘。我们看着《剩山图》从浙江启程，带着故乡的气息，跨越海峡，于当年 6 月 1 日在台北故宫博物院，与它的另一半《无用师卷》合璧。我们看着浙江富春江意境悠远的初秋景色，在台北故宫博物院徐徐亮相；我们看着"《富春山居图》合璧"这一几代有识之士为之努力的梦想，在那一刻圆满成真。"360 年前，富春图焚断于火，自此分隔；而 60 多年来，一半存于浙江，一半藏于台湾，不能相见。今朝圆合展出，这是机缘使然。"时任浙江省委书记赵洪祝在致辞中说。

这实在是一件美好的事，它是海峡两岸文化交流中最具里程碑意义的盛事之一，它为两岸文化交流带来了新契机、揭开了新序幕，它加强了两岸同根同源的文化认同意识，它推动了两岸人民在文化上的深度交流，直至今日仍然影响重大。

2021 年 6 月 1 日，以"画合·梦圆"为主题的《富春山居图》合璧十周年纪念活动在杭州举行，两岸知名人士、专家学者和青年一同重温《富春山居图》合璧历史瞬间。中共中央台办、国务院台办主任刘结一，中国国民党前主席、中华青雁和平教育基金会董事长洪秀柱等参加了该活动。刘结一在致辞中表示，这次活动"激励两岸同胞同心共绘新时代《富春山居图》，并肩共赴实现中华民族伟大复兴的新征程"；洪秀柱通过视频致辞时表示，"合璧"凸显了两岸之间存在着不可分割的文化纽带，让我们体会到文化才是两岸共同的血脉，更彰显了中国文化所重视的人品与气节。若能更积极地以文化交流来强化中华文化纽带，两岸大局"画合·梦圆"的局面也终将指日可待。《富春山居图》是代表中华文化艺术成就，承载两岸同胞深厚情谊的重要载体。我们热忱欢迎台湾同胞特别是台湾青年来浙江、杭州追梦、筑梦、圆梦，与浙江青年、杭州青年一道，同心共绘绿水青山、数字赋能、诗情画意的"富春山居图"，让"富春山居图"不仅兴盛在纸笔间，更兴盛于实景中。

作为一种联系两岸文化情感的文化符号，《富春山居图》的"合璧"能够联结两岸人民对于书画、美学、人文、历史等多方面的情感共鸣，找到彼此共通的语义空间，从而促进彼此的交流与沟通。就我而言，能参与其中，能为合璧之路付出微薄之力，能在这段浓墨重彩的历史中留下一点，又惊喜又荣耀，更庆幸自己未放弃、未气馁，等到了"云水相望终相聚"的一刻，无愧于心。当然，也不是没有遗憾，我至今始终期待着台湾的另一半《富春山居图》也能到大陆来展出，实现真正意义上的双向交流。幸好，我们还有电影《天机·富春山居图》。

　　电影《天机·富春山居图》作为《富春山居图》合璧的文化衍生品，对中华民族传统文化的国际传播有着重要意义。《富春山居图》的悲欢离合记载着传奇的文化史，300多年前被焚为两段分藏两岸60余年。其合展重圆是同一个血统、同一个文明根脉相连的需要，也向世界展示了中华文化的艺术成就，传递了中华民族血浓于水的深厚情感。它最初源自我和时任凤凰卫视刘长乐主席、王纪言台长的一场茶叙，为了纪念《富春山居图》合璧这件文化盛事，也为了弘扬中国传统文化，一场简单的头脑风暴之后，就有了《天机·富春山居图》这个项目。

　　中影集团、派格太和影视一拍即合，开始联手做这件有意思的事。开机于2011年、上映于2013年的《天机·富春山居图》，是部1.6亿的大投资电影，联合了37国电影界专业团队，跨越三国五地进行国际化拍摄，聚集了《阿凡达》3D视效总监查克·克米斯基（Chuck Comisky）、《变形金刚2》动作导演鲍勃·布朗（Bob Brown）、《2012》动作摄影唐·麦克艾格（Don Mccuaig）等好莱坞大片制作精英，是一部国际化主创团队直接全程系统参与制作的电影。

　　专业的事交给专业的人做，我对于拍摄电影一知半解，所以，从头到尾我只坚持了"电影名须包含《富春山居图》"，以及"杭州的美景要摄入其中"这两件事。而这样的坚持也有所回报：我将电影拍摄的相关事宜拟成报告呈送杭州市委、市政府后，得到了主要领导的批示，在资金、场地协调等各方面也都得到了他们的大力支持和帮助。两位女主演林志玲、张静初谈起出演影片的理由时也如此说道："因为看到了《富春山居图》这个片名，所以决定参演。"最重要的是，影片中的西溪水上激战、《印象西湖》、西湖边的新新饭店，以及黄公望600多年前的隐居地等杭州美景，都给人留下了深刻印象。

最终，《天机·富春山居图》以 4 亿多的票房收官，虽然饱受争议，虽然不是最好的文化衍生品，但它是最经典的文化案例之一，它所带来的价值和影响远超过了电影票房本身，我们感受到了它探索中国电影多元化类型的诚意，感受了它想把中华文化出口到全世界的努力，以及它想告诉全世界的、隐藏在画面中的未说话语：这么美的山水来自中国，来自杭州富阳。

将具有特色的地域性景观作为一种文化符号，适当地将其嵌入影视作品中，不失为一种传递文化信息的有效途径。实际上，《天机·富春山居图》并不是我参与策划的第一部电影，早在很多年前，我就与香港电影人黄百鸣共同合作，并在杭州成立工作室，策划了《家有喜事 2009》《花田喜事》《百星酒店》《男人如衣服》等知名贺岁电影。

经典喜剧系列电影《家有喜事 2009》汇集了吴君如、古天乐、黄百鸣、郑中基、姚晨等一干明星，且将杭州千岛湖作为外景地，电影更是以一句"千岛湖风景优美，水产丰富，那里的水煮鱼头很好吃"这样的对白介绍千岛湖。这种宣传在影视作品中并不少见，远的有描绘巴黎，东京等城市风貌的影片，近的有冯小刚导演的《非诚勿扰》对于杭州西溪湿地的表现。对于熟悉千岛湖的观众来说，《家有喜事 2009》简直是披着电影"外套"的千岛湖宣传片。而对于不熟悉千岛湖的海内外观众来说，秀丽清雅的千岛湖是一个新的旅游目的地。而这也是我策划《家有喜事 2009》的初衷之一，我希望将旅游景点以"不引发反感和不适"的方式巧妙地植入电影，并借电影载体扩大景点的知名度，润物细无声地达到"跟着电影去旅行"的目的。

"用光影诠释中国文化、用光影讲好中国故事"，可以说，无论《家有喜事 2009》还是《天机·富春山居图》，都是中国文化与电影文化的深度交融，都是文化产业发展的必然趋势，甚至先于如今的文旅部提出"文化旅游"这个新概念，开启了文化和旅游融合的新模式，并在"文化自信，电影先行"的实践路上，为后来者竖立了新的典范。

二、一罐养生粥成就的国学佳话

如果大家稍微留意下近几年的综艺节目，就会发现像《中国诗词大会》《中国成语大会》等文化类综艺节目竟也可以火爆刷屏。时值中国传统文化方兴未艾之际，习近平总书记曾在多个场合表示："要使中华民族最基本的文化基因与当代文化相适应、与现代社会相协调，以人们喜闻乐见、具有广泛参与性的方式推广开来。"[1] 而我，作为杭州市政协委员、杭州中华文化促进会副主席，一直以来都十分热衷于推动中华优秀传统文化的发展。

国学，作为经典文化的思想载体，是古往今来无数贤者智慧与汗水的结晶，集中表现了中华民族传统社会价值观，是中华民族的优秀传统文化。十八大以来，习近平总书记就弘扬优秀传统文化做出一系列重要指示，以习近平同志为核心的党中央高度重视中华优秀传统文化的传承发展，始终从中华民族最深沉精神追求的深度看待优秀传统文化。[2] 杭州在对传统文化的保护、对国学的传承方面一直走在前列，除了西湖和京杭大运河两项世界文化遗产，还建设了大批有历史文化价值的保护区。从古到今，国学大师王国维、蔡元培、章太炎、马一浮、鲁迅等都在西子湖畔开堂讲学，教书育人，为杭州留下了浓厚的国学积淀。

著名国学漫画大师蔡志忠先生是我的好友，也是我的老师，他

---

① 民族文化基因大传承 习近平"以文圆梦"激发人民磅礴之力. (2017-02-17)[2021-06-30]. http://news.youth.cn/gn/201702/t20170217_9131609.htm.

② 习近平谈中华优秀传统文化：善于继承才能善于创新. (2017-02-13)[2021-06-30]. http://cpc.people.com.cn/xuexi/n1/2017/0213/c385476-29075643.html.

在国学方面造诣极高，善于通过漫画将看起来晦涩难懂的内容用更易阅读的方式进行传播，所绘漫画《庄子说》《老子说》《禅说》等作品，以其对国学的独到心得，结合行云流水般的笔触和睿智幽默，开创了中国古籍漫画的先河。他被誉为"通过漫画将中国传统哲学与文学结合，做出了史无前例的再创造"之人。据悉，蔡志忠先生的漫画书销量超过4000万本，共有26个国家和地区的不同版本。然而，最令我钦佩的，还是他不计报酬、不计成本推广国学的一腔热情。

在他的影响下我也开始思考，作为媒体人，怎样才能让国学传统文化进入百姓家，而不是一场演讲、一场活动结束以后就被大家遗忘，留于表面、流于形式。

巧的是，娃哈哈的宗庆后董事长也是我认识20多年的老朋友，作为一个校办工厂厂长出身的民族企业家，他对社会公益和民族、民生的关怀，对教育及中国文化传承的特殊情怀，都深深震撼了我。由此我产生了让蔡志忠的国学漫画作品与娃哈哈的产品跨界合作的念头，于是就有了那款承载国学传播与食疗养生使命的福养粥，成就了"以粥为媒、创意传播国学"的一段佳话。

我们以家喻户晓的娃哈哈养生粥这种最贴近百姓生活的快消产品为载体，将蔡志忠老师的国学经典漫画《菜根谭》呈现在产品外包装上，借娃哈哈30年来在全国范围建立的销售市场，似给国学插上翅膀，随着产品的推广飞入千家万户的寻常百姓家，从而打破传统文化的"高门槛"，以一种接地气的、通俗的方式把国学广泛地融入老百姓的日常生活中去。

同时，为了吸引更多的人参与到国学学习中来，让人们领悟国学文化，传播正能量，我们还推出了"集齐30罐不同国学包装的福养粥，就可以换取蔡志忠的一幅漫画真迹"的活动。以这种营销式、有偿式、收集式的办法推广国学，也是不得已而为之，很是用心良苦。

如此煞费苦心下，蔡志忠和宗庆后的跨界合作、强强联合，起到了1+1＞2的化学反应。而在这样的合作基础上，那场"让国学走进生活"2017国学公益论坛应运而生了。

传统的节日也是体现中华文化的重要符号，随着外来文化的冲击，现代人把洋节过得很隆重，却不知腊八节、端午节、清明节这些传统节日的由来，所以，我特意将时间选在了腊八节，将举办地放在杭州佛学院。因为在我看来，国学不仅是孔孟之道，还包含了孝道、感恩、诗书、礼仪等中华传统文化，所以，除了中国思想文化专家以外，我还跨界邀请了文学、佛学、政界、商界、书画界的几位重量级嘉宾，来交流、探讨国学文化的传承和推广。他们都在各自的领域积极促进中华传统文化的传承和发展，为优秀传统文化融入现代生活做出贡献。

活动当天，杭州佛学院的会堂里，大型显示屏上是龙飞凤舞的"弘扬国学"四个大字，屏幕两边，分立着一绿一黄两款健康养生的新品粥巨型模型。一群肤色各异、穿着汉服朗诵《三字经》的萌娃吸引了现场观众的一致青睐。他们是来自杭州娃哈哈外籍人员子女学校的小学生。

"人之初，性本善，性相近，习相远。苟不教，性乃迁，教之道，贵以专……"窗明几净的教室里，来自世界各地的孩子们正在背诵大家耳熟能详的中国传统启蒙教材——《三字经》。

"我们是一所旨在为外籍人员子女提供扎根中华、走向世界、融合东西方文化精髓之教育的国际学校。"杭州娃哈哈外籍人员子女学校的校长布鲁斯·梅尔（Bruce Major）说道："《三字经》是很好的中国国学入门教材，很适合孩子们学习。"学校还有根据中国二十四节气和传统节日设计的仪式课程，让学生更真实地感知东、西方传统文化，理解其背后的文化价值，促进文化认同与国际理解。

"中国文化博大精深，国学应该好好地传承下去。"小学部校长苏珊·萨瑟恩（Susan Southern）说，"希望通过我们的努力，能让中外师生充分了解和尊重中国文化，同时要让他们成为中国文化的传播者，用世界听得懂的语言讲述中国故事。弘扬国学，让国学亲近下一代，让国学走向世界。"

表演结束后，著名漫画大师蔡志忠、杭州娃哈哈集团董事长宗庆后、著名作家麦家、灵隐寺光泉方丈、浙江大学中国思想文化研究所所长董平教授同台论道，围绕"国学对普通人的生活而言意味着什么？究竟有什么当代价值？在快餐化、碎片化时代，如何有创意、接地气地弘扬国学？"等问题，思想碰撞、火花四溢，让人受益匪浅。

著名漫画大师蔡志忠坦言："我 36 岁的时候已经赚了 220 万人民币，也有 3 幢好的房子，我要把一生用来做自己想做的事。我画那么多漫画，但我常常扪心自问，认为自己就是为了推广国学，我有义务要为中国做一点事。娃哈哈是个接地气的民族企业，我们从粥罐上配《菜根谭》漫画开始，接下来还会有唐诗宋词、史记、孙子兵法等的漫画，我相信这会成为真正推广国学的好方法，也希望这是一个好的开始。"

杭州娃哈哈集团董事长宗庆后则表示，实现中华民族的伟大复兴需要弘扬国学，民族企业应该对此有担当。娃哈哈与蔡志忠先生走到一起，是因为弘扬国学的共同愿景。娃哈哈每年有超过 300 亿瓶产品被饮用，仅八宝粥一类产品每年就有 15 亿罐的销量，这些产品印上优秀的国学作品，就成为深入生活传播国学的绝佳载体。新推出的福养粥与清养粥罐身上，印上了 70 幅各不相同的蔡志忠《菜根谭》漫画，意在倡导大众喝健康养生粥，品国学养心文，并以此表达我们弘扬国学的理念和决心。

灵隐寺方丈光泉法师认为，国学在今天有着非常深刻的现实意义，它汇聚的是中华民族上下五千年的智慧，虽然经历了近现代国运的沉浮，但始终是海内外华人内心的文化认同。今天，中国社会转型期所出现的种种问题，以及随之而来的现代浮躁、焦虑症，可以从传统文化的智慧中找到缓解良方。

著名作家麦家认为，从物质层面看，悠久的中华文明被保留下来的东西虽然少得可怜，但我们的精神层面并没有断，就像使用了几千年的汉字一直没有离开我们，传统文化也一直在我们的心中、血液里。因此，尽管中国传统文化曾经遭到过践踏，尽管在全球化背景下中国文化面临着一些挑战和考验，但这都是很正常的事情，不要过于焦虑。"作为一个中国人，炎黄子孙，这些传统文化，或者说国学思想，其实它就是我们孕育我们的子孙，我们怎么能抛弃它呢？我们的命根子就是它。"麦家直言。

在谈到国学重新走进生活这件事时，浙江大学董平教授援引孔子的教言指出，时代总是在变动，一个人真正最了不起的是他能够清楚地明白自己所处的时代、时代的主题，以及他自己所面对的对象是什么，并为此采取最合适的行为方式。今天我们呼唤古典文化精神的回归，让国学重新回到现代生活当中，这需要有恰当的、合适的行为方式和生活态度去实现。人能弘道，非道弘人，第一要素要有人。实际上现实生活中，社会各界精英都可以在从事日常主业的同时，开展国学的推广普及工作。只要目标一致，人同此心，同道联合起来传播、体现国学真精神，文化自信就在回归的途中。

从近现代以来的国运沉浮、国学与传统文化的概念异同、国学与现代生活的关系、百姓日常的精神需求，到大国崛起的文化自信，嘉宾们分享了他们对中华文化的理解体悟，既有感同身受的共鸣，又有各抒己见的交锋，让现场观众不时报以会心的掌声中华优秀传统文化是中华民族的精神命脉，是涵养社会主义核心价值观的重要源泉，也是我们在世界文化激荡中站稳脚跟的坚实根基。传承和弘扬国学文化需要我们凝聚各方力量，让更多人投身其中，让国学文化能真正地融入生活。毁掉一个文化只需要一代人，重新建立起来却需要三代人的努力。时不我待，不拘一格推广国学、振兴我们的传统文化，任重而道远。

指导意义｜创新力是文化传承发展的创造力

综览我近些年策划参与的一系列活动，"文化"一直是我不曾忘却的主题。我从来都知道，文化既需薪火相传、代代守护，更需与时俱进、勇于创新，如此，才能建立从容深厚的文化创造力。文化的传承也是一种文化符码塑成的进程，文化活动开展的过程，就是中华文化传承延续并且拓展创新的过程。从《天机·富春山居图》的电影策划与推广、"走出去，引进来"的人文活动、国学的推广活动分别用电影、电视、文学、习俗等文化符号标识向世人传递和展示了中国的文化。大师名人到访杭州，亚洲小姐竞选舞台落地杭州，是对杭州一地而言的文化"走出去，请进来"。

当然，中华文化的传播推广，也可以邀请世界范围内的名人大师来中国体验中华文化的魅力，我们也同样应该多争取世界性的赛事活动落户中国。在国际上增加曝光率，从而更有效地对中华文化进行宣传。比如，由我策划，凤凰卫视和凤凰网主办的"2015 中国休闲度假大会"在浙江千岛湖举办。时任浙江省省长李强（现任中央政治局委员、上海市委书记）对凤凰卫视、凤凰网选择在浙江千岛湖举办"2015 中国休闲度假大会"表示感谢，他认为，旅游正在成为一种时尚、一种生活方式，凤凰卫视、凤凰网作为全球华人界有影响力的媒体，此时来推动中国的休闲度假旅游发展，理念超前，具有战略眼光。① 而由杭州中华文化促进会、娃哈哈集团、凤凰网、蔡志忠工作室、云林书院联合主办的国学公益活动，巧妙地将腊八节、养生粥、国学、名人结合在一起，既唤起人们对传统节日和传统习俗的致敬，也激发大众思考国学如何走进生活的时代话题。此次论坛由凤凰网、腾讯网、新浪网同步进行直播，《人民日报》《杭州日报》《钱江晚报》《青年时报》，以及人民网、中新网、网易新闻、搜狐新闻等数十家媒体予以采访、报道。其中，《人民日报》以"杭州掀起国学热"为题刊发文章，《钱江晚报》的报道则占据了两个整版，引起全国热议，引发了一股传承和弘扬国学文化的热潮。

我相信，这仅仅是一个开始，这场国学公益活动之后，会有更多有胸怀，有民族荣誉感、社会责任感的企业家和优秀产品投入弘扬国学的队伍当中来，燃起可以燎原的星星之火。传承和弘扬国学文化又不仅仅是社会、企业的责任，国学的传播需要凝聚各方的力量，需要全社会都来积极参与，这恰恰是我们每一个人的责任。复兴国学，我们还有很长的路要走，不妨从最简单的做起，平时多发一些弘扬和传播传统文化的微博、微信，甚至把我们优秀的传统文化传播到海外去。等到全民在行动，那个时候我们才能真正自信地立足于世界。

---

① 浙江省长李强会见凤凰网一行　强调三大举措促浙发展. (2015-10-13)[2021-07-10]. http://inews.ifeng.com/mip/44821778/news.shtml .

专家评述

创新不是改圆为方

　　很多人会误以为突发奇想就是创新，其实创新不是把圆改为方，而是生产出改变人们生活习惯的产品。

　　创新不是以技术发明为标准，而是以市场价值为标准。如果创新以产品为中心，就会产生技术奇迹，但报酬却令人失望，没有市场价值就不是创新。

　　在此我举几个真实故事来说明创新的可贵之处：

　　一、德国巴登公司的化学肥料故事

　　1840 年，德国化学家李比希用实验方法证明植物生长需要氮、磷、钾三要素。

1909 年，德国化学家哈伯以空气中的氮和氢合成氨。德国巴登公司经历两万多次试验，直到 1913 年才生产出氮、磷、钾。再经过多年努力推广，化学肥料才广为全球农民所接受。

一项成功创新产品的生产过程是：发现是 1，发明是 10，研发出产品是 100，推广到市场被接受是 1000。因此初始创意价值才等于 1，成为改变人们生活习惯的创新产品，中间的距离还有千步之遥。

3M 公司是世界著名的产品多元化的跨国企业。它素以勇于创新、产品繁多而著称于世，100 多年来开发了 6 万多种高质量产品。产品深入人们的生活。

3M 公司的口号是："为了发现王子，你必须和无数个青蛙接吻。"

这个口号意味成功之前会遇上无数失败，如果不想犯错，那么什么也别干。

3M 公司每三个上市产品中只有一个能成功打入市场，而这三个产品是从 100 个技术研发中所选出来的。大多数创新不会产生有意义的结果，创新像青蛙蛋一样，1000 个青蛙蛋只能孵化出几只小蝌蚪。

创新的风险很大，创新的不确定性与期待值成正比，期望值越高、规模越大，风险就越大。因此，为了把创新变成产品，必须充分掌握生产程序、业务推广。

二、曼哈顿电梯问题

纽约曼哈顿有一栋 80 年历史，只有两部电梯的 20 层老旧大楼，从前是住家，现在改为有三四十家公司上班的商业大楼。

由于两部电梯不足以提供一两百位上班族进出，人们开始纷纷抱怨等电梯的时间太长，大楼管理员急忙找建筑设计师设法解决这个问题。

内部增设电梯会损失 20 层楼板面积，大楼外部增设电梯违反纽约建筑法规，设计师个个伤透脑筋，解决不了这个问题。

在大楼上班的一位心理学家只花了 150 美元便解决了这个头痛问题。这位心理学家在一楼大厅做记录，他发现一个人等电梯超过 17 秒便开始心理烦躁。解决办法就是在 20 个楼层的电梯入口左右挂两面超大镜子，上班族在等电梯时，花在览镜自照上的时间会超过 60 秒，从此等电梯时间太长的抱怨便逐渐便少了。

解决一个问题，往往不是往下找答案，而是从问题源头去处理问题。答案就在问题之前，而非思考之后！解决关于等电梯时间太长的抱怨的方法，是设法处理抱怨，而不是设法增设电梯。

三、原子笔漏水问题

原子笔又称圆珠笔，发明于 1888 年，隔了 57 年之后，第一支廉价原子笔才在法国大量生产。

原子笔是利用钢珠的旋转把油墨写到纸上，但使用久了，钢珠与钢圆管之间的空隙会渐渐变大，这样油墨就会从缝隙中漏出来，常会玷污衣物，使人感到不快。

欧美的发明家们想尽办法，希望解决原子笔漏水问题，笔头里的钢珠在滚动时，会将速干油墨带出来转写到纸上。漏水问题出自圆珠与笔头球座长期摩擦间系扩大，发明家想改变不锈钢或碳化钨材料，设法使圆珠与笔头球座的硬度比金刚石还硬，一年下来，还是没有人发明出不漏水的原子笔。

这时日本一家小企业事先申请专利，生产短支原子笔，并举行记者会。

这家公司的老板在记者会上宣称："任何消费者只要发现本公司所生产的原子笔漏水，我们将赔他 100 万日币。"

果然这家小企业所生产的原子笔都不会漏水！他们是怎么办到的呢？

通常，原子笔装满足以写2万字的油墨，这家小企业的绝招就是：少装一点油墨！每支笔只能书写1万5千字，让原子笔没有机会漏油。这种解决问题的方法，看起来像是偷工减料，却是一种创新。

他们所生产的短支原子笔广受顾客欢迎，仅仅日本一年就要消耗4亿支原子笔。

这个案例跟电梯问题很像，解决原子笔的漏水问题，不在于圆珠与笔头球座的合金增加强度，而是设法使原子笔不再漏水。

解决问题的创意不是往下找答案，而要在问题源头将问题解决。

什么是创意？创意就是创新思考！

四、创新的索尼

1945年，在第二次世界大战后，日本的井深大在东京日本桥的百货公司仓库成立了东京通信研究所。井深大早在学生时代就以动态霓虹灯，获得了巴黎世界博览会优秀发明奖。1946年5月，他同盛田昭夫创办索尼公司，并出任第一任总经理。1967年，索尼发表了特丽霓虹映射管技术，使得"SONY电视"在全球热卖。

索尼的成功秘诀就是不断开发新产品，以新制胜。索尼的发展过程就是不断创新的过程。第一代收音机装配的真空管体积大，又热又耗电，索尼研发出半导体收音机，之后又开发出最热卖的产品"索尼随身听"。心怀梦想、充满创意的创举，让索尼成为宽带网络时代的排头兵！

文化创意产业必胜三原则

我有一位很会赚钱的好朋友梁先生说："人生有很多问题，赚钱这个问题最没有问题。"

我很赞同他的说法，例如目前最"夯"的行业是文化创意产业，所谓文化创意产业就是通过创意，把文化变成产业，产业就是生产出1，可复制1000万产品才叫产业。

然而，文化、创意、产业是三个完全不同的领域，有文化的人不一定有创意和产业观念，能投资使它变成产业的有钱老板可能没创意、没文化，要将三者整合必须遵守文化创意产业必胜三原则ABC公式：

"A创意"好的创意构想

"B制作"好的执行制作单位

"C回收"将成品兑现为钞票

我画"漫画诸子百家"系列，便是一个文化创意产业非常成功的案例：

A：把中国诸子百家思想变成漫画书

B：由我自己亲完成这套漫画书

C：将这套漫画书在世界 48 个国家出版

结果证明，"A 创意"用漫画画中国经典是很好的构想，"B 制作"我也确实把这套漫画画得很好，"C 回收"全球卖了 4000 多万本，兑现为很多钞票。

ABC 三原则要由"C 回收"变现能力逆向思考回来，凡是不易变成钞票的创意都不是好的构想，能轻易变成钞票的构想才是好的创意。创意、制作、回收都能达到公式 ABC 的要求，那么活用智慧以换取财富便是一件非常简单的事。

然而，获利多寡必须仰赖"B 制作"！无法制作好质量的产品，就没有生意可言。当制作质量与变现回收没问题之后，效率是获利多寡的要素！

没有效率就没有数量，

没有数量就没有经济规模，

效率正比于获利大小。

一本书可以编三天，也可以编一年，人力成本相差 120 倍。亨利·福特以生产线装配车子，每 15 分钟组装好一部汽车，效率比同业快 8 倍。

我常说 20 世纪是"犬科社会"，个人必须依附团体来展现自己。

21 世纪是"猫科时代"，个人的创意在网络高科技的支持之下便能发挥到极致。

此后是一个更好的世代，也是流动开放的世代。面对未来所有可能性和不确定性，

个人能力有更好的发展空间。

未来是鹤立鸡群的时代

葛继宏是跨越两个时代的代表人物，他与时俱进，利用空余时间到大学研读硕士、博士，由媒体人转进学术领域。过去是时代创造英雄的世纪，而现在则是英雄创造时代。身为葛继宏的好朋友，我很期待看到将来他如何创造时代。

图文 蔡志忠

著名国学漫画家

"走出去、引进来"的人文活动

若追根究底，《天机·富春山居图》《家有喜事2009》《非诚勿扰》等一系列电影出现杭州的镜头，都不是偶然，自杭州提出"文化立市"的概念、着力打造"全国文化创意产业中心"以来，一系列"走出去、引进来"的文化项目频频出现，这些文化项目传播着文人符号、宗教符号、审美符号、习俗符号等多方面的中华文化符号，以极具特色和内涵的形式向世人展示着中华文化的特质。

譬如"威德福海——在书法、禅语及摄影中走近大师"展。这个于2010年年底在杭州北山街西湖博览会博物馆开幕的展览，由我一手策划组织，由杭州市民宗局、市文联、市西博办共同主办，旨在推动杭州文化的繁荣兴盛，营造浓厚的文化氛围。

"威德福海——在书法、禅语及摄影中走近大师"展分为摄影、书法和禅语三部分，由星云大师及王纪言先生共同创作完成。星云大师是台湾佛教界领袖，1927年出生在江苏扬州，12岁出家，1967年创建佛光山，以弘扬"人间佛教"为宗风，致力于佛教教育、文化、慈善、弘法事业。而王纪言是时任凤凰卫视执行副总裁兼中文台台长，也是著名的摄影家和社会活动家。此次展出的照片均由王纪言拍摄，他记录了星云大师生活与布道的诸多瞬间，星云大师则从中精选出108张，并为每张图片撰写了精妙的禅语。最受瞩目的当是星云大师独创的"一笔字"书法，这也是大师的书法第一次在杭州展出，引起全杭轰动，慕名而来者摩肩接踵。

回顾整个展览，它既有星云大师在耄耋之年千里奔波亲临展会为杭州人的现场祈福，还有特别定制的集禅、字、图于一册的《威德福海》线装书以募集公益善款的形式在现场发送。无论从何种角度看，这都是一个相当特殊的展览。它所展示的是摄影、是书法、是智慧禅语，道出了世间最真挚、最普通的处事哲理。其实，在星云大师亲临杭州祈福的 2 个月前，还有一位学识渊博、著作等身且仗义执言、针砭时弊的大师也在我的穿针引线之下来到了杭州。

受时任凤凰卫视董事局主席刘长乐先生的邀请，台湾著名作家李敖携全家来上海参观世博会。时值《富春山居图》谋划合璧期间，于是我穿针引线下促成李敖来杭。最终，2010 年 8 月 30 日，身着红夹克"战衣"，75 岁的李敖像一团火一样，坐着 D5657 和谐号动车、携家眷从上海来到杭州，一家四口来了个"锵锵四人行"。

这是李敖第二次来大陆，但是是第一次来杭州。在刘长乐主席的陪同下，李敖和家人从车厢里走出来，9 号站台沸腾了。当时的场面，连见惯名人的我都被震撼了。站台上人山人海，仅海内外媒体，就来了 120 多家，蔚为壮观。短短的两天一夜之旅，李敖先生得到时任浙江省委书记赵洪祝，时任浙江省委常委、秘书长李强等领导的会见，去参观了藏有名画《富春山居图》之《剩山图》的浙江省博物馆，游览了岳庙、秋瑾墓、雷峰塔和灵隐寺，叮嘱儿子环湖骑行了一圈，吃了东坡肉、龙井虾仁、西湖醋鱼、叫花鸡，以及五芳斋的粽子、小馄饨、油条豆浆等，留下了一句"何日君再来"。

尤记得那天的新闻发布会上，李敖难得地对杭州做出表白："实在很喜欢杭州。"于是，陪李敖游览西湖时我就建议道："不如在西湖边建个李敖书屋吧。"他当下非常赞同，说自己多的是书，还可以把很多珍贵藏书和艺术品拿出来，老先生还风趣地接了句："西湖边寸土寸金，搞个藏书馆不容易。还是在西湖边弄个坟，占地比较小，就在苏小小墓旁边好了。"于是，便有了李敖"想葬在苏小小墓旁"的笑谈。然而，种种因素之下这个藏书馆的设想最后没有成形，如今想来，也是我最大的遗憾。

嬉怒吐华章，功过后人留，李敖的一生自有人来评。然而我想，他心中大约是不在乎的。所有爱他的、憎他的、赞他的、骂他的，从未牵绊他前行的脚步，他早已心无挂碍离报障，永远鲜衣怒马，坦荡得如少年一样。

星云大师和李敖大师是华人世界中宗教界和文化界的标志性人物，他们二人来杭州访问，对于杭州这个城市而言，在华人世界甚至整个世界舞台上，都产生了深刻的社会文化影响。上述两个活动，从细节来说，应属于杭州"引进来"的文化策略，那么不妨再谈个"走出去"的活动案例。将亚洲小姐中国区总决赛竞选的舞台放在杭州，便是将美丽智慧与杭州联系在了一起。

视线往前移到2004年，那时我正兼任亚洲电视总裁特别助理。亚洲电视是香港的一家本地电视台，其一年一度的大型电视选美活动"亚洲小姐"，此时已停办了5年，到了山穷水尽的艰难时期。然而，我却觉得还有"柳暗花明又一村"的可能，便向当时的亚洲电视营运总裁余统浩提出了"打破定势，以全新的思维去重启亚洲小姐竞选"的主张。

我建言道，"亚洲小姐竞选"想要重生必须加入新概念，它首先要跳出香港，可以在中国内地、泰国、日本、马来西亚及新加坡等亚太地区举办分赛区，以方便全亚洲佳丽前来参选。这样的优势也显而易见，不管是赞助资源还是参选人员资源都与之前有了天壤之别，同时，还能得到香港以外的受众的关注，最大限度地提高大赛的知名度、美誉度。全新的创意和主张得到了余统浩先生的大力支持，他直言："你放手去做，我们全力配合。"而后，我作为竞选活动的总策划，确定了"美丽爱心　飞跃亚洲"的主题，大胆地将亚洲小姐中国区总决赛搬到了杭州，并在杭州成立了大赛组委会，开启了杭州承办国际选美赛事的先河，主要目的是让杭州的文化和旅游借着爱心走出中国、走向亚洲。

不出所料，亚洲小姐的中国区首秀一炮打响。来到杭州的亚洲小姐中国区总决赛，入乡随俗，嫁接了"文化旅游"的新概念，以一种破茧成蝶的姿态，在杭州、在中国，甚至在亚洲掀起了一股热浪。以杭州为主要城市代表的中国赛区选手，在全国各地路演，远赴香港参加亚洲总决赛，自信地向世界展现自己的才艺，传播家乡美景与当地特有的民俗文化，展示中国深厚的文化底蕴。而杭州，也借这个舞台向全球揭开了面纱，展示了它爱情之都、休闲之都的另一面，露出"文化创意之城"初长成的模样，蜚声海内外。

我认为，借助文化活动，尤其是国际性文化活动的载体，既能体现中国急剧扩张的文化投资规模，又让国际社会更加深入地了解真实的中国和中华文化；既让城市一步步走向世界，又促进城市文化的传播与提升。这样的文化活动可以成为推广中国旅游文化、文旅融合和文化"走出去"的又一平台。

CHAPTER
EIGHT

画作者：画家陈凌广

第八章

学习参政议政——最佳发言人

导　言

　　作为一个媒体人，我多年来在媒体行业兢兢业业，总算是取得了一些实践成果，也有幸能够得到人民群众以及政府的认可，2012年至今，我荣幸地连续三届当选为杭州市政协委员。政协委员这个身份，就意味着我必须切实地履行为人民服务的职责，担负起政治协商、民主监督、参政议政的职能。这是一种与以往不同的社会责任，是社会责任体现在每个社会个体具体角色的责任。这也是我从媒体人视角履职杭州市政协委员的出发点和立足点。

　　建言献策不仅要在宏观层面、理念层面推动文化的发展，也要从关注民生民情的角度出发，从点点滴滴的细节着眼，更为实际地提出政策建议。具体而言，我主要是从以下几个方向去把握和落实的：其一，立足本地情况与实际。一方水土养一方人，食一方米粮，为一方奉献，从本地的实情出发才能提出合理且有用的建议。2016年，基于G20峰会结束后的交通情况与治理效果，我提出了《关于西湖白堤全面禁止车辆通行的建议》，不仅得到游客点赞，在相关部门的配合下，建议也于2018年5月1日起正式实行。我所提的政策建议是基于杭州的具体情况，且具有一定的借鉴意义，这也是我一直以来所坚持的。其二，参与社会的科学治理。社会治理是国家治理的重要方面，新时代进一步加强和创新社会治理，不断提升社会治理现代化的水平，同样需要发挥媒体人的作用。2017 年，我提出《关于设置发光斑马线的建议》，政策很快被采纳和落实，点亮了城市斑马线的同时也点亮了城市文明。科学的城市治理，一方面可以切实解决实际问题，同时也能够成为城市社会文化底蕴的一部分。其三，推动文化传承与交流。作为一个媒体人，我也一直不遗余力地推动着城市文化的传承与交流。2016 年 4 月，我受浙江省委统战部、省委宣传部邀请，策划了"美丽浙江、欣赏香港"——香港浙江文化美食旅游节在香港的宣传、推广活动。2018 年，我又提出《关于学习传承杭州方言，弘扬地域文化、彰显文化自信》的政策建议。2019 年，我参与民盟中央组织的名为《加快发展对外文化贸易，提升中国文化软实力》的调研报告得到了国务院主要领导同志的重要批示，这个报告积极从各个层面彰显和促进本地文化的自信和传播。2020 年，我实地调研并撰写的《关于部分因特殊签证政策及疫情无法入学的留学生由国内相应高校接纳续读的建议》的政策咨询报告得到中共中央领导同志的重要批示。同年，我与盟员杜恩龙教授共同起草的《建议授予钟南山院士共和国勋章并设立抗疫白衣天使奖》的政策建议信，被全国政协采用并转送相关部委办理，现已落实。

媒体与社会构成了一种相辅相成的关系，我想，媒体人与社会同样也是，媒体人依存于社会之中，服务于社会大众，同样也影响和改变着社会发展的进程。在这个过程里，我有幸能够参与其中且有所贡献，这对我意义重大。时代赋予每一个人那个时代的痕迹与烙印，我是一个从传统媒体成长起来的人，尽己职责建言献策。然而，在这样一个新媒体的时代，社会环境发生着剧烈的变化，我深深地感受到对于学习新知识新内容的迫切性，这也是我今后在推进文化产业和媒体事业发展过程中需要不断与时俱进之处。

理论想象｜社会多元治理视域下的媒体责任

社会多元治理理论指出，单一的治理主体已经越来越难以解决当前日益复杂的公共管理问题，必须在政府相对主导的背景下，积极引入多元的治理主体，共同参与到公共事务的管理当中来，构建合理并可持续的合作治理模式。政治协商制度正是多元治理模式的生动体现。多元治理的内涵在于：一是治理主体的多元性；二是主体之间权力的相互依赖性和互动性；三是治理手段的复合性；四是在多元主体的参与下，自主自治体制体系的建立，形成相互合作、共担责任的机制。

政协委员在参与多元社会治理的过程中，要体现自身的作用和价值，在多元社会治理中需要具备多方面的功能和作用。[①] 作为人民政协履行职责的主体，政协委员的个人素质在提高参政议政实效方面显得尤其重要，要密切联系群众，了解和反映群众的愿望和要求，通过政治协商会议和组织充分发表各种意见，参加国家大政方针和地方重大事务的讨论，对国家机关工作人员的工作提出建议和批评，对违纪违法行为检举揭发、参与调查和检查。每位政协委员的文化水平不同，政治素养不同，职务不同，工作性质不同，参政议政能力也有所差别。因此，在新的发展阶段要怎样充分履行好职责？我必须认真思考如何提高参政议政实效，不辜负人民群众的期望。

履职能力与自身素质息息相关，因而政协委员需要加强理论学习，增强认识，关心时事。通过学习党的方针、政策、法律法规以及先进的科学文化知识，不断提高政治思想觉悟和政治把握能力。政协委员通过提案、调研报告和会议发言等履行职责。提案、调研报告质量以及发言水平的高低，直接体现了政协委员参政议政能力

①　高宣扬.鲁曼社会系统理论与现代性.北京：中国人民大学出版社，2005：11.

的强弱。在这个过程中就要不断提高自己，使自己的思想、工作和能力紧跟时代前进的步伐，适应新时代政协工作的新要求。心系广大群众，通过自身耳闻目睹、网络等渠道及报纸、电视等新闻媒体了解社会热点、难点问题和群众所关心的事情，多深入基层调查研究，形成参政的意见和建议，真正为群众办实事、解难事。充分发挥协调关系、服务大局的作用，以大多数人的利益为重，引导人们正确认识和处理各种利益关系，协助党和政府化解社会矛盾，促进社会和谐发展。

在当选杭州市政协委员之前，我有众多"非官方"名头：记者、主持人、编导、电视人、策划人、电影人、制片人、广告人……圈内朋友笑我是"半桶水"，把文艺界都晃了个遍。媒体人的经历让我拥有观察的敏锐度，而2012年当选杭州市第十届政协委员及首批杭州市政协政务咨询团的成员，则让我更聚焦于文化领域的工作，并致力于推动中国文化的保护、传承与发展。

从一个普普通通的策划人、媒体人，到一个有社会责任感、为杭州出谋划策的政协委员，政协这个大家庭给我以鞭策、让我开阔眼界，并开始从一个新的高度看待这座我生活了几十年的城市。对我来说，政协委员不只是一个荣誉，更是一份责任。我认为，成为一个合格的政协委员，首先要有激情，要热爱生活、热爱这座城市。其次，要把自己当作一个大家长，把市民当成家人。每个政协委员要以人为本，这样我们才会在各种细节中发现问题、发现可以改进的地方。当然光发现还不行，我们要努力想出解决办法，积极参政议政，把问题和解决方案反映给政府。时至今日，我还担任了民盟中央文化委员会副主任、民盟浙江省委会文化专委会主任、杭州市人民政府参事的职务，肩膀上的压力就更大了，要为文明文化事业添砖加瓦，为城市数字化改革出谋划策，为老百姓共同富裕奔走疾呼。

　　自 2021 年 2 月担任杭州市人民政府参事以来，我的《关于推进我市博物馆高质量发展　使其成为展示城市文化和发展的重要窗口的建议》得到了杭州市委主要领导的重要批示。由民盟浙江省委会文化专委会牵头的《推进非国有博物馆高质量发展的建议》得到了中共中央政治局常委、全国政协主要领导的重要肯定，《关于创作〈之江新语〉短视频的对策建议》也得到了浙江省委书记袁家军和时任浙江省委常委、宣传部部长朱国贤同志的重要批示。2022 年，结合参政议政的职能，我将传媒策划进一步创新性地融入高校思政教育和文体活动宣传当中，陆续提出了《以"大学生共创共唱红色歌曲"为抓手打造"大学生之江新声"，创新思政教育的建议》和《关于加强亚运会宣传力度　提升杭州城市形象的建议》，后者的建议信已得到浙江省委常委、杭州市委书记刘捷同志的重要批示。

　　参政议政是各民主党派的一项基本政治职能，也是人民政治协商会议的一项基本职能，同时是各民主党派、无党派民主人士和其他爱国人士参与国家政治生活的形式。参政议政的初心就是改善人民的生活，使国家更加繁荣富强。其实每个政协委员的出发点都很简单：让这座城市变得更美好，让这里的居民过得更幸福，这是我参政议政的最大意义。

案例分析 │ 创新改变与传统回归解决现实问题

　　一、2017 年提出《关于设置发光斑马线的建议》

　　作为文艺界别的政协委员，我十分在意杭州留给别人的印象，在我看来，细微处最能体现人文关怀，杭州是一座人性化的城市，应该多一些与人的良性互动。2016 年的 G20 峰会让杭州迈上了跻身国际化都市的行列。站在世界聚焦的目光中，如何让杭州成为一座更现代化、更富有温情的城市呢？这是我一直在思考的问题。"发光斑马线"就是这样一个温情又细腻的建议。

2017 年年初，我在《钱江晚报》上看到了一个女孩边走路边看手机，结果掉进西湖的新闻。有记者蹲守了中山北路文晖路交叉口的斑马线，发现有三成行人只看手机不看路。交警也表示，目前因为低头玩手机而发生的交通事故，处于逐步上升的趋势，很多人过马路时光盯着手机，往往忽视身边的突发情况，危险系数极高。

这个问题马上引起了我的注意。我通过实地调研发现，当时的斑马线普遍存在一定的交通安全隐患：画线时用一般采用溶剂型涂料，使用寿命在 2—4 年，时间一长难免出现褪色、掉漆的现象，导致斑马线在雨雾天或夜间的识别受到影响。而且，如今城市中的"低头族"非常普遍，需要抬头才可见的红绿灯成了这些人的视觉盲点。于是，2017 年年初的两会期间，我提出了《关于设置发光斑马线的建议》。

彼时，杭州特色的"斑马线让行"已经成为这座城市一道亮丽的风景线，那股春风吹遍了全国的各个角落，洒下文明出行的种子。而杭州的斑马线改造成为"会发光的斑马线"，好比是杭州斑马线文化的 2.0 版。

对此，我提出，一是可以直接用耐重力好的 LED 灯管替代斑马线。将 LED 斑马线和路灯的电路相连接，只要天色一暗，路灯亮了，斑马线也就跟着开始发光。根据我的市场调研，依现在的科技水平，LED 灯带的成本也不会很高。节能又环保的 LED 灯带设置成合适的亮度后，也不会影响司机的视线，更不会造成光污染。夜里和恶劣天气导致视线受阻的时候，斑马线本身都不清晰不显眼，更难看清斑马线上的行人，而会发光的斑马线对司机和行人都有非常明确的指示作用，是非常人性化的设计。

此外，我建议在斑马线灯体上装上传感器，用于计算路过的车辆数、行人数、车辆载重和车速等基础数据。2016 年 10 月，杭州市政府在云栖大会上宣布推出"城市大脑"，即智慧城市建设计划，让大数据帮助城市来做思考、决策。于是我就想到，新型斑马线所记载的基础数据可以给杭州的"城市大脑"提供支持，让智能交通成为杭州智慧生活的一部分，让杭州人民的生活变得更美好。

除了斑马线本身，斑马线两端、人行道上的等候区也不能忽视。而今越来越多的人只顾低头看手机，特别是在过斑马线时也盯着手机目不斜视。针对这种情况，我建议在斑马线两端、人行道上的等候区里设置 2 —3 道 LED 感应灯带，感应灯带与红绿灯的信号接收器相连，从而根据人行道指示灯而变化：当禁止行人通行时，灯带会自动转为红色，并伴有"禁止行人通过"的语音提示；反之，LED 灯会转为绿色。这将给视力不佳的老人、盲人和现代越来越多走路不看路的"低头族"们带来极大的便利，让"低头族"们能及时看到当前的交通信号灯变化情况，为行人也为道路安全增加一份保证，甚至是加上一把生命的保护伞。

杭州在世人的印象中是一座非常温婉、体贴的城市，免费公共自行车、斑马线前礼让行人的举措等都让人觉得很暖心，并受到全国上下的一致好评。G20 峰会之后，杭州市民的文明素质进一步得到了提高，同时创新、融合、现代化的杭州又刷新了大家的认知。"点亮"斑马线恰恰体现了杭州将高科技手段用于对人的关怀、一切以人为本的出发点，更是从细微处体现了杭州是一座有温度的城市。加上杭州的智慧城市建设计划正在有条不紊地进行中，我相信"发光的斑马线"更能助力智慧城市建设，将杭州打造成一座能够自我调节、与人类良性互动的城市。当时考虑到这是整个系统工程的一部分，我建议可选部分路段来进行试点，先试点，再评估，然后进一步地完善。如果"会发光的斑马线"在杭州成功普及，这必将推广到全国，就像"斑马线让行"一样，让杭州特色的文明之风吹遍全国。

说到这，不得不为"杭州速度"点赞。提案上呈后，杭州市交警支队等相关部门随即上门回访，进一步听取了我的详细想法，与我反复沟通了有近半年时间。2017年"十一"长假后，杭州西湖边的北山街圣塘路口有了第一批会"发光"的斑马线。北山街圣塘路口，可以说是进入西湖景区的必经之路之一，又与凤起路地铁站很近，人流量比较大，这次的试点，先尝试在斑马线的等候区里嵌入了和信号灯相连的 LED 感应灯带，感应灯的红绿变化和信号灯的变化同步，警示效果非常醒目。交警们也表示："一段时间下来，效果还是不错的，特别是晚上，特别明显。市民、游客路过时也会过来跟我们说，这个设计比较特别、新颖，令人耳目一新。"

2018年7月2日，在杭州主城区的几处地方也应用了类似的设计。发光斑马线通过点亮两边具有承重抗压与耐磨防水抗高温功能的地灯，提醒过往车辆减速慢行礼让行人。斑马线两旁的地灯不仅会在晚上及时亮灯，当周边光线微弱，如雨天、大雾天等可见度比较低时，两旁的地灯也会及时亮起，而当行人离开斑马线时，地灯就会自动熄灭。同时该发光斑马线边上安装了传感器，而该传感器上植入了人工智能算法，能自动分析出人和电动自行车的通行情况，然后根据不同的判断结果，给系统下指令，决定是否应该亮灯，减少不必要的能源浪费。

现在，杭州有了越来越多更加智慧的发光斑马线，全国其他城市也纷纷效仿。杭州的发光斑马线，体现的是一种人文关怀，提升的是城市的温度。

　　我认为，政协委员要在城市文明建设中提倡守法崇德的理念。要自觉维护公共场所秩序，遵纪守法，文明礼让。与此同时，政协委员要提升个人形象，自觉践行社会主义核心价值观，不断修身律己，增强文明意识，自觉遵守国家法律法规、明礼诚信、团结友善、敬业奉献。学典型，塑形象，明道德，争当明礼知耻公民，争做崇德向善楷模。点亮斑马线就是点亮城市文明。通过此举，我希望游客能感受到杭州的创新和智慧所在，感觉到我们以人为本，把群众的生命安全放在第一位。《关于设置发光斑马线的建议》提案也被评为2017年度优秀提案，《人民日报》《人民政协报》，以及人民网、新华社等新闻媒体争相采访报道。目前，在北京的王府井、中关村，上海的外滩、五角场等全国各地都可以看见发光斑马线的身影，杭州的发光斑马线真正成了全国样板。

　　二、2018年提出《关于学习传承杭州方言，弘扬地域文化、彰显文化自信》

　　连任两届政协委员，现在的我深知城市形象要立住，全靠细节下功夫，不仅要创新与改变，有时也要回归。2018年我与其他两位文艺界别的委员孙昌建、董其峰一起发起了一项关于学习传承杭州方言的提案，因为方言也是城市的独特记忆点，是城市文化的一部分。我们常常对本土文化不够自信，但文化"走出去"，得有自己的特色，方言就是特色。中华文化积淀着中华民族最深沉的精神追求，是中华民族生生不息、发展壮大的丰厚滋养。作为政协委员和媒体人，我更要自觉主动地传承和弘扬中华优秀传统文化。首先，要重视对传统文化遗产的保护和利用。本着对历史负责、对人民负责的精神，保护好历史文化财富。系统梳理传统文化资源，让收藏的文物、陈列的遗产、古籍里的文字都"活"

起来。其次，要加强对中华优秀传统文化的挖掘和阐释。认真汲取中华优秀传统文化的思想精华，不断增强文化自信和价值观自信。再次，要处理好文化的传承和创新性发展。既要继承中华传统文化的思想精华和道德精髓，又要顺应时代条件和人民期盼的变化，丰富和发展中华优秀传统文化。最后，要增强人们对中华优秀传统文化的认同感并推动中华优秀传统文化走出国门。努力提高对外文化交流水平，增强中华文化的国际影响力。

"熬烧，好落车哉！"

——2018年6月1日，杭州出现了一趟"三语报站"的公交车——814路。这是一趟往来于朝晖和吴山广场之间的公交车，沿途会经过中山中路、开元路、定安路等杭州味道浓郁的街区，也是目前杭州唯一一趟按照普通话、杭州话、英语三语报站的试点车辆。

作为"始作俑者"，我忍不住登上了814路公交车，想听一听市民的反馈意见。一位年纪稍大的老先生说："这趟车老杭州人坐得很多的，加了杭州话么听了肯定觉得很亲切的略。"一位打扮时尚的小姑娘一开口却是一口地道的杭州话："我觉得挺好的，现在很多本地小孩子都不会讲杭州话，有这样的机会听听还是比较好的，传统文化嘛。"一位老爷爷在旁边建议道："新杭州人也可以学学杭州话呀，可惜大家都不讲，几乎没什么机会学习。"另一位深圳来杭的游客笑道："虽然听不太懂杭州话，但这也是一种特色，深圳就是普通话、英语、粤语三语报站的。"听到大家多半是肯定的意见，我总算松了一口气，因为用方言报站，是我2018年《关于学习传承杭州方言、弘扬地域文化、彰显文化自信》的提案中的一个落地成果。

这次的提案源于我2017年去美国考察时的一个小感触。在美国的华人餐馆或是唐人街，我经常能听到粤语、潮汕话或是上海话，待我怀着"他乡遇故知"的心情上前想用普通话与他们交流时，他们大多摆摆手抱歉地说"I don't speak Mandarin"（我不会说普通话）。这让我百思不得其解，直到一位年长的华裔用他不甚流利的普通话向我解释：我们都会教下一代说家乡话，普通话反而没有那么熟练，在家也必须用方言交流，就算我们在异国也不能忘记自己从哪里来、不能忘记自己的家乡，方言就是我们的乡愁。这番话震撼了我，更让我开始反思：国外的华人如此重视方言教育，那国内呢？

回国后我马不停蹄地在杭州、宁波、温州等地的校园及街头展开了方言熟练程度的调研工作，结果令人震惊：杭州只有9%左右的年轻人能说杭州话，宁波会讲方言的年轻人甚至不到5%。也就是说，100个杭州青少年当中只有不到10个会讲杭州话，更不用说新杭州人及他们的后代了。这个现象非常可怕。近年来，在国家的大力推广下，"请讲普通话"已经成为全民的共识，但是我们不得不承认，包括杭州话在内的不少方言正处于濒危的境地，中华传统文化正经受着空前的挑战。

方言是文化的载体，是文化多样性的重要表现形式，也是一个国家和民族文化记忆的重要组成部分，杭州方言一样也承载着杭州文化的历史记忆。与此同时，杭州正在努力打造韵味独特、别样精彩的国际名城。我理解的独特韵味，不仅仅是山水人文和历史掌故，还包含了丰富的地方民俗文化，何况人文历史就包括了杭州方言，比如中国人民的老朋友、美国前驻华大使司徒雷登，令他骄傲也令杭州人骄傲的不是他的汉语普通话说得有多么好，而是他能说一口流利的杭州话。今天的杭州越来越开放和包容，但在开放和包容中，不可失却她的独特韵味，而杭州话和杭州方言就是这种独特韵味的一个组成部分。因此，"保护传承方言文化"必须摆上台面，而且已到了刻不容缓的地步。我认为在一定的场合，在一定的人群中，提供讲杭州方言的氛围，一定更能体现我们杭州的独特韵味和别样精彩。

当即我便决定将"保护传承方言，提升文化自信"作为 2018 年的政协提案主题。我从调查过去方言保护的相关举措入手，分析哪些是值得借鉴的成功经验，哪些没有继续实施，以及为什么。我陆续了解到，杭州图书馆曾做过一些杭州方言的录音记录，后因技术水平及方言是一种很难记录的活态呈现等原因，目前这个工作已经中断；目前浙江并没有专门的方言课，但是浙大附中的第二课堂曾有学习杭剧的内容，而杭州滑稽艺术剧院、杭州杭剧团、杭州越剧团等都有专业的戏曲和曲艺人才，他们也在努力地找米下锅，努力地送戏下乡；早些年，杭州的某几个电视频道也曾做过方言配音节目，目前按照规定也保留着一定比例的方言新闻节目，如《阿六头说新闻》《我和你说》等，依然是受到大众欢迎的节目……

在此基础上，我在提案中提出了几条建议：

（一）在中小学第二课堂开展方言的学习，并在旅游场所、一定线路的公交车等公共场合积极推广和使用杭州方言，比如使用方言报站。

提出这一点，第一不是回避和否定"大力推广和规范使用国家通用语言文字"，这是毋庸置疑的国策，但是讲普通话和讲方言不是一对矛盾，正如学英语和学汉语也不是一对矛盾；第二我也承认这不完全是行政所管辖的职责，但行政指导却是无所不在，尤其是提倡什么不提倡什么，这是有导向作用的；第三我也不否认现在也有学校在开展杭州方言的学习，但是点和面都非常之窄。

我认为中小学第二课堂学什么教什么，学校是有一定自主权的；同时我们也知道，师生的兴趣是可以培养和引导的。当前在国家高度重视中华传统文化的大背景下，我们就应该因地制宜，就近入手，从杭州的实际出发，在中小学中制订和出台出一系列弘扬中华文化的政策，而让杭州方言进入第二课堂的举措应列入议事日程，而不能以师资和教材缺乏为借口。事实上杭州就有在这方面做得好的学校，如：杭州清河实验学校、杭州大学路小学、浙大附中等学校都将杭州传统文化教学列入日常课程。特别是浙大附中的第二课堂，就曾有学习杭剧的内容，学校不仅请杭剧老艺术家和相关人士到学校讲课，同时还不时地带学生去黄龙杭剧团观摩，学习身段和唱腔等，这就是利用社会资源的一个例证。而且该校的做法并非心血来潮，而是有计划有步骤地推进，因此是值得借鉴的，尤其是作为一所重点高中，浙大附中仍能如此重视传统文化的学习，这跟学校的办学指导思想是密切相关的。

　　事实上，进行杭州方言的学习，不仅仅与方言有关，而且是开展乡土文化教育的一个组成部分。一方面，我认为在基础教育阶段完全可以开设相关的拓展型课程，这不光是在教授学习杭州话，还是同步地在向学生讲授杭州人文历史和习俗，这里就包括了方言知识等。通过杭州话和杭州方言的学习，我们对杭州这座历史文化名城有了更多的了解和认同，这就是文化自信的一个有机组成部分。

　　另一方面，我们也要积极推广和使用杭州方言，比如在旅游场所，在一定线路的公交车上，可以借鉴苏州、台中等地的经验，分别用普通话和当地方言进行报站，包括用英语进行报站，这其实就是一种推广和传承，更是一种开放和包容。又或者教外国游客说几句简单的杭州方言，像"小伢儿（小孩）""小姐妹（女性朋友）""吃消闲果儿（吃零食）""发靥（可笑）"等等，我们了解到他们也很有兴趣学。G20的时候杭州可以说是全球瞩目，未来肯定会有越来越多的外国游客慕名而来，他们回去以后肯定会跟亲朋好友说起"在杭州学了很有意思的当地方言"，然后通过方言说起杭州的风土人情、传播杭州的文化，让世界了解杭州、关注杭州、到杭州来旅游。

（二）在中小学第二课堂开展地方戏曲和曲艺的学习。

杭州方言不是一个孤立的载体，它不仅是人们日常的生活语言，更是地方戏曲和曲艺的主要载体，因此杭州方言进入中小学的第二课堂，必然要辅之以对杭州地方戏曲和曲艺的学习和欣赏。在杭州，像杭剧、杭州小热昏、杭州评话、杭州摊簧等戏曲曲艺，就是以杭州方言为基础进行的艺术表现形式。此外，在绍兴有莲花落，在杭州的建德和淳安有睦剧，在更广的地区有越剧，等等。但是我们不禁要问：为什么现在看戏的人越来越少，看戏的青少年更是少之又少？这肯定有诸多的因素，但语言不通不能不说就是一大障碍。方言是戏曲和曲艺的灵魂，因此只有听懂方言才能去理解戏曲和曲艺的内容，才能欣赏中华传统戏曲和曲艺这一艺术形式。方言不懂，何懂戏曲和曲艺？方言不存，戏曲曲艺必亡。这不是危言耸听，如果我们再不重视的话，如果我们再不从娃娃抓起，这一幕必将成为现实。

（三）建立"方言资源库"。

我们知道，方言是一种活态呈现，很难用文字单纯地去记录，但在今天的条件下，完全可以用录音录像的方式加以记录。回顾过去，即使是在五四新文化运动轰轰烈烈之时，仍有赵元任这样的语言学家深入乡间去做方言调查，目的就是记录和丰富多彩的中华文化。

我们建议，杭州下属各区县市的广播电视台、电台、广播站还是应该在一定比例内大力推广方言节目。同时我也注意到杭州方言的丰富性，在当今大杭州范围内呈现出了丰富多彩的局面，举例来说，光是余杭话就分老余杭话和临平话，桐庐话又有南乡北乡之分，就算都在杭州，也有乔司杭州话和转塘杭州话的区别。因此我们应该科学设计，统一规划，调查收集杭州方言的有声语料，整理保存，把杭州方言作为一种资源，加以保护和研究，开发和利用，这才是更高层面的保护传承方言文化的举措。2017年12月19日，《都市快报》在向读者征集"对杭州未来历史文化遗产保护的思考"时，就有读者提出了一个"很杭州"的建议："新建杭州话博物馆，发扬和传承当地传统文化是我们这一代人的责任，推广普通话和会说杭州话并不矛盾，杭州话自古以来就是颇具本塘特色的地域文化的载体，而且有着与周遭兄弟城市不同的吴语言儿化发音，应当开辟一块领地来保留这种语言文化。"这个建议与我不谋而合，后来我在向民盟浙江省委会做相关报告的时候也提出：建议建立"浙江方言博物馆"，让方言在博物馆里"活"起来。我们可以以地区划分展示区，让每个浙江人都能在这里找到自己的乡音、找到归属感；可以用直观的声音、图文、影像展示方言文化的起源、变迁，甚至可以使用VR技术还原古时候人们使用方言的生活场景，让参观者参与互动，还可以在方言博物馆设置"测测你的家乡话能得几分"环节，充分调动群众的积极性和兴趣，让群众主动了解方言文化、走进浙江方言广博的世界，从更高层面保护传承方言文化。

文化自信是一个民族、一个国家以及一个政党对自身文化价值的充分肯定和积极践行，以及对其文化的生命力持有的坚定信心。

十九大召开之后，中共中央办公厅、国务院办公厅印发了《关于实施中华优秀传统文化传承发展工程的意见》，当中将"保护传承文化遗产"列入"重点任务"，提出要"保护传承方言文化"。在此种大背景下，我的提案被列为"重点提案"，得到时任浙江省委常委、杭州市委书记（现任陕西省委副书记、省长）赵一德同志的亲笔批示和充分肯定。《杭州日报》《钱江晚报》《都市快报》，以及浙江新闻、浙江在线、今日头条、澎湃新闻、凤凰新闻、中新网都进行了大篇幅报道，《杭州日报》《钱江晚报》《都市快报》进行了两个整版的报道，《钱江晚报》《都市快报》更是在头版头条进行了宣传，杭州电视台综合频道、生活频道、明珠频道也进行了采访报道并在头条播出，引起社会各界媒体和群众的广泛关注和极大反响。我也在文艺界别的推荐下在政协会议上做了大会发言，全场掌声不断、反响热烈。赵一德同志会后当面给予我充分肯定，当场表示："你的发言非常棒！"所有与会的领导和政协委员们也一直津津乐道，说我的发言"有声有色、有理有据"，戏称我是当天的"最佳发言人"。

这次我在会上的提案发言能引起这么大的反响和轰动，也说明杭州对文化发展尤其是传统文化的传承和发扬越来越重视。杭州电视台《我们圆桌会》栏目专门针对该提案策划了一期节目，我与其他嘉宾一起进行了一个多小时的探讨，该节目播出后，时任杭州市委常委、宣传部部长戚哮虎同志表示非常赞同，并立即批示，要求市委宣传部与市政府分管副秘书长进行沟通，认真抓好落实。前期，市委宣传部副部长、市文明办主任钮俊与市政府副秘书长姚吉锋、王震和市委宣传部、市文明办相关处室围绕保护传承方言文化工作进行了具体商议。该提案的领办单位杭州市文广新局也高度重视这项建议，多次与市教育局、市园林文物局、市旅委、市城市建设投资集团有限公司、杭州文广集团等单位进行了协调沟通。5月22日市政协召开了重点督办提案工作座谈会，时任市政协副主席汪小玫、时任市政府副秘书长杨建华，市政协教科文卫体委员会以及市教育局等7家单位代表参加了座谈，做了工作部署。该提案目前在各有关部门的协助下已逐步落实，包括在杭州市中小学第二课堂开设方言选修课、公交车部分线路用杭州方言报站等等。

党的十九大之后，党和政府特别提出要保护和传承中华传统文化，要不忘初心，而语言特别是方言正是我们不忘初心的根基，同时也是文化自信最基本的体现。普通话让你走得更远，但方言可以让你记住自己的根。我们认为充分挖掘杭州方言的文化价值并加以保护、推广和传承已经迫在眉睫，必须马上行动。

接下来，我作为民盟浙江省委会文化专委会主任，承接了民盟关于"文化如何'走出去'"的调研课题，最终形成的政策咨询报告被民盟浙江省委会采用，并上报浙江省委、省政府主要领导，得到了时任浙江省委书记车俊和时任浙江省政协主席（当时兼任浙江省委常委、宣传部部长）葛慧君的重要批示和充分肯定。车俊书记认为该提案政治站位高，调研深入，所提建议有关部门要充分吸纳，落实到具体工作之中；葛慧君主席则批示："这个调研报告写得很好，推进浙江文化开放确需在体制、政策、平台建设上做进一步研究完善。"在此"文化'走出去'"的调研基础上，2019年我又参与了民盟中央组织的《加快发展对外文化贸易，提升中国文化软实力》的实地调研，并起草了咨询调研报告，被民盟中央采用，上报中共中央、国务院领导，并得到了中共中央政治局常委、国务院主要领导的重要批示。同时，该报告被国家文化和旅游部采用，为出台相关政策及措施提供了重要参考。

文化是一个国家的根与魂，文化保护、传承与弘扬缺一不可。

三、2020年《大力、全面推广互联网医院复诊配药服务》的政策建议案

2020年新冠肺炎疫情期间，我为抗"疫"发声，力促网约医院"实锤"落地。

新年伊始，由武汉蔓延至全国的新冠肺炎疫情时刻牵动着全国人民的心。我也注意到一个问题：疫情期间，调控越来越严，那些需要配药、买药的慢性病病人怎么办呢？

因为家人有高血压，需要长期服用降压药，所以我对慢性病病

人这个群体算是比较了解的。也希望能结合自己的亲身经历，发挥自己民盟盟员的作用，为抗击疫情尽绵薄之力。自新冠肺炎疫情暴发以来，特别是2020年春节期间进入严控阶段后，部分在家中隔离的病人无法到医院或药房配药，可以出门的也不愿意去医院，担心增加感染疫情的风险，加上慢性病病人大多数是体弱的老年人，本身就行动不便，疫情期间配药更是难上加难。

2020年1月底，我展开了实地调研。以开高血压病需要的三种药品为样本，我先来到社区医院（现在全国都在推广医疗资源下沉到社区医院，为了不占用大医院的医疗资源，所以我优先选择了社区医院进行配药），发现一上午也有一百多号病人，但是有两种需要配的药品社区医院并没有。在社区医院配到了一种药之后，我前往各大药店购买社区缺少的药，药店需要凭医生开的处方配药，且药品也不是非常齐全，跑了好几家药店只觅得一种需要配的药。为了配齐最后一种降压药，最后，我只能来到大医院，这里患者拥挤，排队等候时间长，且有一定的交叉感染的风险，尤其是在疫情期间。"本来想尝试用最简便的方法配药，结果反而一波三折，三种药品去了三个地方才配齐。"这个结果让我忧心忡忡，我决定帮助广大慢性病病人，尤其是腿脚不便的老年人走出这个困境。

在结合各地医疗政策、技术支持、可行性方案等一系列考量后，2020年2月初，我提出了《大力、全面推广互联网医院复诊配药服务》的提案。

首先，互联网复诊仅针对诊断明确、病情稳定、需要长期服用药物的慢性疾病（首诊需要检查与诊断的还是需要到医院），让广大群众足不出户即可复诊配药。如患者家中有药品短缺的，网络医生也可以在线及时给出建议。据了解，杭州邵逸夫医院2015年开始尝试互联网医院服务，目前已经实现在线复诊配药（但最后的送药环节还是有所欠缺）。

其次，互联网医院应与跟医保打通，网上复诊后可以直接支付，个人自费部分由网上支付补充。

再次，我在杭州市卫生健康委员会（杭州市卫健委）处了解到杭州有"常见慢性病互联网诊疗流程"，该流程的最后一环节是"第三方物流配送单位配送到家后线上确认反馈平台"，这点非常值得提倡。在线复诊后由医院直接安排药房或药厂（如中国医药集团或当地医药公司）出库、直接配送，邮费由患者收到药品以后支付。

最后，建议杭州市卫健委、医保局共同推广。通过电视、新媒体等方式加大"互联网诊疗流程"的宣传，号召子女向年迈的父母普及相关知识和方法，要让互联网医院像无纸化办公一样在全国推行起来。同时，为方便老年人操作，互联网医院的界面应简单、明了，尽量多与各个互联网平台合作，普及"入口"，如医院的官方网站、微信公众号、支付宝生活号、省市级挂号 APP，让网上复诊、配药成为老年人的日常福祉。

2020 年 2 月 1 日，杭州市卫健委在给居民的一封信中提到："除原定长期处方服务的 16 种慢性疾病以外，相关医疗机构可对诊断明确、病情稳定、需要长期服用治疗性药物的其他疾病种类，在保证医疗安全的情况下开具不超过 12 周的药品。"这是一个非常好的措施，一定程度上降低了配药频率。但我在实地调研时发现，这一举措还是不够完善。因此我建议，在浙江范围内大力推广互联网医院复诊配药服务。不仅仅是在疫情期间，这更应该成为一项普及的、日常的医疗举措。

医院可以说是我国人口最密集的公共场所了，每天熙熙攘攘如菜市场一般，"看病难"也一直是社会热点、难点。据我了解，到医院问诊的病患中，有 20% 左右是常规配药的。在全国范围内大力推广互联网复诊配药服务，可以有效避免医生简单重复的劳动，缓解医院人力资源紧张的局面，更好地集中医疗资源，医生至少能节省下 20% 的时间来应对重症、急症。同时也让居民尽量少到医院，减少交叉感染的风险。

将具体措施等汇集成建议案后，我先后向民盟浙江省委员会、民盟中央、杭州市政协进行上报。

事急从权，为了尽快解决问题，我同时向杭州市卫健委主任进行了汇报。主任收到后觉得这个建议很好并直接转给医保局进行协商，民盟浙江省委员会、杭州市政协的相关领导也非常重视，积极配合支持，并与杭州市卫健委进行了沟通。我得知杭州市卫健委已有这方面的想法，与我的提案不谋而合。有关部门表示，我提出的建议为方案的落地、措施的细化提供了不小的帮助。

杭州市相关部门的工作效率及办事能力再度让我惊叹。2月12日，由杭州市卫生健康委员会、杭州市医疗保障局联合杭州市金投集团和阿里健康、纳里健康紧急开发的"杭州市互联网诊疗平台"正式上线。2月13日12点56分，三家试点医疗机构之一的杭州市下城区朝晖街道社区卫生服务中心完成了"互联网＋诊疗"的"首笔订单"。

这次方案的相关新闻得到了学习强国、新华社、凤凰网等众多媒体的报道、转载，新华社阅读点击量超过 30 万次。未来，我将努力让互联网医院像无纸化办公一样在全国推行起来，让广大病友，尤其是老年人更便捷地享受互联网时代的医疗红利。

四、2020 年《关于部分因特殊签证政策及疫情无法入学的留学生由国内相应高校接纳续读的建议》决策咨询报告

2020 年，面对突如其来的新冠疫情，教育领域受到很大影响。特别在出国留学教育方面，因疫情冲击和国外政策变化等因素，众

多留学生滞留国内、无法就学，形成特殊时期的特定社会问题。根据《国家教育事业发展"十三五"规划》中统筹推动教育开放的要求，《关于部分因特殊签证政策及疫情无法入学的留学生由国内相应高校接纳续读的建议》的决策咨询报告很好地应对了问题，获得了良好的社会反响。2020年8月，该决策咨询报告被民盟中央采用，并上报国务院，获得中共中央政治局委员、国务院领导同志的重要批示。同时，该建议被教育部采用，为出台相关政策及措施提供了重要参考。

根据调研我了解到，我国在海外的留学生约占全球留学生总数的14%，其中在美国的留学生最多，截止到2020年1月，我国留美学生总数为31.1万人，其中本科生13.8万、硕士生11.9万、博士生5.5万。2020年，美国政府陆续出台了众多对中国留学生的限制性政策。这些政策的出台，意味着部分中国留学生不能再去美国就读，将无法完成学业、取得毕业证，实际上已造成濒临失学的困境。有些本科生已经拿到了入学通知书，但是被拒签，有的因为疫情影响，越洋航班取消而无法入学；有些留学生经过学习已经修完大部分课程，甚至论文已接近完成，却受此政策影响，毕业变得遥遥无期。

为应对这一特殊情况，有一些国外大学允许国际学生在本国的部分高校完成或协助完成本校课程，主要分为两类：第一类是已和国内高校达成合作的学校，如康奈尔大学在疫情期间出台了"Study Away"计划，支持国际学生在与其合作的高校或教育机构中入学，开展线上线下结合课程，中国学生可以根据规定和需要选择国内大学入学；第二类是在中国设有分校或是中外合资学校的，如纽约大学的留学生可以在全球16个纽约大学分校中入学，包括纽约大学上海校区，由分校完成总校的教学任务，其他还有四川大学匹兹堡学院、罗切斯特理工大学中国威海校区等，都可以接收无法回到本部学习的留学生进入分校区学习。但是，上述高校所涉及的我国留学生数量相对有限，大多数留学生的学业仍处于"飘摇无着"的状态。为此，我们建议国家应尽快采取相应措施，安排好受此类政策影响被拒签、因疫情无法入学的留学生，由国内相应高校接纳续读。具体建议主要考虑三个方面：1. 政策明确的，按照规定执行。对已有相关对接政策的海外高校，按现有政策执行。2. 政策未定的，具体分类应对。没有相关对接政策的海外高校，由教育部会同外交部与海外教育主管机构、高校协商制定几项接纳、续读方法。对于已在海外完成部分学业的留学生，吸纳到国内就读后，制定前期学分、论文互认制度；可以与国内学生一起上课，在认证上有所区分。根据不同情况，具体建议以下几种方案：（1）只给其颁发其所在海外高校毕业证书（学分互认）。（2）颁发双证，即同时颁发海外高校毕业证书和国内高校毕业证书（中外合作办学）。（3）只颁发国内高校毕业证书。3. 充分考虑教育公平问题。因留学考试与国内高考制度属于完全不同体系的选拔制度，故在安排国内学校接纳留学生续读时，需着重考虑教育公平问题。（1）国内接纳高校应与留学生在海外就读的学校相匹配。（2）在国内接纳高校续读的学费需高于国内普通全日制高校学费标准。

该决策咨询报告提交后，获得了政府迅速的政策落实以及十分积极的社会影响：1. 获得国家采用，消减疫情影响。咨询决策报告被民盟中央采用，并上报国务院，获得中共中央政治局委员、国务院领导同志的重要批示。受新冠肺炎疫情影响及各国（地）入境、签证、航班等政策的限制，我国部分学生赴境外国家和地区留学的计划被迫改变、延迟甚至取消，不少学生面临就学困难。为回应社会关切和需求，我们通过实地调研，及时掌握相关问题的实际境况，针对问题迅速提出解决方案，撰写决策咨询报告，为应对新冠肺炎疫情对教育领域的影响，我们做出了力所能及的贡献。2. 相关政策落实，切实解决问题。在决策咨询报告获得采用后，教育部立即采取措施，落实相应政策，逐步解决我国学生赴境外国家和地区留学的计划被迫改变、学生面临就学困难的问题。2020 年 9 月，教育部为此采取系列政策举措，通过引导学生国内上网课、允许国内高校提供短期学习交流机会、发挥中外合作办学优势等方式，解决学生的现实困难。在保证教育公平的前提下，考核招录部分符合特定条件的出国留学生，为出国留学受阻的学生提供更多就学选择。临时允许部分合作办学机构和项目适当增加招生名额，为原计划出国留学、受疫情影响出国受阻的学生提供国内就学机会，将有效缓解学生的燃眉之急。其中，硕士、博士的高校接纳续读问题已得到解决，本科生阶段的问题也在逐步得到缓解。3. 社会积极响应，学生妥善安置。参与此次招生的包括北京、浙江、广东等 19 个省市近 70 所高校、约 90 个中外合作办学以及内地（大陆）与港澳台地区合作办学机构和项目。全国范围内，此次招生的对象，针对已持有境外大学录取通知书、原计划于 2020 年秋季学期攻读境外高校本科或硕博士研究生的中国内地（大陆）学生。在北京，中国社会科学院大学中外合作办学，向符合条件的部分持有国外大学录取通知书的中国籍学生提供申请在国内就读的机会。在浙江，宁波诺丁汉大学、温州肯恩大学等学校出台相关规定，践行中外合作大学办学的社会责任，向部分持有国外一流大学录取通知书的中国籍学生提供申请就读的机会……各大招生院校根据相关规定和本校实际情况设置报名条件和录取标准。此次扩大合作办学招生的计划不纳入国家统一招生计划，不占用高校原有招生指标。学生和家长对此举热情回应，纷纷点赞。

指导意义 | 创新力是人性化的公共治理力

能够履行好政协委员职责，也是得益于我在传媒创新和文化实践领域的长期积累。作为政协委员的参政议政体现了多元治理模式中个人的价值，同时能够充分调动多元化的公共治理主体之间资源整合的优势。主体间权力的依赖和合作的互动关系更易形成一种自主自治的网络公共治理方式。这样的治理模式能够使社会问题得到更合理和有效的解决。

从独立制片人到政协委员，从为自己策划到为城市策划、为国家策划，我成功的原因只有一个，就是永远坚定地站在人性一边，站在群众一边。作为一个政协委员，作为一个媒体人，通过自己的履职经历，我深刻感受到人民政协是一个智库，一个舞台，更是一个大家庭。大多数政协委员都是各个领域中有责任有担当的人，有的是优秀民营企业家，有的是科技拔尖人才，有的是劳动模范，等等，各个行业中的佼佼者聚集在政协这样一个大家庭里，相互交流，各取所长，充分表达自己的想法看法。紧紧围绕党和政府工作大局，对地方政治、经济、社会、文化等方面的问题各抒己见。

从事媒体工作多年的我也利用自己长期的经验，努力为杭州的文化建设和城市治理建言献策。无论是领导还是工作人员，和我们委员之间都是彼此平等，真诚交流，就像朋友和家人一样，以诚相待。而我能够履行好自己政协委员的职责，更多得益于在传媒创新和文化实践领域的长期积累。从某种程度看，这也是一种文化自信的体现。最为深厚的文化自信是源自个体的自信。这个自信扎根于我所接受的中国文化的教育背景，并于我经历过的点滴中逐渐丰厚、日益壮大，最终形成对中国文化的深深的认同感。甚至也可以说，所谓文化上的自信，越是个体的，不依赖于任何集体的，越是民族的，越能为中华文化的血脉提供养分，周而复始，生生不息。

专家评述

正如葛继宏在书稿中所写，"媒体与社会构成了一种相辅相成的关系，媒体人与社会同样也是如此，作为媒体人，依存于社会，服务于社会大众，同样也影响和改变着社会发展的进程"。葛继宏从一个媒体人起步，到如今的大学教师，传媒人和教育工作者的职业身份决定着他无时无刻不在与社会打交道，服务社会和心怀大众成为他职业生涯中的两件大事。这两件事做好了，不管职业角色发生什么变化，都不会偏离太多。在葛继宏身上可以看到，尽管他前后职业类型发生了变化，但两份工作所需要的社会责任意识没有变——这也是长期在传媒一线工作的职业媒体人应有的素养。

这一章突出的是他近年来担任政协委员、民盟中央文化委员会副主任期间所开展的参政议政工作，我想无论是传媒从业者还是高校教师，重要的使命始终应该是关注社会和服务大众。葛继宏凭借丰富的传媒行业经验，充分担负起政治协商、民主监督、参政议政的职能，多篇咨政报告获得党和国家领导人的重要批示，成果丰硕，可喜可贺。这一方面体现为他敏锐的洞察力和判断力，从生活细节着手，立足于本地实际，提交多份高质量的咨政报告，对现实生活中长期存在又得不到解决的难题提出可行的对策建议；另一方面则体现为，他心怀社会，善于从宏观层面把握地方经济社会发展大局，从城市治理、文化保护、社会保障等多个层面落实基础设施完善、公民素养提升、地域资源保护等方面的议题，全面推进各方面的政策落实和完善，有效提高了人民与政府的沟通交流，顺畅民意通道，真正践行传媒人服务大众、监督社会和公共治理的职责，推进社会治理的有效衔接和互动。

总之，如今高校教师早已不是在课堂上照本宣科的书生，而是要立足社会，把握实际，勇于承担起服务社会、为政府建言献策的智库功能。中国的现实往往比想象更复杂，没有固定不变的定律可以遵循，而是要通过大量调研和传媒实践来理解中国社会，这需要的是一种综合运用专业知识和调用社会阅历的能力，把专业理念真正转化为解决现实问题的方案，理论联系实际，在政府的建言献策中承担起每个教育工作者服务社会的使命。令人可喜的是，葛继宏用自己的传媒工作经历和参政议政实践，积极地探索了这一理念，发挥着传媒教育和智库服务的双重价值。

李良荣

复旦大学传播与国家治理研究中心主任

浙江传媒学院新闻与传播学院院长

延伸阅读

2018 年 11 月 1 日，《杭州日报》和杭州市政协共同推出"改革开放四十年——四十个政协委员"的专题报道，也专门采访了我，并以"细微之处见真章"为题，刊登于当日《杭州日报》第 A04 版要闻中。

细微处最能体现人文关怀，作为一名有 20 多年工龄的资深媒体人，我还时常从社会热点中嗅到改变城市的契机。2016 年杭州举办 G20 峰会前后，我一面结合本职工作，策划节目为杭州输出美好形象，一面对活动期间观察到的一些现象进行了反思。比如峰会前，我提出"为斑马线让行点赞"等一系列倡议，体现杭州的礼仪文化；策划"美丽浙江、欣赏香港"——香港宣传推广活动，为 G20 峰会预热；峰会期间，许多市民因交通管制而掀起了一阵"去西湖轧马路"的风潮，我看到这其实反映了大家对慢生活的一种向往。于是在峰会后一年，我发起提案《纯粹杭州 慢生活——关于西湖白堤全面禁止车辆通行的建议》，希望还市民一方净土……

一、"为斑马线让行点赞"

作为中国六大古都之一，杭州是一座富有浓厚的文化底蕴的城市，文化类型多种多样、百家争鸣。要办好 G20，毋庸置疑，我们要通过全球媒体向国外友人展示出杭州文化的魅力，但是要在 G20 短短的几天时间里抓住海外受众最感兴趣的点并跨越国别的障碍、让他们对杭州的文化留下深刻的印象并不容易。杭州必须抓住这个难得的契机，向世界全方位展示杭州独特的"美"，充分把习近平主席所说的"历史和现实交汇的独特韵味"①展示出来。

因此，2016年初，我做了《关于G20期间如何向国外友人介绍杭州文化的几点建议》及《关于办好G20、提高市民文明素质》等提案。其中要属"微笑迎接G20、为斑马线前让行的司机点赞"的倡议引起的反响最大。

当时，颇具杭州特色的"斑马线让行"已经成为杭州式文明的印记。

在杭州，斑马线前的一脚刹车，一个手势，一抹微笑，已经成为这座城市一道亮丽的风景线。来自杭州的斑马线前让行倡议，像投入湖面的石子一样，正在全国激荡出越来越大的涟漪。当时甚至有人认为，杭州是中国唯一一个能基本做到"车让人"的城市。而我认为，杭州应该抓住这个有杭州特色的文明行为并加以强化，让"斑马线让行"在G20期间成为杭州闪亮的文明印记。

我建议，可以在杭州主城区主要街道的斑马线上用立体地画的形式，结合杭州动漫之都的特点，将斑马线打造成卡通爱心斑马线，让司机更醒目地看到并主动让行；同时在杭州推广一个统一的感谢手势（例如大拇指），前期让志愿者带领行人通过斑马线并向让行车辆比出感谢手势，同时在电视、报纸、户外等媒体上全方位宣传，之后慢慢普及，在车让人行为逐渐在杭州成为常态的同时，也要提倡行人"礼尚往来"，向让行的车主们表示感谢。同时可以在没有设置红绿灯的斑马线上设置一个LED信号灯，需要过马路的行人按下灯柱上的按钮，就会闪烁感谢让行标志（例如大拇指），这样可以方便行人在雨雪天气、夜晚视线不好的时候提醒车主让行。

这个倡议被杭州市委、市政府采纳并积极推行，浙江新闻、今日头条、澎湃新闻、凤凰新闻、中新网，以及《浙江在线》《杭州日报》

---

① 习近平：中国将把G20杭州峰会办成具有历史和现实交汇的独特韵味的峰会. (2015-11-16)[2021-06-30]. http://politics.people.com.cn/n/2015/1116/c1001-27821865.html.

《钱江晚报》《都市快报》都进行了大篇幅报道，《钱江晚报》和《都市快报》更是在头版头条进行了宣传。

细节见品质，我认为这已经不仅仅是交通问题，更关乎一座城市的文明。G20期间，杭州的街头巷尾将遍布世界各地的媒体记者，他们的镜头就是全球72亿人民的眼睛，杭州市民的一言一行都将在镜头下被放大，然后呈现在全世界眼前。我们能让斑马线成为新风景，体现的是杭州对生命的尊重，对文明的倡导。

二、"美丽浙江、欣赏香港"

2016年4月，我受浙江省委统战部、省委宣传部邀请，策划了"美丽浙江、欣赏香港"——香港浙江文化美食旅游节在香港的宣传、推广活动。作为政协委员，我也是凤凰卫视浙江公司总裁，我很高兴有机会为浙江的对外宣传做出一些贡献。

我提前一个多月就与浙江省委统战部、省委宣传部、省经信委、省文化厅、省商务厅和省旅游局沟通、敲定重点宣传对象，然后与到访香港的浙江籍中国工艺美术大师们一一对接，研究展品特色和展示亮点，之后多次与凤凰卫视的节目导演开会、商讨方案，为了能在短暂的节目时间内集中展示浙江特色、突出浙江文化精粹耗费了巨大精力。

活动当天，我安排了两组凤凰卫视的摄像及记者全程跟拍本次文化美食旅游节，其中一组专门拍摄新闻，另一组拍摄专题。

凤凰卫视中文台4月27日晚间的《正点新闻》及28日早晨的《凤凰早班车》均播出了2分多钟的"香港浙江文化美食旅游节"开幕的新闻。4月28日晚7:00左右凤凰卫视播出的直播节目《全媒体大开讲》开辟了30多分钟专门介绍"浙江文化美食旅游节登陆香港"

的详细内容（凤凰网同步向全球直播），同时邀请东阳木雕大师陆光正、丽水龙泉宝剑大师沈新培两位国家非物质文化遗产传承人到演播厅参加节目互动，现场展示技艺，还把西湖龙井、临安山核桃等杭州特色的美食带到节目现场，由主持人一一详细介绍，其间穿插了文化美食旅游节现场的热闹景象及对杭绣大师陈水琴等多位中国工艺美术大师的采访，着重宣传了浙江旅游、动漫和越剧等等。

这还是《全媒体大开讲》开播以来第一次出现这样的形式。我提出这个创意后，与香港及浙江方面多次协调、反复沟通并最终成形，很高兴取得了不错的节目效果。这也是《全媒体大开讲》首次以这么长的篇幅单独为内地省份开辟一个专栏，其间我与凤凰卫视高层及栏目导演进行了多次沟通，才最终得以实施。《全媒体大开讲》是凤凰卫视广受全球华人欢迎的节目，覆盖全球约20亿观众。本次节目以与观众实现真正的全媒体互动的形式宣传了浙江的非物质文化遗产、工艺美术作品、美食及旅游。节目播出中就吸引了很多香港市民参与互动，播出后更是取得了强烈反响，很多来自美国、澳大利亚和欧洲的华人观众，尤其是浙江华侨打电话、写邮件到节目组，表示深受感动，为家乡的变化感到欣慰和自豪，今后在异国他乡也要讲述浙江好故事，为浙江争光。

此外，活动期间凤凰网及凤凰新闻客户端同步刊登相关新闻，阅读量过百万;《香港明报》《星岛日报》等香港本地媒体也争相采访报道。

4月28日上午，时任浙江省委常委、统战部部长王永康带领浙江代表团一行30人访问了香港凤凰卫视总部，我们做了热情接待，时任凤凰卫视副行政总裁崔强、副总裁兼资讯台台长董嘉耀和我亲自陪同参观。双方就加深两岸媒体、文化、旅游、艺术等各方面的合作进行了交流。期间，代表团成员与凤凰卫视的主持人、评论员进行了亲切友好的互动，留下了难以忘怀的瞬间。访问结束后，浙江代表团的所有成员都对凤凰卫视宣传浙江的工作表示感谢和满意。

　　活动结束后得到了浙江省委书记夏宝龙（时任），省长李强（时任），副书记王辉忠（时任），省委常委、统战部部长王永康（时任）的分别批示，他们充分肯定了此次活动的宣传在推进浙港合作方面所取得的成就。

三、G20后提出《关于西湖白堤全面禁止车辆通行的建议》

　　2016年G20前夕西湖景区进行封闭管理时，杭州市民和各地游客争相涌入空无一车的西湖景区游览。尤其是北山街一带，大家在空旷的街道上悠闲地或坐，或躺，各种照片刷爆了朋友圈，双黄线上摆造型成了一道亮丽的"杭儿风"。告别车水马龙后，"空荡荡"的西湖景区掀起了一股"去西湖轧马路"的热潮，成就了一场全民参与的大狂欢，市民对纯粹的休闲体验和慢生活的向往借着G20的东风才得以释放。

　　当时我便想，为何不能让这样的西湖成为常态呢？全线禁行不太现实，所以只能是条件成熟的部分区域。经多次实地考察、调研，我建议，断桥至白堤路段禁止一切车辆（包括电动车、自行车和观光车）通行，打造一块游人可以真正放松、静享杭州魅力的景区。

　　白堤是西湖历史上最悠久的古堤，有着白娘子和许仙的美丽传说，20世纪50年代曾有公交车通行。（西湖景区管委会的工作人员介绍说）为了保护白堤，90年代末开始禁止机动车通行，只可以步行或骑自行车。从2013年7月13日起，每天19时至24时，禁止电动车在白堤上通行，自行车则建议推行。这在当时也许是符合需求的限行措施，但是现在的西湖，尤其是G20之后的西湖，成了全国乃至全世界游客的旅游目的地，平日已是人满为患，一遇上法定假日，更是被密密麻麻的游客覆盖。于是我们看到，白天游人如织的断桥上，电动车、自行车、游览车频频在人群中穿梭，游客们一边欣赏西湖美景一边要注意躲避车辆，甚是不安，有些年长或是带小孩儿的游客就更劳心了，左闪右躲，根本无暇顾及风景。站在桥头可以看到，游客们都很有默契地尽量靠两边行走，勉强在中间空出一条道来供车辆行驶。到了晚上，人流稍有减缓，单车骑士们就出现了，断桥坡度高，从桥上飞驰而下的速度还是很快的，从人群中呼啸而过，吓得行人躲避不及。

杭州是一座很人性化的城市，处处透露着以人为本的温暖气息，断桥至白堤路段的禁行措施也是时候该"升级"了。不管是自行车、电动车还是景区的观光游览车，大多速度快、体积大、质量重，在人多、狭窄的桥、堤上非常容易造成交通隐患，该路段的商铺、自行车租赁点应该迁移出去，以免占据本来就不宽的堤面，也可以少一份不搭调的商业气息，保留一方纯粹的空间。从断桥走完白堤，到平湖秋月为止，一共也就 1 千米左右的距离，全面禁行后，车辆完全可以从周边道路绕行，一方面确保了西湖风景区道路交通安全的有序和畅通，另一方面，也让繁忙的白堤慢下来，留一方空白给游客，让他们可以自由自在、无忧无虑地在断桥、白堤上享受慢生活，感受纯粹杭州的魅力。西湖作为中国第 41 处"世界遗产"，理应得到更多的爱护。

而北山街上白堤的入口多年来一直有禁止机动车通行的木栅栏，也有四五名保安执勤，平白让景区有了一种"军事禁区"的疏离感，与西湖美景格格不入，我建议换一种方式来禁行。比如以美轮美奂的地画代替木栅栏，让车辆不忍心碾过；或者绘制一幅悬崖、深渊的 3D 立体地画，让车辆不敢跨越；或者树立卡通警察，带着"禁止车辆通行"标语，时间长了，大家自然知道这个路段车辆不能通行了。

另外，入口边上可设置 LED 显示屏，提醒车辆禁止驶入，同时可以告知游客景区内的情况。比如当时白堤人多，苏堤人少，就可以建议游客先逛苏堤，逛完再逛白堤。有了这样的显示屏，游客可以更好地规划自己的路线，景区资源也可以得到动态调配。

我当时还建议未来条件成熟的话，白堤—孤山路段也实行全面禁止所有车辆通行措施。从前的孤山路上拥挤不堪，尤其是楼外楼门前，车停得满满当当，嘈杂不堪，门口的车道上也经常挤得水泄不通，与周围的西泠印社、浙江省博物馆、黄宾虹艺术馆等高雅的人文气息格格不入。在当今这个浮躁的社会，我希望能还西湖一方净土，让市民暂时告别来去匆匆的都市生活，在这里安静地享受纯粹杭州的慢生活，体会宜居城市、品质杭州的魅力。

杭州市公安局交通警察局和西湖风景名胜区管委会非常肯定我的建议。从2018年5月1日起，苏堤、白堤部分区域实行全天24小时禁止非机动车及轮滑、滑板、平衡车通行的管制措施，目前看来，这个提案得到了很多市民的理解与认可。哪怕只有短短15分钟，我也想用一段路让大家记住杭州，享受杭州。

四、民盟80年·优秀盟员 | 葛继宏: 心系民生的"盟小二"[①]

"认识葛继宏，是在我到浙江传媒学院工作之后。在日常接触中，我发现这位中等身材、留着寸头的传媒人，辨识度挺高：快人快语，思维敏捷，热情奔放，乐于助人，执行力强。在他身上，兼具了高校知识分子的人文内涵，又带着媒体人的精明活跃。"

这是浙江传媒学院党委书记杨立平在葛继宏即将结集出版的《创新力——中国媒体人的文化实践》一书中，给予他的评价。

记者、主持人、编导、制片人、策划人、学者、教授等，这些

① 浙江民盟. 民盟80年·优秀盟员 | 葛继宏: 心系民生的"盟小二". (2021-06-17) [2021-06.30]. https://mp.weixin.qq.com/s/BqJdPQ327DV6iad7qrB1PQ.

都是葛继宏的身份。作为一名优秀的民盟盟员，入盟13年，正是"兼具高校知识分子的人文内涵，又带着媒体人的精明活跃"，让他的履职如鱼得水。

心系民生，履职尽职

葛继宏的办公室临近西湖，推开窗，望得见一湖秀水。下了班，他喜欢穿过杭州市区，步行回家。

乐天派的葛继宏，自嘲是个"爱管闲事"的人。行走在城市间，他的头脑中总能迸发出各种问题：如果夜间有一条会发光的斑马线，城市是不是更安全？讲杭州话的年轻人越来越少，如果有一条公交线路用杭州方言播报多好……

秉持着这样的初衷，葛继宏提出设置"发光斑马线"，让"文明之都"杭州散发出不一样的人文光芒；他奔走疾呼"传承杭州方言"，旨在传承和弘扬地域文化，护住一方文脉。这些提案中没有宏大叙事，关注的都是日常细微，而就是这日常中采撷的"细微"，却能引申出悠长的意味。

正是这么一个"爱钻牛角尖"的人，竟然让这些想法，一个个落地生根，变成了一串生动的城市符号。

他与民盟的结缘，也是在城市街角的一次美丽邂逅，充满浪漫气息。时间退回至2008年的春天，在一次与朋友的交谈中，朋友无意间提到加入党派的问题，他继而对民盟这个聚拢文化教育以及科学技术工作的高、中级知识分子的民主党派产生了向往之情。在推荐人的介绍下，他成功加入。

他是抬头仰望星空、低头脚踏实地的梦想家和实干家。2020年，面对突如其来的新冠肺炎疫情，作为民盟盟员，葛继宏没有袖手旁观，而是心忧天下，积极谏言。

他实地调研撰写了《关于部分因特殊签证政策及疫情无法入学

的留学生由国内相应高校接纳续读的建议》《大力、全面推广互联网医院复诊配药服务》《关于将11月11日设为全省"全民公筷行动日"的建议》《建议授予钟南山院士共和国勋章并设立抗疫白衣天使奖》等提案和信息，均得到了有关部门的肯定。

"任何一项提案，都来自对生活的观察和总结，只有接地气，顺民意，才有生命力。"他说。

与"新"俱来，与"变"同行

30年前，葛继宏在西湖上空开通的一条"名人热线"：首创了在广播电台使用三方通话（电话）的形式，邀请陈凯歌、姜昆、刘德华、林青霞、尤今等知名人士参与节目，直接与听众对话。1994年，他更是大胆成立"葛继宏工作室"，制作电视专题片《名人名家》，成为浙江省第一个自负盈亏的电视专栏节目独立制片人。《名人名家》共制作播出了200多期节目，访问了冰心、曹禺、艾青、金庸、余秋雨、张艺谋等200多位知名人士。并以此为基础，整理出版了《叩访名家》一书。1997年《人民日报》刊发专访文章：《"捕捉"名人——葛继宏印象》，对他给予了充分肯定。

自20世纪80年代末至今，葛继宏自觉顺应时代发展的要求，在文化和传媒多个领域和层面不断进行实践创新和理论创新，被教育部长江学者特聘教授、北京师范大学新闻传播学院学术委员会主任喻国明教授评价为：与"新"俱来，与"变"同行。

"不管做文化工作，还是做民盟工作，我认为要有创新思维。一定要用媒体的眼光、学者的理论、社会的思考，才能写出高质量的社情民意，才能适应新时代对民主党派履职尽责的要求。"葛继宏说。

葛继宏目前是民盟浙江传媒学院委员会主委、民盟浙江省委会文化专委会主任，同时也担任凤凰卫视中国内地事务特别代表、凤凰卫视浙江公司总裁。他是一名基层的民盟成员和资深的媒体人，这些年的基层民盟工作经历，让他愈发感觉到民盟工作不仅要深化理论研究，更要推动工作创新，才能不断适应新时代对民主党派履职尽责的更高要求。

2020年，葛继宏和民盟浙江传媒学院委员会盟员们共同做了一件有意义的事，即"建党百年，为百位烈士画像"大型公益活动，在社会上引起了强烈的反响。曾经的革命烈士或许没有机会留下一张相片，就逐渐消失在人们的记忆里。葛继宏带领民盟支部的老师们走访烈士亲属，用手中的画笔，把那些不能忘却的面容留在画板上，用一百张画像寄托一百分的爱与思念，也为没有留下英烈生前照片的家属圆梦。

作为民盟基层委员会的"领头雁"，他时刻叩问自己：盟员需要什么，我能给盟员带来什么？把这些思考带入工作中，实际就是四步走：找准自己的定位——让盟员有归属感；树立榜样的作用——让盟员有信赖感；激发基层的活力——让盟员有提升感；争取实际的福利——让盟员有获得感。

葛继宏还把自己定位为"盟小二"："我就是为盟员排忧解难的'盟小二'，帮盟员解决孩子上学、家人看病、亲友就业等问题。生活中我们守望相助，工作上我们相互激励。"

日拱一卒，欢喜自得。葛继宏以时不我待、只争朝夕的紧迫感和使命感，积极投身基层民盟组织的建设。

他的出色表现，让他多次获得"民盟浙江省委会先进个人"荣誉称号。2018年，他被民盟中央任命为民盟中央社会委员会委员；2020年，被民盟中央任命为民盟中央文化委员会副主任。

2021年，葛继宏被民盟中央授予"纪念中国民主同盟成立80周年·优秀盟员"荣耀称号。在获奖的这个特殊的日子里，他也向民盟组织送上最真挚的祝福：我用赤子之心，与您风雨同行。

武月初世
壬寅
造型寫峯
為萬繼宏先生

画作者：著名艺术家肖峰

CHAPTER NINE

第九章

提升文化软实力——《遇见大运河》

导　言

　　改革开放以来，中国与世界交流的大门逐渐打开，越来越多的外国文化进入中国社会并深刻地影响着我们的生活方式，国人开始吃比萨饼、点汉堡、喝咖啡、看好莱坞的电影……费孝通先生在谈及文化交往时曾总结出了"各美其美，美人之美，美美与共，天下大同"①十六字箴言。正如先生所言，文化交流与交往是双向的、互相的，甚至是共生的。所谓"各美其美""美美与共"，我们在接受和消化外来文化的同时，也要将自身光辉灿烂的中华文化弘扬出去，影响世界。文化作为一个国家的软实力，越来越成为国际竞争的核心，不仅是展示一个国家形象和内涵的载体，更能够形成一种产业，带来强大的经济效益，产生深远的社会影响。自十八大以来，国家不断推出促进文化"走出去"的政策，统筹对外文化交流、文化传播和文化贸易，努力讲好中国故事，传播好中国声音。

　　媒体人更应该站在文化"走出去"的第一线，运用自己的经验和资源传播中华文化。然而，在具体的文化"走出去"的实践中，我们往往会面临着国际社会，特别是西方世界对我们的误解和一些刻板印象，新闻传播学者喻国明教授曾指出："文化输出的本质，是传递真实、全

---

① 费孝通. 缺席的对话——人的研究在中国——个人的经历. 读书，1990（10）：5-13.

面的中国文化，获得公平的话语权、化解误会。"①一国文化的"走出去"，既不是政府单方面推动的结果，也不是过去臆想中的纯粹市场竞争的产物。在当前面对全球文化保守主义、贸易保护主义的语境下，同时又处于新媒体发展的时代中，我们更应该认清形势，立足自身，多方面、多层次、多渠道地推进中华文化的国际传播。跨文化研究学者单波教授曾指出跨文化传播的基本理论命题是围绕"文化与传播，人与人的传播关系、他者的意义"等议题展开的②。从跨文化传播的角度，要更好地促进文化的对外传播，对此，我也有自己的几点思考：首先，要完善跨文化传播的内生机制，努力形成以政府为引导，以企业为主体，以市场为基础，以人才为支撑的文化"走出去"工作机制。其次，要构建跨文化传播的核心竞争力，打造具有鲜明特色的文化产业品牌和文化品牌产品，在内容上，制作上培育核心竞争力。再次，要营造全新的共通的传播语境，"请进来"再"走出去"，邀请国外媒体人、文化人、艺术家、学者进行交流，从他们的视角来展示中国，用国际的语境来讲述中国故事。最后，实现可持续的对外传播必须借力其他行业的支持，特别是金融资本的助力。从政策机制和行业扶持的层面，进一步促进包括金融资本在内的其他要素对于文化产业"走出去"的支持。

在"走出去"的过程中，我们要具备足够的实力，做好充分的准备。利用当代影视、网络文艺等多维艺术门类和传播渠道，拓展中国文化"走出去"的形式和形态，让世界各国更多更深入地了解各层面的中国文化。在未来，希望能够探索出一个符合我国国情的、面向未来的"走出去"协同机制，在世界上打造出更多的新的中国文化符号，留下更多的中国文化印记。

---

① 韩运荣.关于传播学在中国发展途径的探讨——中国人民大学新闻学院副院长喻国明教授访谈.国际新闻界，2005(1)：46-52.

② 单波.跨文化传播的基本理论命题.华中师范大学学报(人文社会科学版)，2011(1)：103-113.

理论想象 | 新时代的文化"走出去"

文化软实力是新时代国家发展重要的组成部分，文化"走出去"是时代的需要，更是发展的必然。政治学家约瑟夫·奈曾指出，在国际政治中，一个国家取得它所选择的结果可能是因为别的国家会以其为榜样，或者接受一种会导致这种结果出现的制度。"这种左右他人意愿的能力和文化、意识形态以及社会制度等这些无形力量资源关系紧密，就可以认为是软力量。"软实力是文化的认同度和让他人愿意追随的能力，这种能力来源于一个国家文化和价值观的吸引力。[①]一个国家的综合国力既包括经济、军事、科技等硬实力，还包括文化、价值观吸引力等软实力。自改革开放以来，我国经济快速发展，综合国力不断增强，和平崛起是硬实力不断提升的过程，也是软实力不断积累的过程。中国经济的快速增长使得其他发展中国家获益匪浅，我们特有的发展模式和走的道路使得一些国家愿意将其作为可以效仿和追随的榜样。在未来，我们的文化，我们所倡导的价值观、我们的发展模式必定会进一步在世界舞台上产生共鸣和影响力。

在文化"走出去"的过程中，我们必然要面对文化交流与融合的问题，在和平发展理念下，我们应注重内外战略的良性互动、对国际规制的因应与改造、对文化的高度重视。建构有效的中华文化传播渠道，就必须利用大众传播手段将中华文化的价值进行解读，并在个人之间、群体之间、媒介之间进行有效的传播，同时对中华文化价值体系的大众传播效果做出相对合理的预想。与此同时，更要注意的是文化传播的途径和方式，媒介融合的环境是时代赋予的

---

① 约瑟夫·奈. 美国定能领导世界吗？. 何小东，盖玉云，等译. 北京：军事译文出版社，1992：25.

提升文化软实力的新命题，对中华文化的传播提供了多样化的渠道和具有交互性的传播方式。在文化软实力提升的过程中，势必要适应和运用媒介融合的环境与特性。

十九大报告指出："文化兴国运兴，文化强民族强。"[①] 加大文化开放力度，打造中华文明"走出去"的桥头堡、先锋队，不仅是浙江作为中华文明发祥地之一的应有之义，也是贯彻"'八八战略'再深化、改革开放再出发"的重要举措。作为媒体人，我们不仅要在媒体实践方面做出自己的努力，还应在社会治理中体现文化推广的理念。2016 年，我受邀参与策划的国内首部文化遗产传播剧——舞剧《遇见大运河》的宣传推广工作。2018 年，我作为民盟浙江省委会文化专委会主任，提出了《关于加快推进浙江文化开放的若干建议》。2019 年，我进一步深化，实地参与民盟中央的调研并参与起草了《加快发展对外文化贸易，提升中国文化软实力》的调研报告。2019 年 11 月，作为亚洲国际电影节顾问及浙江传媒学院媒体传播优化协同创新中心常务副主任，我带领浙江传媒学院影视和动漫相关专业的老师应邀出席在美国洛杉矶举行的第五届亚洲国际电影节，在文化交流与文化推广领域不遗余力地做出自己的贡献。

回顾往昔，我在打破行业边界的道路上摸爬滚打，探索、重塑——无创不立。城市学者查尔斯·兰德利说过，经典在它诞生之时，都是一种创新[②]。一路行来，我拥抱变革，参与变革，直至引领变革。当今世界，是一个互联互通、边际越来越模糊的命运共同体，我前所未有地感受到，我们的文化创新与文化自信，亟须"走出去"，这是时代的召唤，也是过去与未来、传承与发展的重要连接点。文

---

① 习近平. 习近平在中国共产党第十九次全国代表大会上的报告，人民日报，2017-10-28(1).

② 查尔斯·兰德利. 创意城市——如何打造都市创意生活圈. 杨幼兰，译. 北京：清华大学出版社，2009：67.

化自信是一个国家、一个民族发展中更基本、更深沉、更持久的力量①。文化自信，对内体现为中华文化对全国各族人民、全体中华儿女的凝聚力和感召力，对外体现为中华文化对世界各国人民、外部各种思潮的吸引力和影响力。我国总体经济规模跃升至世界第二，但文化软实力的体现与经济大国的形象并不匹配。立足新的历史阶段、面对当前困难挑战，如何让中华文化更好更快更有力地"走出去"，使得 "硬实力"和"软实力"相得益彰，让世界能够听到并且尊重中国的声音，正成为当前文化强国建设中一个非常重要的时代课题。

案例分析｜推动创新发展的文化提案与报告

一、立足浙江，着眼文化，提出《关于加快推进浙江文化开放的若干建议》

2018 年年底，我作为民盟浙江省委会文化专委会主任，由民盟浙江省委会文化专委会牵头提出了《关于加快推进浙江文化开放的若干建议》。中共十八届三中全会把"提高文化开放水平"作为全面深化改革的重要任务。浙江省积极实施文化"走出去"工程，文化开放干在实处、走在前列，文化软实力不断增强，浙江文化事业、产业正驶入加速发展的快车道。

但是，面对全球经济文化发展一体化的新趋势，面对西方发达国家垄断全球文化市场 90% 份额的现实，面对不断开创浙江文化繁荣发展新局面的要求，浙江省在文化国际影响力、文化产业国际竞争力方面还存在明显短板。浙江文化要大步"走出去"，实现经济

① 习近平．决胜全面建成小康社会 夺取新时代中国特色社会主义伟大胜利——在中国共产党第十九次全国代表大会上的报告 (2017−10−18)[2021−07−15]. http://www.12371.cn/2017/10/27/ARTI1509103656574313.shtml.

效益和社会效益双丰收，必须充分发挥浙江人文优势，统筹用好文化交流、文化传播、文化贸易三驾马车，不断提升浙江省文化"走出去"的质量和水平。

当时，我认为浙江在对外文化管理体制、文化国际影响力、文化产业国际竞争力方面还存在短板。

一是对外文化管理体制资源整合能力不足，缺乏对外文化主导权，难以满足新形势下服务"一带一路"战略的需要。在思想上存在"重内轻外"倾向，未将文化开放纳入工作绩效考核体系。部门单打独斗，各类政策、资金"撒胡椒面"式的零碎分布在文化、商务、广电、旅游等相关业务部门，没有形成合力。从实际作用来看，面对部门鸿沟、信息壁垒、新市场开拓成本，企业反映有时"千辛万苦"到手的只是"杯水车薪"的几万元摊位补贴，以致很多企业对开拓"两个市场、利用两种资源"缺乏主动性，没有将国际开发经营纳入发展战略。

二是浙江文化国际影响力不足，缺乏文化国际话语权，难以充分满足浙江文化国际交流传播的需要。浙江文化底蕴深厚，但我们在书法、影视、网文等领域的"传统、当代、未来"文化优势，未能有效转化为国际文化影响力，形成文化国际话语权。G20 杭州峰会相当于浙江前 30 年外事工作的总和，这既是亮点，也是痛点。对标其他城市，深圳已经在国际性文化平台打造上打出了"组合拳"，设立文博会海外分会场，谋划打造文化科技产业"硅谷"，建设国家对外文化贸易基地（深圳）公共技术服务平台、"一带一路"专业服务平台和深圳国际版权交易中心。2017 年，深圳文博会实际成交额已达 2240.85 亿元，比上届增长 10.8%。

三是浙江的文化产业国际竞争力不足，缺乏文化定价权，难以满足浙江文化"抢权占位"提升国际分工首位度的需要。当代文化竞争在很大程度上取决于文化产业的竞争，软实力、文化力必然要通过文化产业的竞争力来加以体现。一方面，从产业政策来看，在文化软实力的争夺战中，美国、英国、韩国等国家普遍以"文化例外"为原则，在产业政策、税收政策甚至政府职能支持等各方面，对影视文化行业实施了特殊的保护措施。与之相比，我国对文化产业亟待进行更积极、更落地的政策鼓励与支持。另一方面，从企业经营来看，当前浙江文化产业话语权、企业破局能力、产品国际议价能力相对缺失。杭州虽然有华策影视、宋城集团等一批优秀企业，但缺乏类似美国迪士尼、华纳，中国广东腾讯、网易等"跨国文化航母企业"。由于一些热门电视剧在国内的网络播放权费用动辄200万元一集，企业更倾向于国内市场，缺乏讲好中国故事、传播好中国声音，让世界更了解中国的主动意识。缺乏打造《功夫熊猫》这样全球文化影响力的"拳头产品"的原动力。

在此调研基础上，我提出了若干建议：

（一）坚持以改革促发展，以官助民打造文化对外开放管理"浙江机制"。按照深度参与国际竞争的要求，以全球视野、国际思维推进浙江文化对外开放管理体制嬗变。一是在体制架构上要体现"力度"。建议由省委宣传部牵头，加快建立和完善"继承传统、突出当代、浙江文化、国际表达"的文化"走出去"工作体制机制，省级有关部门协同参与，形成定期会商制度。将文化开放纳入年度工作绩效考核体系。完善统计调查方法和指标体系，在2019年年底前建立科学、统一、全面的文化对外开放数据统计系统。二是政策要有"温度"。参照"酷日本"等世界文化大国的文化推广扶持战略，梳理现有政策，系统出台《浙江省文化开放系列专项政策》，通过出口退税、财政补贴、政府担保、优惠利率等让企业看得见、摸得着，感受到综合性政策，提升企业参与国际竞争信心，创设百亿元文化发展专项投资基金，实行市场化运作。三是开放站位要有"高度"。建议制订《浙江文化战略振兴 2025 规划》《浙江服务"一带一路"战略文化开放计划》《浙江文化亚运计划》，探索打造文化开放杭州指数。同时，注重非遗文化的"文化属性"，采取干预保护战略，利用"文化例外"维护自身文化安全。

（二）打造文化新链接，提升浙江文化影响力。传播力决定影响力，话语权决定主动权。在一个全球化的世界中，每个个体都代表一个与不同国家文化链接的传播点。一是官民并举，提升文化"走进去"能力。要充分利用民间外交、市场渠道和竞争性选拔机制，推动文化从"走出去"到"走进去"，从"送出去"到"卖出去"转变。同时，省教育厅要充分利用浙江高职院校职业教育领域的比较优势，通过"走出去，走进去"帮助"一带一路"沿线、亚非拉国家培养急需的中级实用型技术人才，打响浙江职业教育国际品牌。省文化厅要抓紧成立浙江文化艺术人才国际研究院，不拘一格引进文化人才，提升文化开放谋局能力。二是大幅提升浙江民间外交能力，打破西方传统媒体话语垄断。省侨办要以国家移民管理局成立为契机，大力扶持发展各类民间外交组织。建设"浙江国际传播人脉数据库"，把浙江的外贸进出口企业、海外发展企业、浙籍侨胞海外侨团、出境和入境游客分类打造为浙江文化输出的"自媒体"，成为浙江文化二次、三次传播的"中继"和"桥接"。同时，主动围绕"一带一路"倡议，按照重点大国、"一带一路"沿线重点国家、其他战略支点国家和广覆盖国家的不同要求，分类、分层、分次对浙江省的国际友城进行重新梳理，实行四个一批：即规范一批、清除一批、补充一批、做强一批。通过推进实质交流合作，把友城变成浙江省文化国际交流的枢纽。三是全力打造"浙江之声"，全面增强对欧美"主流社会、主流人群、主流传媒"三大关键传播矩阵发声的能力。推动浙报集团、省广播电视集团、省出版联合集团等文化传媒类集团兼并重组,通过"做大做强"全面打造最具权威的"浙江之声"。全面深化同央视国际频道、香港凤凰卫视,海外主流媒体、华文媒体和浙商媒体,以及海内外新媒体在内容和渠道方面的合作。四是树立"政府营销"理念,提升系列文化开放国际大平台首位度。积极寻找浙江文化的核心元素,把具有当代价值、世界意义的文化精髓提炼出来、展示出来。省委宣传部要探索利用大运河、良渚、乌镇、横店等历史和现代文化载体,借助亚运会、世界互联网大会、世界浙商大会、世界旅游联盟总部等重大节会平台,多层次、多形式举办"浙江文化周""大运河国际文化交流节"等一批国家级、国际化的对外文化交流活动。全面快速提升杭、宁、温主要城市的国际化程度,增强文化国际影响力。深化"万家海外中餐馆·同讲浙江好故事"活动,把海外中餐馆打造成浙江省特有的文化传播新型平台等。重视办好法国戛纳电视节中国(杭州)国际影视内容高峰论坛,积极引进艾美奖、美国电影艺术与科学学院奖(奥斯卡)等全球重要文化项目平台。加快在中国澳门、中国台湾和东南亚等中华文化圈筹建"西泠学堂",倾力将"西泠学堂"打造成浙江优秀文化境外推介标志性产品等。坚持"中国味"和"国际范"两手抓,全面提升浙江省文化经典产业小镇打造标准。

　　(三)重塑文化发展新语境,提升文化产业国际竞争力。文化和经济是一体两翼,文化经济一体化已日益成为全球化背景下新的文化语境。中美贸易冲突某种意义上也是文化冲突。跨国公司和国际市场对文化的扩张发挥着关键性的作用。一是立足全球竞争,加速浙江省文化产业规模提升。没有规模就没有话语权。文化产业占浙江省 GDP 比重的年均递增幅度要超常规提升,力争达到 1% 以上,即超过 2014 年联合国贸发会议预测的全球文化产业占世界国内生产总值的比重每年将平均提高 0.7—0.8 个百分点的增幅，力争 2020 年占全省 GDP 比重由原定的 8% 提升到 10% 以上。二是利用文化"市场属性"，全力打造文化航母企业，掌握文化议价权。全面提供资金、技术、平台、渠道、推广等支持，扶持文化"独角兽"企业发展，不断提升个性化、对象化、定制化的文化产品和内容服务能力。加快推动华策影视、横店集团、宋城集团等浙江省企业收购、并购、参股境外文化企业和媒体。通过打造文化航母企业形成广泛的分销营销网络、跨国业务和强大的国际议价能力，抢占"一带一路"沿线主要国外市场。省商务厅、经信委要利用阿里、华麦等企业全面打造文化淘宝平台，实现线上汇集和服务文化中小企业。利用中国（浙江）影视产业国际合作区（首批全国文化出口基地）、华剧场等境内外渠道打造中国版线上"戛纳"。全力支持华策等企业抱团打造"中国电视剧出口联盟"，掌握文化议价权。三是讲好"三个故事"，利用拳头产品提升文化引导力。讲好中国故事是提升中华文化影响力的基本途径。要不断适应分众化、差异化传播趋势，精准定位受众，用世界语言表达中国声音，推出类似《媳妇的美好时代》等能够反映时代风貌，又被国际广泛接受的精品力作。主动讲好中国共产党治国理政的故事、中国人民奋斗圆梦的故事、中国坚持和平发展合作共赢的故事，让世界更好地了解中国。大力支持和发展能够代表中国高度的浙江文化产品，探索浙江非遗等优秀文化"产业化、产品化、品牌化"。全面推进浙江的书法、丝绸、茶叶、青瓷、宝剑、红色革命等能够代表中华文化强基因及浙江文化核心竞争力的优秀传统文化产品，与游戏、动漫、网文、影视等浙江新兴优势文化产业跨界融合，在推动浙江文化"走出去"工作中，全面形成上下游产业链、价值链和文化链闭合圈。通过"卖出去"实现文化"走出去"。

这次的提案主旨是推进浙江文化开放。G20 可以说是浙江前 30

年发展成果的"汇报演出"，那段时间的浙江和杭州可以说是举世瞩目，是全球的焦点，这说明浙江已经准备好登上世界级的舞台了。但是惊艳亮相以后不能只成为惊鸿一瞥，我认为浙江应该抓紧时机，借着 G20 和国家政策的东风，让浙江的文化"走出去"。在新媒体时代，移动互联网的发展和媒介的融合使得信息传播的速度和广度达到了前所未有的程度，中国文化的对外传播正是要利用好这样的平台，同时抓住时代的机遇，充分地在世界舞台上展现自己。

我的建议简单来说是"三新主义"：新机制、新链接、新语境。它旨在改变当时"重内轻外"的思想倾向，通过人和人、资源和资源的链接，打破部门单打独斗，各类政策、资金分散的窘境，不再自娱自乐、闭门造车，而是用外国人的语境讲好中国故事。此提案也得到了时任浙江省委书记车俊和时任浙江省政协主席（当时兼任浙江省委常委、宣传部部长）葛慧君的充分肯定，葛主席认为"这个调研报告写得很好，推进浙江文化开放确需在体制、政策、平台建设上做进一步研究完善"。

二、文化产业，协同发展，完成《加快发展对外文化贸易，提升中国文化软实力》报告

2019 年 5 月 15 日，以"亚洲文明交流互鉴与命运共同体"为主题的亚洲文明对话大会在北京开幕，来自亚洲 47 个国家和全世界五大洲的各方嘉宾，为深化文明交流互鉴共聚一堂，共襄盛举。国家主席习近平在开幕式上发表主旨演讲，指出璀璨的亚洲文明为世界文明发展史书写了浓墨重彩的篇章，未来之中国，必将以更加开放的姿态拥抱世界、以更有活力的文明成就贡献世界①。

---

① 习近平.习近平在亚洲文明对话大会开幕式上的主旨演讲.(2019-05-15)[2021-06-30].http://www.wenming.cn/ldhd/xjp/xjpjh/201905/t20190515_5114626.shtml.

一直以来，我作为媒体人、策划人、文化人，也努力发挥自身优势，积极为传播中华文化、促进国际合作、推动世界文明交流互鉴做出贡献。

在调研报告《关于加快推进浙江文化开放的若干建议》的基础上，2019年5月，我又参与了民盟中央组织的《加快发展对外文化贸易，提升中国文化软实力》的实地调研，共同起草了咨询调研报告。

文化贸易作为新的贸易增长点，已经成为我国对外贸易的重要组成部分，对经济增长贡献显著；文化贸易也是国家之间进行文化传播和文化交流的最主要方式，我国发展对外文化贸易，对于讲好中国故事、传播好中国声音、弘扬中华优秀文化、提升国家软实力具有重要意义。2018年，民盟中央委托民盟福建省、北京市、浙江省等地方盟组织，围绕如何进一步加快发展对外文化贸易问题进行了一系列座谈调研，我们在此基础上提出了以下建议。

近年来，国务院、相关部委和各地方政府不断出台有关政策文件，对对外文化贸易做出部署，文化贸易相关政策基本建立。在相关政策指引下，我国文化贸易规模持续扩大，2018年文化产品和服务进出口总额1370.1亿美元，同比增长8.3%。其中，文化产品进出口总额1023.8亿美元，同比增长5.4%；文化服务进出口总额346.3亿美元，同比增长17.8%，延续了文化贸易国际竞争力不断增强的态势。

出口产品技术含量有所提升，结构不断优化。2018年文化产品顺差826.8亿美元，规模较上年同期扩大了4.3%；其中，中华传统文化内涵较为丰富的工艺美术品及收藏品、出版物出口增幅较高，较去年分别增长9.9%与5.9%。

文化服务出口结构持续优化，进口增势保持良好。文化服务出口72.9亿美元，较上年增长18.2%。其中，处于核心层的文化和娱乐服务费、著作权等研发成果使用费、视听及相关产品许可费3项服务出口总额达 18.7 亿美元，较上年增长 21.4%。文化服务进口273.4 亿美元，较上年增长 17.7%，其中，视听及相关产品许可费、广告服务、文化和娱乐服务成为增长较快的领域。境外市场更加多元，美国、中国香港、荷兰、英国、日本为我国内地文化产品出口前五大市场，合计占比 59.6%。对"一带一路"沿线国家出口总额达 162.9 亿美元，创历年最高水平。对外文化贸易平台建设成效显著，出口企业进一步壮大，涌现出长城影视、美盛文化、华策影视等一批出口企业。

以文化产业、文化服务、文化产品进出口为主体的文化贸易，有效推动了中华文化走向世界，促进了不同文明的交流互鉴。我们通过调研发现，我国对外文化贸易在规模稳步增长、结构趋于优化、态势加快向好的同时，也面临一系列的障碍与困难，主要表现在以下四个方面：

一是文化贸易资源整合能力不足。现有的文化工作联席会议机制较为松散，协调能力不足，文旅、商务、广电等相关业务部门单打独斗，不能形成合力，难以满足新形势下文化"走出去"的需要；文化贸易政策体系逐步健全完善，但具体文化贸易政策分散在相关的政策文件中，缺少专门的针对性的对外文化贸易政策措施；缺乏鼓励和支持文化企业"走出去"的宏微观政策体系，如有关文化贸易知识产权保护方面的政策法规尚未配套，缺乏激励文化产品和文化服务出口的一揽子税收、外汇、版税等优惠政策。

二是文化产业国际影响力有限。当前我国对外文化交流仍以政府为主导，对文化传播、流通规律的重视程度不够，交流总量偏小、成本偏高，影响力停留在华人圈，对欧美主流社会、主流人群、主流传媒发声的能力不足，导致中国故事"讲不透、传不广"；民间外交能力薄弱，缺乏能与各国非政府组织联合开展项目和活动的民间组织，海外华侨未能充分发挥文化二次、三次交流传播的"中继"和"桥梁"作用；缺乏具有国际竞争力且带有鲜明中国文化特色的品牌，无法将我国丰富的历史文化资源转化为具有市场吸引力的"拳头产品"；文化企业的海外市场分销渠道有限，难以进入海外主流市场，加之文化贸易平台发展层次偏低、同质化严重，国际影响力明显不足。

三是文化产业国际竞争力亟待提升。2018 年，我国文化产品和服务进出口总额占当年进出口总额的 4.5%，在经济贡献方面仅占当年 GDP 的 1.02%，远低于美国 20% 和日本 18% 的比重，文化产业规模较小，缺乏跨国"文化航母"企业，文化产业话语权、产品国际议价能力相对缺乏；文化产品输出仍以有形商品为主，设计、版权等文化服务出口数量少、增长慢，文化产品和服务仍处在全球价值链的中低端，对相关产业的带动和引导作用较小；版权交易渠道不畅，交易成本过高，一些有版权输出渠道和能力的企业没有版权，需要花费较高的成本去采购版权，而不少拥有优质内容的企业自身没有版权输出渠道，版权问题已经成为困扰企业"走出去"的关键问题。

四是文化产品创意不足，文化贸易专业人才匮乏。目前我国推广到国际市场上的很多文化产品和服务，虽然也带有不少中国文化符号或元素，但由于原创性差、创意陈旧、表现形式落后，或者只是简单模仿，没有与现代高科技手段进行有效嫁接，因此产品和服务的市场适应性和科技含量不高，国外消费者的接受度比较差；文化贸易专业人才匮乏，尤其缺乏有国际营销经验的经营管理专业人才。

中共十九大报告指出，推进国际传播能力建设，关键是讲好中国故事，展现真实、立体、全面的中国，提高国家文化软实力。中华文化能否跨越障碍"走出去"，很大程度上取决于我们能否运用文化贸易方式将自己的优秀文化产品"卖出去"。因此，我们建议：

（一）加强制度建设，打造文化贸易管理新机制。加快完善"以政府为引导，以企业为主体，以市场为基础，以版权输出为核心，以人才为支撑"的文化"走出去"工作机制。外宣、商务、教育、新闻出版广电、体育、文旅、财税、金融、海关、文联等部门协同参与，形成定期会商制度；各省（区、市）、各地市全面设立对外文化交流处，将文化开放纳入工作绩效考核体系；系统出台文化开放系列专项政策，通过出口退税、财政补贴、政府担保、优惠利率等综合性政策，提升企业参与国际竞争的能力；大幅提升文化产业投资集团量级，创设文化发展专项投资基金，坚持市场化运作。

（二）坚持改革发展，提升文化产业国际竞争力。加快文化产业供给侧结构性改革，尤其是增强具有国际影响力和竞争力的文化精品的供给能力，将"内容为王""创意为王"的理念贯穿于文化产业并运作始终；加强互联网、数字技术、人工智能等高科技形态与优质文化资源的融合渗透，大力发展数字内容文化产业，把"有意义"的故事变成"有意思"的产品；全面提供资金、技术、平台、渠道、推广等支持，不断提升个性化、对象化、定制化内容产品的生产能力；调整互联网文化企业在文化贸易结售汇时套用货物贸易的做法，探索互联网企业无形商品出口退税的新方式，如动漫产业可用其在网络平台上的播放数据作为佐证资料，认定企业文化产品出口所得；充分利用文化的"市场属性"，全力打造文化航母企业，提升文化产业规模，形成广泛的分销网络、跨国业务和强大的国际议价能力。

（三）打造文化新链接，提升文化产业影响力。应以国家移民管理局成立为契机，大力扶持发展各类民间外交组织，提升民间外交能力；建设"国际传播人脉数据库"，把海外华侨、外贸进出口企业、海外侨团、出境游客分类打造为对外文化传播的"自媒体"，成为文化二次、三次传播的"中继"和"桥梁"；围绕"一带一路"

倡议，按照重点大国、"一带一路"沿线重点国家、其他战略支点国家和广覆盖国家的不同要求，分类、分层、分次推进国际友好城市的实质交流合作；做大做强 "中国之声"等平台，增强对欧美主流社会、主流人群、主流传媒发声的能力；全面深化同中文国际频道、海外主流媒体、海外华文媒体在内容和渠道方面的合作；不断适应分众化、差异化的传播趋势，精准定位受众，推出既能反映时代风貌又被国际广泛接受的精品力作；积极探索"非遗"等优秀文化产业化、产品化、品牌化的方式和途径，打通上下游产业链、价值链和文化链，推进中华优秀传统文化与新兴文化产业的跨界融合；全力支持企业抱团打造"中国电视剧出口联盟"，增强文化议价权，通过"卖出去"实现文化"走出去"。建立海外知识产权维权援助体系，设立海外知识产权维权援助中心，从法律援助和启动资金等方面给予文化企业适当支持。

（四）加强文化与金融融合，提升文化产业新活力。鼓励重点融资性担保机构为文化企业提供融资担保服务，建立财政资金主导、社会资本参与的风险补偿基金，为文化企业利用知识产权进行质押融资提供风险补偿；为支持文化创意企业的发展，除继续加强现有的信贷支持、证券市场融资和政府资金扶持外，可参照同出口信用保险类似的做法，在国家层面建立与中国出口信用保险公司相似的文化创意融资信用保险公司，解决文化产业融资难问题；逐步引导成立有公信力的第三方独立评估机构，对文化创意项目开展项目评估，为融资银行、投资基金以及融资担保机构提供信息支持；对正处于成长期的文化创意企业给予一定的税收减免，引导资金流向该类项目，调动国内市场融资活跃性，使文化产业能得到足够的融资支持。此提案被民盟中央采用，并上报中共中央，获得了中共中央政治局常委、国务院主要领导同志的重要批示。

指导意义 | 创新力是一种文化软实力

　　从事传媒和文化事业那么多年的经验和历练告诉我，中国文化有着深厚的底蕴和内涵，提升文化软实力，让文化"走出去"，需要合适的传播手段、传播方式和传播平台。而新媒体的发展，媒介融合这样的新的媒体生态环境以及文化产业的发展，都给予了文化"走出去"必要的条件，这正是媒体人、文化人发挥作用、发挥能量的时代。随着文化要素在国家软实力中作用的逐渐显著，要想加强与世界各国的文化交流，构建文明理想的国家形象，需要不断提高国家文化的传播能力，依靠文化传播的强大力量，通过文化和价值观的吸引，扩大国家影响力，提高国家软实力。

　　于我而言，值得欣喜的是关于文化"走出去"的提案等得到了政府和人民的肯定。我参与的《关于加快推进浙江文化开放的若干建议》获时任浙江省委书记车俊同志的肯定性评价，以及时任浙江省政协主席葛慧君同志的重要批示。我参与的《加快发展对外文化贸易，提升中国文化软实力》调研报告通过民盟中央上报中共中央、国务院后，得到了中共中央政治局常委、国务院主要领导同志的重要批示。建言献策得到党和政府的肯定，对我来说意义重大。

　　随着国家的不断发展，我们的国际影响力也随之增加。我们要通过怎样的方式，才能更好地传播我们的文化，创造更大的价值，更好地改造我们的世界，这是今后我在工作中需要继续去探究和实践的。生命就像一个旅程，在这个旅程中，怎样去体现自己的价值，营造有意义的人生所具有的条件和环境，是值得思考的。于我而言，从传媒创新和文化实践的角度去传播中国的声音就是具有价值和意义的。从文化软实力发展的角度看，增强文化独有的特色和仪式感，构建属于我们自己独有的文化特色、文化理念、价值观和影响力，是传播和发扬中华文化的重要途径。这样才能更好地吸引世界各国人民领会中华文化，引领人们接受和认同我们的观念和价值。

专家评述

中国的和平崛起是硬实力不断提升的过程，也是软实力不断积累的过程。自从约瑟夫·奈提出"软实力"概念之后，国内外关于中国软实力问题的探讨热潮从未消退。目前，我国软实力与硬实力之间明显落差的事实已经得到国际共识，如何提升文化软实力，推动我国价值观、发展模式在国际舞台中产生共鸣和影响是国家发展面临的重大问题，本章字里行间流露出作者对这一问题的重要关切。

基于多年媒体行业的实践经验，作者以媒体人敏锐的社会洞察力和应有的责任担当，紧跟时代发展所需为文化软实力的提升问诊把脉，贡献自己的力量。其中，《关于加快推进浙江文化开放的若干建议》《加快发展对外文化贸易，提升中国文化软实力》两个文件不但是作者实践媒体人担当的重要体现，而且是作者关于对软实力提升思想的重要凝结。长期深耕于媒体领域，作者深刻洞悉到对外文化管理体制、文化国际影响力、文化产业国际竞争力方面的短板是制约浙江文化"走出去"的重要阻碍，故创造性地提出了新机制、新链接、新语境"三新主义"，为浙江文化的对外传播开出了切合实际的药方。以此为基础，作者针对国家对外文化贸易的发展现状，深刻剖析了文化贸易资源整合不足、文化产业国际影响力和国际竞争力有限、文化贸易专业人才匮乏等问题，继而立足国际视野，从打造管理新机制，提升文化影响力、竞争力、新活力四个方面对文化"走出去"的优化提出切实可行的行动方案。

软实力的提升既是国家实现和平崛起的重大问题，又是落实到每个人肩上的责任。数字化、5G、人工智能、区块链等新技术为我国文化产业"走出去"提供更多方式的同时，也为我国文化的对外传播提供了新的便利。所以当今中国软实力的提升比以往任何时候拥有更好的机会。如果更多媒体人、学者、企业、各种类型的机构主体能够发挥自身优势，为国家文化软实力的提升贡献出一分力量，相信不久的将来，我国文化软实力一定会走向全新的高度，这既是作者的希冀，也是作者发出的号召。

李怀亮

中国传媒大学人类命运共同体研究院院长、教授、博士生导师

一、《遇见大运河》搭建文化"新丝路"

2016年，我受邀参与策划国内首部文化遗产传播剧——舞剧《遇见大运河》的宣传推广工作。舞剧《遇见大运河》汇集国内外顶尖人才共同创作，总导演崔巍是国家一级导演，2008北京奥运会开闭幕式中心执行副总导演，G20杭州峰会文艺演出《最忆是杭州》主创团队成员、G20杭州峰会各国元首配偶文艺活动《忆江南》总导演，更是我相识多年的好友。

身兼杭州歌剧舞剧院院长的崔巍导演，自2011年召集2008北京奥运会开闭幕式主创团队为班底，再挑国之重担，完成历史使命，向中国、向世界宣布中国人保护运河的决心，历时三年创作了舞剧《遇见大运河》。舞剧《遇见大运河》用现代派、大表现形式展示了中国大运河经历的开凿、繁荣、被遗忘和被保护发掘的过程。其中既有波澜壮阔、深沉厚重的历史，又有对人和自然、人和历史之间互动关系的思考，还有当代中国经济发展社会文明进步的历程，是最深邃动听的中国故事。曾为《加勒比海盗》《珍珠港》等影片作曲的好莱坞作曲家克劳斯·巴德尔特，以多元文化视野解读中国民族文化特征，创作出交融共通的史诗般旋律。

在国内取得巨大反响后，崔巍导演找到我，希望我通过媒体人和策划人的视角，为舞剧《遇见大运河》的宣传推广提一些建议。我坚定地对她说："'走出去'，一定要'走出去'。《遇见大运河》不仅仅是一场演出，更是一次很好的传播中国千年历史文化的平台。"最终，我们经过反复磋商、沟通，决定将舞剧《遇见大运河》搬上世界的舞台，展开全球巡演。考虑到舞剧的主题是运河，我们便将项目首站定在法国和德国，后续所选国家也多数具有深厚的运河文化底蕴，同时又都是国家"一带一路"倡议的重要共建国。我们期待《遇见大运河》在这些国家的成功上演，可以搭建起一条以运河文化为桥梁的文化"新丝路"，为国家"一带一路"建设打造民心相通的社会根基做出贡献。因为有著名运河，就有了运河文化，运河就成为世界人民都能够理解的共同语言。通过巡演传播，交融贯通的运河，可以成为国与国相互交流、达成沟通、增进友谊的桥梁。

在大家的努力下，2016 年 6 月，舞蹈剧《遇见大运河》获评国家艺术基金文化传播交流推广资助项目，在其资助下，2017 年 6 月，《遇见大运河》国际巡演暨"世界运河遇见之旅"开始了。

在世界运河遇见之旅尼斯站，尼斯申遗办公室主任朱莉·雷恩斯（Julie Reynes）建筑师表示，在得知这部剧赴尼斯演出后，她已早早通过网络了解了中国大运河，对中国的历史非常喜爱和赞叹，因为尼斯这座城市正在申请世界遗产，他们也非常希望借此机会去学习中国申请世界遗产的经验。在这次世界运河遇见之旅的征程中，《遇见大运河》剧组邀请杭州国画院的老师们创作了一副手绘的中国运河长卷，在未来的巡演中，这幅中国大运河长卷将写满世界各地运河城市保护运河文化的决心。

《遇见大运河》世界运河遇见之旅尼斯站的首场演出取得了空前的成功，座无虚席的观众席，90% 的法国观众，一次又一次地鼓掌欢呼，演出结束后半个多小时都不肯离场，争相与演员们合影留念。尼斯芭蕾舞团团长艾瑞克·于－安（Eric Vu-An）也特意带着演员们前来观看演出，并在演出结束后与剧组的演员们进行了交流活动。一位来自意大利的观众一直等待着，在工作人员引荐下终于见到了导演，她激动地含着泪水，告诉我们，她真的看懂了，这是她第一次看中国的舞剧，太震撼，她会为此去看一看中国大运河。这些都让我感受到了文化输出与文化贸易双赢的成果。

除了民间艺术交流成果外，本次世界巡演还引起了官方的极大重视。在巡演开始前，我便与崔巍导演达成共识：尽量邀请当地政府官员及驻该国的大使馆官员参加，以扩大文化交流的影响力。

2017年6月28日晚上，世界巡演首站在有着300多年历史的法国尼斯歌剧院演出，联合国教科文组织官员、法国艺术家协会主席雷米·艾容、戴高乐家族成员代表瓦格·戴高乐等数百名两国政商界人士和艺术界名流到场观看演出并给予高度评价。尼斯副市长鲁迪·赛尔致欢迎词，并在尼斯市民的见证下，签下了保护、传承世界运河遗产的决心；作为杭州老乡的中国驻法国马赛总领事朱立英先生也亲临现场，给来自家乡的演员们加油鼓励并高度评价杭州歌剧舞剧院为传播中国文化、讲好中国故事所做出的努力。

7月2日巴黎站演出结束后，联合国教科文组织授予《遇见大运河》"文化遗产传播保护使者"的荣誉称号，以表彰《遇见大运河》剧组在大运河申遗成功后，用最特别的艺术行动、方式为保护、传承、传播世界文化遗产所做出的努力和实际所取得的社会影响力。

截至2019年1月，我们已经成功出访法国米迪运河、德国基尔运河、埃及苏伊士运河、希腊科林斯运河、美国伊利运河、巴拿马运河、俄罗斯莫斯科运河、瑞典约塔运河等世界运河所在城市，世界巡演160场，行程20万千米，遇见16万名观众。《遇见大运河》的世界巡演受到了联合国教科文组织、中国驻法国大使馆、中国驻德国大使馆、中国驻埃及大使馆、中国驻希腊大使馆以及当地市政府等官方的高度重视，演出以高超的艺术水准、丰富的传播交流活动和强势的媒体传播，在各地引起强烈反响。在法国巴黎演出时，在我的联络下，剧组主要演职人员受到时任中国驻法国大使翟隽先生的接见，并受翟隽先生的邀请，参加了在中国驻法国大使馆举行的庆祝香港回归二十周年的联欢活动。由于演出当天翟隽先生因公务出差无法到场，他特意委派了中国驻法国大使馆公使黄巍代表他来现场观看了演出。

推广活动在世界范围内展示中国文化，《遇见大运河》早已经不单是一出舞台作品，而是逐渐成为一个文化现象。在剧目演出的每一处，《遇见大运河》都唤起了人们心中那或许已经沉睡许久的关于"运河"的记忆，当观众们再度为运河的命运而产生共鸣之后再到运河边走一走的时候，心情和心境必然完全不同。当世界通过这条大运河了解到中国千年文化的时候，《遇见大运河》就产生了真正属于它的独特的价值。

而《遇见大运河》在这些国家的巡演，也让中国大运河与世界著名运河对话，搭建起与各国间交流的文化桥梁，"一带一路"与民心相通，架设通向合作共赢的"连心桥"，将具有独特杭州韵味的中国故事传向世界。

二、国际电影节展现中国高校国际形象

2009年，我力荐好友香港著名导演、演员黄百鸣先生在杭州取景拍摄了《家有喜事2009》和《花田喜事2010》两部电影，我也担任了两部电影的策划人和制片人，从而与电影结下了不解之缘。

《家有喜事2009》大部分在千岛湖取景，《花田喜事2010》部分在杭州西湖取景，对宣传两地的美景、推动两地旅游业的发展起到了积极作用。后来我更促成了黄先生正式落户杭州中山北路创意文化商业特色街区，在杭州成立了黄百鸣电影工作室。

2011年本人担任电影《天机·富春山居图》的策划人兼杭州地区制片人。该片由杭州市政府、凤凰卫视、中影集团等联合摄制，

由中影集团董事长、著名导演韩三平亲自担任监制，刘德华、林志玲、张静初等著名影星及凤凰卫视著名主持人倾情加盟。该片投资人民币1.5亿元，且带着"两岸统一"的深刻寓意，在全球引起不小的轰动。在本人的策划下，该片在杭州西湖、京杭大运河、富春山等景点进行了深度植入。杭州的美景透过镜头、跟随电影一起展示在全球华人面前，对杭州旅游产生了很大的促进作用。

这些都让我深切地体会到：电影，是文化"走出去"的一个绝佳媒介。此后，除了中国外，我将目光聚焦于更大、更优质的国际平台。

2019年8月，我荣幸地受聘为亚洲国际电影节顾问并由亚洲国际电影节总执行官乔治·N. 沙姆舒（Georges N. Chamchoum）向我颁发聘书。

亚洲国际电影节创立于美国，是唯一专注亚洲，并被奥斯卡和金球奖双授权的最佳外语片展映平台。它旨在为奥斯卡和金像奖输送最优秀的亚洲电影，将优秀的亚洲影视作品展现给国际主流电影圈。团队由20余位奥斯卡和金球奖评委组成，在全世界拥有包括"好莱坞圣经"之称的《视相》（*Variety*）在内的400余家合作媒体；拥有近50个成员单位，覆盖超过70%的"一带一路"沿线国家和地区。从2015年初创至今，已有包括中国、日本、韩国、俄罗斯、印度、土耳其等50多个亚洲国家参与亚洲国际电影节；共有超过75%的亚洲冲奥影片借助亚洲国际电影节的平台登陆好莱坞，冲击奥斯卡。

金球奖主席多次强调亚洲电影对于世界电影的影响，以及金球奖对于外语片的关注，这与我立足文化自信、致力文化"走出去"的想法不谋而合。我将借助这个亚洲走向国际的优质平台，继续致力于中国文化"走出去"，为中国电影走向国际出力。作为金球奖授权影展，亚洲国际电影节计划将自身打造成为金球奖和奥斯卡评委接触亚洲影片的主要平台和亚洲各国电影走出国门、进军欧美主流文化圈的绿色通道。

2019 年 11 月 6—14 日，第五届亚洲国际电影节在美国洛杉矶如期举行。我作为亚洲国际电影节顾问及浙江传媒学院媒体传播优化协同创新中心常务副主任，带领一众浙江传媒学院媒体影视和动漫相关专业的老师应邀出席。

在此次电影节上，我安排浙江传媒学院的英文宣传片在电影节开幕式上播出，为扩大影响，我特意将它安排在此次电影节期间展映的80 多部影片的首映前播放，这是我国传媒院校宣传片首次在国际电影节上播出，收获了热烈反响；电影节组委会专门设置了印有浙江传媒学院标识的宣传展板和红毯背景墙；电影节受金球奖委托，进行了金球奖奖学金短片计划评比环节，由浙江传媒学院学生团队完成的影视短片《徉冰之嬉》成功入围；作为电影节访问嘉宾中唯一的中国教师团队，我校教师团队得到了很多当地媒体的采访和报道。

其实在第五届亚洲国际电影节上精彩亮相之前，我校教师团队还在我的策划下，在美国洛杉矶史克博尔文化中心参加了第十届美国亚洲文娱产业峰会暨首届文娱创变者大奖活动，现场聆听了韩国著名影星、歌手郑智薰（Rain）等文化界、企业界人士的主题演讲。随后我还和他们进行了深入友好的交流，并邀请他们来浙江传媒学院访问、讲座。

本次亚洲国际电影节让世界认识了浙江传媒学院、认识了中国传媒业的新时代力量，也让国际同行了解到我国电影产业的发展现状，为学校的国际交流合作搭建了良好平台，也将中国的声音带到了美国西海岸。

同时，参加亚洲国际电影节对于打造浙江传媒学院的国际形象具有积极意义。通过电影节，国际同行对浙江传媒学院的专业实力与发展潜力有了更多了解，国际机构与浙江传媒学院的合作信心由此得到增强。此次对外交流活动为学校引入更多更优质的国际资源、开辟国际合作新路径提供了良好机遇。

在电影节期间，我还带领访问团队与亚洲国际电影节组委会进行了一系列的行业交流，参与讨论的包括吉尔吉斯斯坦前文化部长、亚洲国际电影节创始人、荣誉主席沙迪克·谢尔·尼亚兹（Sadyk Sher Nyaz），以及亚洲国际电影节首席执行官乔治·N. 沙姆舒。我们提出关于"把动画作品列入国际电影节展示单元"的建议，也被亚洲国际电影节组委会采纳。

此外，我们还应邀与美国著名的电影学院——查普曼大学道奇电影与媒体艺术学院相关负责人展开了合作会谈。道奇电影与媒体艺术学院非常重视这次合作，双方分别从搭建平台的视角出发，在相关教育教学方面深入合作，申请建设道奇电影与媒体艺术学院中国校区，在师生互访考察、交流学习、联合创作等方面进行了深入的交流和探讨。通过为期半天的交流沟通，双方表达了互相学习、合作的意愿。

我们还计划邀请联合国教科文组织、亚洲国际电影节组委会、金球奖组委会与中国一起举办"国际大学生短视频周"，旨在提升全世界青年人的短视频创作能力，吸引新生代优质短视频人才来到中国，开拓一条国际化传播的新路子。

未来，我将力争搭建与亚洲国际电影节进一步合作的平台，在国际上宣扬中国丰富的文化及优秀电影人，并强化中国与好莱坞影视业的连接。为中国电影争取在电影节中放映给美国的电影学院、好莱坞外国记者协会和其他所有影视公会的机会，让它们在好莱坞颁奖季中增加曝光度、媒体关注度及获奖优势。

CHAPTER
TEN

画作者：著名漫画家蔡志忠

第十章

共同向未来——小手拉大手

导　言

　　所感所言至于此，心潮澎湃，感慨万千。叹前路之不易，看未来之可期。回顾之前自己奋斗拼搏的经历，成长于杭城，围绕着文化，我想可以用这样几句话进行概括：钱潮初生起波澜，文化引航始扬帆。恰似弄潮千重浪，自当奋勇立潮头。具体体现在本书内容中就是各章的内涵所在：第一个阶段是我文化之路的萌芽即初到杭城，摸爬滚打——媒体事业初期的文艺探索；《名人热线》，创艺立身——多元文化发展下的路径选择。第二个阶段便是乘着发展的东风即《名人名家》，独立制片——文艺体制改革中的机制创新；文化交融，和合发展——香港回归前后的人文交往。第三个阶段到了分享成功的阳光即莘莘学子，媒体初识——带领学生进行媒体采访；立足高校，文化共育——"产学研"一体化的文化培育实践。第四个阶段求索时代的前路即中华文脉，传承未来——从文化影视制作到人文社会活动；文化载道，建言献策——文化事业发展与社会责任担当；彰显自信，展望国际——文化"走出去"与世界影响力。

　　在创新实践和文化传播的路上，我依然会步履不停，不断求索。我想我应该会始终坚持在四个方向上不断前进：一是坚持立足文化性，二是坚持探索创新性，三是坚持围绕教育性，四是坚持探求国际性。文化自信作为一种积极的精神状态，可以归属为人类认识的范畴。马克思主义中实践决定认识的原理，揭示了作为认识范畴的文化自信蕴含着深刻的实践逻辑。在认知上的彼此尊重、彼此信任，是构建人类命运共同体的必要基础。回眸历史不难发现，中华民族文化自信心的轨迹和哺育它的民族实践有着密切的关系，实践盛则民族兴，民族兴则自信强。当前中华民族的积极文化心态因改革开放的伟大实践而充分彰显，这从现实之维揭示了文化自信的实践逻辑。历史和现实昭示着未来新的维度，在新的历史时期，不断深化中国特色社会主义伟大实践，继续推进文化创新实践，以实践创造的巨大能量去不断夯实和充分培养中华民族的文化自信心，是新时代中华民族的重大使命。

理论想象｜中国特色的全人类共同价值追求

　　以文化的力量向世界传播我们的价值，为人类的发展贡献中国的智慧，携手并进，共同向未来，正契合了构建人类命运共同体的主题。构建人类命运共同体是习近平总书记于 2015 年 9 月出席第七十届联合国大会一般性辩论时发表的重要讲话中提出的治国理政方针："当今世界，各国相互依存、休戚与共。我们要继承和弘扬联合国宪章的宗旨和原则，构建以合作共赢为核心的新型国际关系，打造人类命运共同体。"[①] 人类命运共同体的思想顺应了和平、发展、合作、共赢的时代潮流，本身就是道路的创新、理论的创新、制度的创新，这一理念传承和弘扬了中华优秀传统文化精髓，具有丰富的文化意蕴，鲜明的中国特色，又蕴含全人类的共同价值追求。作为媒体人，我们也应该遵循着这样创新的道路，顺应着这样创新的大义，更好地继续在自己的事业中奋发拼搏。

　　在构建人类命运共同体的过程中，文化的作用和地位日益凸显，并越来越成为世界各国领导人治国理政和谋划发展战略的中心。从党的十七届六中全会首次明确提出"文化强国战略"，到十八大强调"扎实推进社会主义文化强国建设"的战略要求，这个过程生动地体现了新世纪、新时期党对文化建设和发展思路的不断追求和探索。特别是习近平总书记把文化建设纳入"五位一体"的中国特色社会主义建设事业的总体布局中，并且把实现"两个一百年"的奋斗目标与中华民族伟大复兴相结合，上升到"文化立国"的战略高度。文化强国战略思想内容丰富，思想深刻，对我国当前的文化建设与未来发展进行了深刻的思考和全方位的布局，既有继承，又有发展创新，为文化建设

---

① 习近平. 习近平在第七十届联合国大会一般性辩论时的讲话. (2015-09-29)[2021-06-30]. http://www.xinhuanet.com/world/2015-09/29/c_1116703645.htm.

和发展指明了方向，也是实现中华民族复兴之梦的重要路径。

在构建人类命运共同体的背景下，我们的文化建设需要不断前进，面向新时代，开创新气象。文化建设需要不断地满足人民群众日益增长的文化需求。富裕起来之后的中国民众越来越热切地期待丰富的精神文化生活，并呈现出深层次、多方面和高要求的特点。而我们目前所能提供的文化服务和文化产品还远不能满足民众这种日益增长的精神文化需求。习总书记曾指出："随着人民生活水平不断提高，人民对包括文艺作品在内的文化产品的质量、品位、风格等的要求也更高了。"① 经过多年的努力，我国文化工作者虽然创作出了许多优秀的文艺作品，但仍存在着很多不足，在大众喜闻乐见的文艺作品创作方面重数量、轻质量，高度和深度不够，千篇一律、抄袭模仿的现象依然存在。在改革开放日益深化和全球化的大背景下，伴随着网络等新兴媒体的普及与发展，当代文化思潮越来越趋于多样化，文化传播也越来越扩大化，中国传统文化与西方现代文化等多种各不相同的文化相互碰撞、交流，共同作用和影响着人们的思想和行为。然而，我们的文化自信、整体实力、国际影响力和竞争力依然相对较弱。中国的优秀传统文化具有深厚底蕴和不朽价值，但与这种深厚而丰富的文化资源相比，中华文化的国际影响力和竞争力与发达国家相比依然存有差距。随着我国改革开放的不断深化和社会的不断进步，国际社会对我们的文化传统与历史传承越来越感兴趣，但我们在这方面的文化传播相对缺少灵活性和多样性，影响了国际社会对我们的认知和了解，也削弱了优秀中华文化在国际上的竞争力。因此，需要不断通过传媒的创新实践和文化的传播对中华文化进行宣传推广，这样才能更好地讲好中国故事，传播好中国声音。

① 习近平.坚持以人民为中心的创作导向 创作更多无愧于时代的优秀作品.人民日报，2014-10-16(1).

作为一个媒体人，我投身于传媒创新和文化传播领域，可以说，从不同的层面，践行着构建人类命运共同体的命题。

首先，我的媒体创新实践经历，让我从懵懂的青年成为专业的媒体人，努力推动着社会文化的发展。从 1992 年策划并主持浙江文艺广播电台《名人热线》栏目，到成立以个人名字命名的工作室，策划并制作电视专题片《名人名家》，实践了文化创新的可能性，探索了独立制片人的制度和实践路径。2011 年，我担任电影《天机·富春山居图》的策划人兼杭州地区制片人。之后又策划了"中华文化和动漫创意产业电视论坛"，邀请了文化学者余秋雨和漫画家蔡志忠、黄玉郎，艺术教育家许江一起，与动漫专业的大学生共同探讨了中国动漫产业的发展之路。与此同时，参与 2016 年国家艺术基金文化传播交流推广资助项目——舞剧《遇见大运河》的交流推广，搭建起一条以运河文化为桥梁的文化"新丝路"。这些经历，让我在传媒领域展露了头角，感受到了中华文化的深厚内蕴，同时，我力所能及地传播和推广着中华文化。

其次，我的教学育人经历使我懂得分享与记录，感受到了授人以渔的欣喜与快乐。1995 年我策划组织了"浙江小记者团赴京采访"活动，成功完成了访谈专题片《冰心——一片冰心在玉壶》。为纪念抗日战争胜利 50 周年。我策划并组织实施了"大学生采访中国将军"活动，成功采访了吕正操、萧克、张爱萍、王平、廖汉生等将军。为了迎接香港回归，我策划并组织了小记者团赴香港采访活动，采访了金庸、邵逸夫、曾宪梓等名人，让内地观众更加直接地了解和感受到香港文化。再之后，我策划和组织了大学生对话杭州湾各市市长的活动。和学生的交流不仅仅是我传授给同学们经验知识，提供给同学们实践的机会，同学们的活力和智慧也深深影响了我。与此同时，在带领学生实践的过程中，我也逐渐摸索出当时看来具有创新性的产学研结合的教育模式，这也是我之后在教育领域一直坚持的教学方式。新时代的发展，在媒介融合的背景下，对传媒人才的培育提出了新的要求。数字化传播已然成为新时代教育教学面临的新情境，"互联网+"已越来越广泛地改变人们学习和工作的方式，也在更加深刻地改变着科技创新、知识创新的模式。协同创新正在成为数字传播时代全新的创新模式。协同创新平台的搭建，为复合型人才的培育提供全面的技术和知识基础支撑，是实现卓越传媒人才教育的有效途径。

再者，参政议政的履职经历和对文化的推广实践，让我感受了人生更多的可能性和更深层次的境界，也让我的肩上增添了一份社会责任，给予了我为社会服务、回馈社会的机会。2018年我领衔主持的《加快浙江文化开放的若干建议》得到了时任浙江省委书记车俊和时任浙江省政协主席葛慧君的充分肯定。2019年，我参与实地调研和起草的名为《加快发展对外文化贸易，提升中国文化软实力》的调研报告得到了中共中央政治局常委、国务院主要领导同志的重要批示。2021年，我获聘为杭州市人民政府参事。作为民盟盟员、杭州市政协委员，一直以来，我都尽职尽责，为社会的发展、为杭城的建设尽力贡献自己的力量。在今后的创新实践道路上，我将依然心怀民意，立足创新实践的精神，秉持奋发昂扬的精神，在传媒与文化领域继续孜孜不倦地探索自己的创新奋斗、文化传播之路。

案例分析｜不忘历史开辟未来，善于继承勇于创新

一、提出公筷行动倡议

一场突如其来的新冠肺炎疫情，让使用公筷的话题再次走进大众视野，百姓餐桌无小事，一筷一勺见文明。2020年4月，在杭州

市政协十一届四次会议上我就提出建议，要将 11 月 11 日设为"全民公筷行动日"，并提出以"文创＋公筷"模式，助力公筷落地，并带动创意筷子产业升级。《关于将 11 月 11 日设为全省"全民公筷行动日"的建议》获时任浙江省省长（现任浙江省委书记）袁家军同志和时任浙江省委常委、宣传部部长朱国贤同志的肯定性批示，这个提案被递交至全国两会，并被全国人大采用。同年，我还组织举办了"5·11 我筷乐——'小手拉大手'全民公筷特别行动走进校园"活动，获时任浙江省政协主席、党组书记葛慧君同志的肯定性批示。推行使用公筷的倡议很快引起了全国的反响，《人民日报》《光明日报》，以及新华社、人民网、学习强国等媒体纷纷给予关注和报道，光明日报官方微博还特别策划我与演员岳云鹏、沙溢一起录制视频推行公筷行动。我也因此得到"葛公筷"的"外号"。

用筷子用餐并且给客人夹菜，已是中国餐桌文化的一部分，但客观上，也滋生了病毒传染的风险。中国人喜欢围桌而食，老人们觉得使用公筷影响用餐气氛，显得疏远，也有人觉得使用公筷是小题大做，很麻烦，没必要……传统观念，让使用公筷的倡议在实际推广中收效甚微。

使用公筷行为会有一个拒绝、尝试、慢慢习惯的过程，一个人自觉了，会带动一个家庭。杭州临平区曾组织过一个"文明公筷"21 天习惯养成打卡活动，这就是一个培养习惯的好方法，只要大家一起努力，慢慢推动，这会是一件很有意义的事情。年轻人接受使用公筷的理念没有问题，但是要让老一辈都用起来就有一定的难度。他们会觉得，好不容易在一起吃个饭，还给摆出公筷，少了氛围。就观念上的问题，在我看来，"小马拉大车"是比较好的形式。一个孩子能带动家里的六个大人，所以"1+6"——让家里的小朋友教大人和长辈使用公筷会是更好的方式。一般孩子的话，老人会愿意听，接受度更高。

使用公筷是一种文明的象征，小筷子大承载，还能承载中国的传统文化。公筷要区别于普通筷子，可以略长，可以颜色上不一样，在上面做一些文创加工，比如印上《菜根谭》《孔子》《老子》等经典著作的一句话，一篇文章可以制作成一套筷子。一家人各自可以拥有自己独一无二的筷子，方便区分，又能让国学走入寻常百姓家。11月11日是杭州首创的双11网上购物节，这一天除了消费，我希望它还是"全民公筷行动日"。双11就是两双生动的筷子，好记。早在2003年，钟南山院士就希望全社会都能使用公筷。然而，时至今日，仍未能实现。究其原因，他认为是传统观念还是一道"拦路虎"。于是，我就想提议将每年11月11日设为"全民公筷行动日"。今后的这个日子里，政府可以多部门联动，号召家庭、单位食堂自觉履行公筷行动公约，统一制作文明提示牌，向餐馆、酒店普及推广，并将其纳入日常餐饮管理。

2021年5月11日，我再次发出"5·11我筷乐"的号召，在杭州长江实验小学举行了"5·11公筷行动一周年——孩子们有话说"活动。孩子们在这一天分享"我和公筷的故事"，讲述这一年来自己在家里带动长辈们使用公筷的点滴，非常童真有趣。《中国青年报》报道了整个活动，并传达了我"希望借此机会向全国高校大学生发出倡议，做公筷行动的倡导者和代言人"的心声。"全民公筷行动日"是杭州市乃至浙江省文明建设的一个缩影，希望未来能在家家户户的餐桌上推行、普及。

二、促进港澳青年交流

1996年，为迎接香港回归，我以中国媒体人的身份策划了首个内地小记者团赴香港采访名人的活动，那一年的活动促进了内地与香港的交流，让内地更多地看到了香港的发展。20多年后，为了让港澳更好地融入国家发展大局，增强港澳同胞的国家意识和爱国精神，我着手策划和组织香港青年浙江传统文化研学计划。

香港青年浙江传统文化研学计划项目希望构建长效的香港与内地的青年文化艺术交流机制。项目将以香港与内地学生一对一结对的方式进行，利用新媒体的形式和途径，向香港青年及民众介绍及推广项目所含的传统文化活动。通过研学计划，以期能够加强香港青年与内地的文化交流，让香港青年更了解中华传统文化，增强文化自信。活动先期将选择文化氛围较为浓厚的杭州、绍兴两地，以书画为主要文化交流载体来开展研学计划，要求学员全程利用新媒体方式（短视频、直播、公众号）记录，创作和传播研学活动的内容。主要内容包括"光影书画，文化感悟"主题活动暨开幕式，书画学习内容介绍，短视频创作教学指导，网络直播互动学习；"青山绿水，富春之居"，在杭州富阳进行国画文化采风和创作；"赏书法，习国学"，在绍兴兰亭，在三味书屋，让香港青年穿着古装上一堂国学私塾课、进行书法文化研学及创作，感受中国传统文化；然后进行研学文化共创成果展览评选活动暨闭幕式，研学文化艺术成果将在香港展出，结合新媒体技术做线上线下结合的成果展示。

研学项目已经获批成为文旅部 2021 年度内地与港澳文化和旅游交流重点项目，得到了充分的肯定和重视。为此，我也将一如既往的运用我在传媒和教育领域积累的经验和知识，让内地与香港的学生充分的交流与沟通，留下美好的回忆，产生深远的社会影响。

三、《之江新语》主题短视频

2021 年适逢中国共产党成立 100 周年，为了深入开展习近平新时代中国特色社会主义思想溯源工程、党的创新理论走心工程，多场景、立体式、全方位地学习宣传习近平新时代中国特色社会主义思想，我提出了策划创作《之江新语》主题系列短视频的建议。

2003年2月至2007年3月，习近平在担任浙江省委书记时期对建设省域层面的中国特色社会主义进行了理论思考，并以"哲欣"为笔名发表于《浙江日报》专栏"之江新语"，总共232篇。后来，浙江人民出版社将这些短论结集成书，以《之江新语》为名公开出版。《之江新语》是运用马克思主义立场、观点、方法观察问题、分析问题、解决问题的光辉篇章，全面反映了习近平总书记在浙江工作期间运用马克思主义立场、观点和方法，思考和处理全省经济、政治、文化、社会、生态文明建设和党的建设等各领域工作的心得体会，集中体现了习近平总书记在省域层面对中国特色社会主义的理论创新和实践探索，深刻反映了习近平总书记在治国理政方面的政治智慧、战略远见及思想方法、领导方法。近年来，在浙江省委宣传部的精心部署和指导下，浙江省重点打造了"我在之江学新语"学习品牌，通过诵、读、讲、研、写多种形式学习宣传《之江新语》，形成了全省干部群众"学新语""悟真理"的热潮。但就《之江新语》的重大政治文化价值而言，系统性的学习宣传还有待进一步加强，尤其是在融媒体时代运用短视频的手段进行广泛传播仍然不足。在建党百年之际，通过创作《之江新语》主题系列短视频，将《之江新语》博大精深、思想深邃、意蕴深刻、观点鲜明、语言隽永的理论具象化、视频化，更生动直观地展现习近平总书记在浙江工作期间的理论创新和实践探索成果，让党的创新思想理论更好地飞入寻常百姓家。运用视听语言把《之江新语》部分文章转化为短视频，通过专家解读、当事人回忆、前后对比的鲜活案例等，充分展现《之江新语》伟大理论在浙江"生根发芽""开花结果"，充分反映习近平总书记在省域层面对中国特色社会主义的理论创新和实践探索，充分展现浙江忠实践行"八八"战略、奋力打造"重要窗口"时取得的伟大成绩。

短视频每集时长为 3—5 分钟，另浓缩精华部分剪辑成 30—50 秒的版本，便于社交媒体传播。

《之江新语》系列主题短视频作为浙江省社科要报的政策建议上报给浙江省委后，得到了浙江省委书记袁家军同志和时任浙江省委常委、宣传部部长朱国贤同志的肯定性批示，并督促落实。该项目也入选了"2021 年度浙江文化艺术发展基金项目"。由此，我感到十分欣喜，但同样，我也感到肩上的压力和责任之重。目前，各项策划、拍摄、制作工作正在有条不紊地进行中，系列短视频完成后，可根据外国人的收视习惯重新剪辑、制作，用国际语境讲述中国发展，配上英语、德语、法语、西班牙语、日语、韩语等不同语言的版本，面向全世界进行传播，更好地讲好杭州故事、中国故事。习总书记在中共中央政治局第三十次集体学习时再次强调，要加强我国国际传播能力建设，展示真实、立体、全面的中国。《之江新语》系列短视频的上线，恰恰是守正创新、文化输出的国际传播新手段。

指导意义｜创新力是构建人类命运共同体的推动力

人类命运共同体是时代发展的背景，也是指引我们事业前进的方向。作为一个媒体人，我将依然坚守媒体与文化的阵地，立足创新的根本，在传媒的实践中，在人才的培育中，在文化的推广中，同样需要遵循人类命运共同体理念的内涵，讲求讲信修睦、合作共赢、守望相助、心心相印、开放包容。

在传媒的实践中，顺应媒介环境发展的趋势，适应媒介创新的生态。注重媒体传播的渠道与传播的方式，把传统媒体和新兴媒体的融合发展作为一个重要抓手，实现传统媒体与新媒体间的优势互补，这是在传媒实践中需要把握的方向。在具体操作上，新媒体和传统应发挥各自优势，增加彼此互动性，在具体事件的策划、组织、宣传报道中更加注重媒体内容的网络化。可以借助新媒体，及时生产和传播最新最全面的信息。比如利用抖音、微信、微博甚至更新的媒体形式主动、快速、生动地传递信息，实现全方位引导，形成影响力。

在人才培育中，立足高校产学研的推进，不断为创新注入活力。协同和集成科研、教育、生产不同社会分工在功能与资源上的优势，知识社会环境下的创新形态正推动科技创新从"产学研"向"政产学研用"，再向"政用产学研"协同发展的转变。产业、学校、科研机构等相互配合，发挥各自优势，形成强大的研究、开发、生产一体化的先进系统并在运行过程中体现出综合优势，促进技术创新所需各种生产要素的有效组合。

在文化的推广中，借力参政议政的实践，营造文化传播的环境。作为杭州市政协委员，参政议政是我履行职能的重要形式，更是服务社会的重要平台，而作为一个致力于文化和教育事业的媒体人，我则更多地希望在自己能力范围内，使我们的优秀文化能够更好地在世界舞台上得到传播，和世界能够有更广泛的交流和融合。在全球新媒体的发展浪潮下，基于互联网技术的社交媒体、自媒体等新媒介形态的发展不仅推动了国际传播格局的深刻变化，而且为中华文化的出海提供了更加多元的对外传播路径与机遇。在今后的文化推广中，要运用新媒体平台，打造具有文化自信和价值自信的媒体传播渠道，为构建对外宣传话语体系、提升国际信息传播能力注入新兴力量。

人类命运共同体的理念为世界的发展和治理提供了东方的智慧，人类的发展要正确看待自我与他者的关系，需要强调平等相待，平等沟通，而不是高高在上或者强加于人。世界是一个整体，具有联系性和相关性，彼此相互依存、相互帮持才能共同进步，平等交流才能和谐共融，创新实践才能不断发展！

专家评述

　　这个世界充满了大量的知识和伪知识，也塞满各种各样的信息和观点，这是一个信息过载的时代。但人们又往往觉得自己真正想知道的，想理解的，却总有一段距离，甚至不可得。习总书记曾指出："随着人民生活水平不断提高，人民对包括文艺作品在内的文化产品的质量、品位、风格等的要求也更高了。"①是的，一方面是我们要求更高了，不过另一方面则永远是供给不足。

　　葛继宏明白这一个道理，所以他用自己的新闻实践和文化实践，努力在丰富人类的精神生活方面做出有益的探索，更提供了大量的优秀作品。我喜欢他所言："我应该会始终坚持在四个方向上不断前进：一是坚持立足文化性，二是坚持探索创新性，三是坚持围绕教育性，四是坚持探求国际性。"这种永不停歇的探索创新精神是值得肯定的。

　　人类社会是需要探索精神的，其中最为紧要的是带着希望的精神去探索，虽然世间之事，多不如意，但如果悲观地应对，这个世界就不可能变好，人类也必然没有希望。

　　布洛赫指出，一切唯心论（观念论）都是冥思的、静观的，它们没有把世界的本质把握为尚未形成、尚未显现的，因此它们无法理解实现时的贫乏同时也是一种丰盈：世界是未竟的，这既是实现的阻力，也是实现的动力，实现时之所以没有得到满足，之所以有未完成的希望残留下来，其原因最终来自"尚未形成"。在德语里面，"尚未"（noch nicht）既可以"指现在还没有成为现实的某个东西，也可以指现在有部分存在而将来可能全部存在的东西"。作为人类

---

① 习近平. 坚持以人民为中心的创作导向　创作更多无愧于时代的优秀作品. 人民日报，2014-10-16(1).

认识自然和社会，与他者会晤的中介物，新闻媒体呈现的正是人类探索未来的"尚未形成"性，这种探索有失败，有罪恶，有无助的痛苦和泪水，但更多的肯定是进步、阳光和希望。否则，人类社会就不可能有今天如此之成就。也就是说，新闻报道追求的客观、真实、全面的专业精神，就应该呈现这种人类探索前进的事实——一个积极的、充满希望的世界和人类的未来。作为新闻报道者，我们要相信如果让公众了解事实真相，使他们能居于所处的环境中识别真正的形势，让他们听到多种观点，他们将能获得有用的真理。

但是，人类探索的世界是充满未知性的，我们所面临的现实往往具有流动性。诚如恩格斯所言，"一切僵硬的东西溶解了，一切固定的东西消散了，一切被当作永恒存在的特殊的东西变成了转瞬即逝的东西，整个自然界被证明是在永恒的流动和循环中运动着"[1]。这种不确实性流动性，使得我们会面临许多难题，那么作为一个可以发现、召集和呈现人类探索实践的传媒中介，就需要我们同公众一道为不确实的未来寻找一个可供选择的方案，汇集公众的力量来决定一个个现实的问题。

新媒体技术提供了更多的可能性，但技术强了，人类可以去更远的地方，在时间和空间上，人类获得了更多的自由，可能看见更大的世界，掌握更丰富的知识，拥有更强大的能力。这都是好事。但正是因为有了这些可能性，人类必须永远处于探索之中，因为宇宙是浩大的，在未知和无知中走向未来，是人类的宿命，也是人类在世界之中存在的意义所在。按照布洛赫的理解，现在和当下永远是"黑暗"的，是无法意识到自己的。事物是正在形成之中的，"尚未意识"是对这种"形成过程"的意识。因此，"生活瞬间"中的

---

[1] 转引自：国务院学位委员会办公室编.同等学力人员申请硕士学位哲学学科综合水平全国统一考试大纲及指南.北京：高等教育出版社，2000：57.

"黑暗"归根结底是由外在局势的不明朗造成的。所以有学者指出，布洛赫的"尚未意识"和"黑暗的生活瞬间"这两个概念"都被用来说明梦想的本质"。

福柯让我们认识到，我们对我们自身的描述和知识，依赖于适用于我们环境的语言资源，受到压制的团体务必发展出新的谈话方式。当社会充斥的众多负面新闻与人们失衡的心态、失当的意见与失序的行为之间形成链条之时，我们可以呈现一种积极乐观、充满人文关怀与希望的平衡报道，使植根于人性之中固有的希望情绪最大化地发挥出来。报道者选择问题的来源和角度能够为事件提供可视性和意义，而希望是反对恐惧最高昂的情绪，也是最富人性的情致，它能为人类开拓出最辽阔与最明亮的生存境遇。媒介本不应处于不是希望就是恐惧的非此即彼状态，因为我们生活在一个黑暗与光明并存的社会，揭露黑暗并不意味着光明的必然到来。对于我们今天的人类社会来说，积极情绪不是太多，而是太少。在布洛赫看来，人是存在内的"否一般"，即匮乏存在或非存在。但布洛赫不是把"否"看作某种终极物，不是"无"，而是可被扬弃为存在的那个存在内的否，是一种"尚未"，而世界则是永恒的实验台。正是这种人类学意义上的"否一般"使人意识到自身的贫困和冲动，使人超越自身单纯的事实存在，向他人、向世界开放。布洛赫在《希望的法则》中，使用了诸如"向上""光明""更好""至善"等概念，用来指代尚未意识的方向。

希望哲学是一种"鼓舞世人批判现实、超越现实、走出黑暗、瞩望未来的哲学"。马克思主义本身就是一种解放的意图和唯物主义人道主义，它强烈要求"必须推翻那些使人成为被侮辱、被奴役、被遗弃和被蔑视的东西的一切关系"。站在人类命运共同体的高度，来看这个世界及其未来，我们有的是责任。因为真相和真理不是触手可及的，相反，它们经常被隐藏和遮蔽。因此，人类的探索必定充满风险，要求对权力的追问，对压制的反抗。它拒绝阿谀奉承式，虽然关注好人好事，从社会乐观的一面看，但也同样注重批判性的一面，并深入采访解释社会问题、挖掘其背景及深层次的原因，从而达到为某一问题的解决提供行之有效并可推而广之的方案的目的。

因为，人类命运共同体的构建，在人类自己的手中，理解的达成，需要永不懈怠！

吴　飞

浙江大学公共外交与战略传播研究中心主任、求是特聘教授

中国传播学会副会长

延伸阅读

让英雄回家——建党百年，为百位烈士画像

　　我们不曾踏足的土地，曾有人为了我们英勇奋战甚至付出生命。时间流逝，记忆永存，英烈的眼神清澈依然。铭记的意义，是让那些真实的面孔与故事融入时代的脉搏，让英雄的精神为世人所传承与弘扬。

　　2021 年，在建党百年之际，我有幸策划并参与了"建党百年，为百位烈士画像"的大型公益活动。作为活动的主要策划者，从与烈士家属的联系，到与《钱江晚报》社、《浙江日报》社等媒体的沟通，再到取得浙江省委宣传部的全力支持，最后到为烈士画像活动的顺利展开，我全程关注并亲力亲为参与了每个环节，从中感受到的是烈士家属们浓浓的感动与厚重的亲情，是创作者在创作过程中艰辛的付出和沉沉的责任，还有在启动仪式中观众的深深的爱国情怀。

让英雄回家，弘扬爱国情怀，赓续红色血脉

　　1. 共同关注的活动缘起

　　2020 年 10 月在浙江，孟祥斌烈士遗孀叶庆华女士默默为数十位抗美援朝烈士寻亲的故事在《钱江晚报》上刊发后感动了很多读者。

　　在走访烈士家属的过程中，叶女士发现很多烈士牺牲时，竟没有留下什么影像资料，家属们也无从怀念烈士的音容笑貌，身为烈属的叶庆华深深理解遗憾的痛，渐渐地，她萌生了为烈士画像的心愿。但事情的进展并非一帆风顺，叶女士先后寻访了多位画家，有些表示难度太大、无法完成，有些开价至 6000 元 / 幅，大大超出烈属家

庭的经济承受能力。万般无奈之下，她找到了《钱江晚报》"同心桥"栏目的记者蓝震。接到叶庆华的"求助"后，蓝震记者第一时间专程赶到我的办公室，我们为此探讨了2个多小时，最终决定策划一个公益活动来帮助叶女士。紧接着我们联系到浙江传媒学院动画与数字艺术学院院长丁海祥，共同为此活动出谋划策，并邀请叶庆华等人到浙江传媒学院做客，把学院相关专业骨干教师召集起来，与烈属进行面对面交流、商议。

浙江省委宣传部对此也高度重视，并作为指导单位，由浙江传媒学院联合《浙江日报》社、《钱江晚报》社等媒体单位发起为烈士画像创作活动。在得知叶庆华女士的情况，及其为烈士画像的心愿后，浙江传媒学院迅速组建了一支50人的师生队伍，给100位牺牲时没有留下照片的烈士画像，为烈士家属圆梦。

接到这项特殊任务时，我就想，若干年之后，当我记起在中国共产党成立一百周年之际，参与过的这场有意义的活动，便是一种莫大的荣幸。

2. 感人至深的启动仪式

我提议，对烈士们的缅怀之情需要仪式感的唤醒和激发。2021年3月，在浙江省委宣传部的指导下，由浙江日报报业集团和浙江传媒学院联合发起，《钱江晚报》社、浙江传媒学院动画与数字艺术学院、浙江传媒学院媒体传播优化协同创新中心共同承办的"建党百年，为百位烈士画像"大型公益活动，在浙江传媒学院正式启动。仪式上，浙江省委宣传部副部长盛世豪宣布活动正式启动；浙江传媒学院书记杨立平寄望老师与同学们充分发挥专业知识，用丹青绘英雄，为英雄家属圆梦，共同缅怀最可爱的人；浙江日报报业集团总编辑张燕表示英雄人物是中华民族历史中最浓墨重彩的部分，浙江日报将全力做好活动的报道公众，讲好每一位英雄的故事。

作为主要策划者，我也现场见证烈士陈忠根的女儿陈荷珍第一个收到了浙江传媒学院动画与数字艺术学院教师武小锋为其连夜赶制的父亲画像。陈荷珍女士在现场感动不已，流下了激动的泪水，对绘画的老师还有活动的组织者表达了真挚的感谢。很多烈属还是第一次走上这么隆重的舞台，从播放宣传片开始，他们就一直红着眼。仪式现场的青年大学生们也为此深受感动，触景生情，回忆往昔，感念当下，迸发出浓浓的爱国热情，上了一堂生动的思政教育课。

启动仪式结束之后，有一个站在后面维护秩序的保安，不仅全程听完了报告，还哽咽着对我说："这才是有意义的活动。"这一细节让我每每想起仍感触颇深。

3. 富有意义的创作过程

画像创作的过程并不容易。没有照片，只能参照家人的长相，通过采访烈士生前的战友和儿时玩伴的口述来拼凑细节。为了更准确地还原烈士形象，还需要花几个小时，查询各个时期的军服作为参考。然而，责任感与使命感激发着画像创作者们的热情，从最初的浙江传媒学院，到中国美术学院、中央美术学院、陕西师范大学、南京师范大学、中国计量大学、浙江师范大学、太原理工大学、山西传媒学院、杭州第七中学、安徽师范大学……百余名师生共同参与，一百张画像，一百分爱与思念，在全国形成了正能量燎原之势。创作者们走访百位烈士家属，完成百位烈士画像作品，挖掘先烈背后的感人故事，积累创作心得。时至2021年12月，历时9个月，百幅烈士画像、三部烈士主题动漫短视频已顺利完成。一幅幅画像，不只是黑白素描，对于烈士家属而言，那是心里长久的思念，是隔着时空的拥抱与团圆，是他们的亲人终于回家了。

活动的进行感染了许许多多亲历者和参与者，同时引起了社会的广泛关注，《解放军报》《中国国防报》《浙江日报》《钱江晚报》，以及浙江卫视、凤凰网、中国教育电视台等媒体对活动给予高度重视与充分肯定。《中国国防报》刊文写道："简单的黑白线条，承载着烈士家属真挚的念想，也还原了一段段舍生忘死、前仆后继的英雄故事。通过画像和采访，烈士不再只是证书上的一个名字，不再只是简介里的寥寥数语。"《浙江日报》给活动的开展赋予了深刻的意义："一个有希望的民族不能没有英雄，一个有前途的国家不能没有先锋。"《钱江晚报》则写道："一幅幅画像，追思悠悠。盛世中国，英雄应无憾。"

4. 赓续精神的巡展计划

"建党百年，为百位烈士画像"视觉艺术创作项目已入选"2021年度浙江文化艺术发展基金项目"。虽然画像工作已经阶段性完成，但这不是终点，恰恰是新的起点。在百位烈士画像完成之际，作为策划者的我还计划让完成的 100 幅英雄画像走进 100 所学校进行巡展并开展生动的爱国主义教育活动，让这次沉浸式、体验式的爱国主义教育得以更好地传播。

接下来要继续把画像背后的故事讲好、传播好，由大学生、高校教师、抗战英雄、烈士家属组成宣讲团，带着 100 幅英雄画像走进校园，让更多的青年感受英雄的精神；走进乡村，激发奋斗热情，为"共同富裕"建设注入动力。巡展活动将重现烈士容貌，讲述英雄故事，传递爱国情怀。结合媒体的宣传与报道，培养青年学生对英雄和国家的尊敬和热爱之情，树立崇尚英雄、缅怀先烈的良好风尚，激发人们的爱国情怀，形成关爱英雄家人的氛围。

相信整个活动对于烈士家属，对于创作的师生，对于参与其中的每一位亲历者包括我本人，都将产生深刻的影响。

让英雄回家，实现家属心愿，追寻信仰之光

1. 家属的热切期盼与深深感动

为百位烈士画像，是一次圆梦行动，圆的是烈士家属的团圆梦。每当烈士家属拿到烈士亲人的画像时，我们总能看到他们眼中道不尽的期盼与说不完的感动。这样的场景每每出现，都会让我们坚定地感受到完成烈士画像的重要意义。

金华人金志建从没见过烈士父亲金汝连。童年，见到别的孩子骑在父亲肩上，他会问奶奶："爸爸去哪儿了？"但除了告诉他父亲是志愿军，去了朝鲜，奶奶也讲不出更多答案。当他应邀来到浙江传媒学院，见到了师生们为父亲精心绘就的肖像时，这位70岁的老人泣不成声。在那一瞬间，金志建再次感觉自己与素未谋面的父亲有了心灵上的联结。1951年3月，金汝连随所在的中国人民志愿军第60军181师543团入朝作战，留下年迈的母亲和新婚的妻子，还有尚在娘腹中的金志建。这一去就是永别。父亲牺牲在朝鲜，奶奶弥留之际嘱咐一定要"带他回来"。"父亲，虽然是个普通的名词，但在我心里有着特别重要的意义。"金志建说，从小到大，父亲的面容只有烈士证上一帧小小的画像，而当他手捧着父亲的大幅肖像时，他有一种感觉，父亲就陪伴在自己身边。

宋树德烈士女儿宋兰芬老人说，父亲牺牲83年了，这次活动不仅帮她圆了梦，看到了父亲，还宣传了父亲的事迹，"非常自豪"。89岁的宋兰芬老人，把画像挂在了家里，每天都能"见"到朝思暮想的父亲。

2. 师生的创作热情与深切感受

在烈士画像的创作过程中，借由一支画笔、一幅画像，创作者们与英雄们进行了一场跨越时空的对话。就在这无声的对话中，红色根

脉悄然延续，先辈的精神火炬得以传递，信仰之光照亮了人们的心灵。

浙江传媒学院动画与数字艺术学院的武小锋老师是画像的主要创作者之一，过去这一年，他与英雄有了更近距离的接触——不仅自己为烈士画像，还联系其他院校百余名师生，一起参与完成百幅作品。这段特殊的经历，让他和一起参与创作的画家们，都有了更多感悟。"一听说学校里有这个活动，我就参加了，金汝连烈士的画像，就是我创作的。"作为一名高校老师，他引导学生通过画笔描绘、表达和传播正能量的身边故事。在他看来，既然花了时间创作，就要尽可能增加作品的厚度，产出社会价值和意义。安徽女生张露遥是武小锋老师的学生。开学第一课，武老师分享了烈士画像的故事，并邀请同学们报名参加，张露遥第一个报名。出生于2001年的张露遥老家在安徽六安。都说"00后"距离那段烽火燃烧的岁月很遥远，但听武老师介绍了烈士画像的活动，张露遥深受触动。山河无恙，是因为无数先烈前赴后继，将鲜血抛洒；国泰民安，是因为千万英雄舍家抗战，将生命奉献。"我记得武老师分享的一个细节，有家属收到画像后，还会隆重地举行祭祀仪式，对于家属来说，接回画像其实意味着团聚。"在张露遥决定拿起画笔，勾勒70多年前的同龄人时，她好像突然理解老师话里沉甸甸的分量。

3. 作为策划者的感受与期许

习近平总书记曾强调："我们要铭记抗美援朝战争的艰辛历程和伟大胜利……弘扬伟大抗美援朝精神，雄赳赳、气昂昂，向着全面建设社会主义现代化国家新征程，向着实现中华民族伟大复兴的中国梦，继续奋勇前进！"①

作为策划者，我想说，革命烈士的战斗精神，是砥砺我们奋斗

---

① 习近平. 在纪念中国人民志愿军抗美援朝出国作战70周年大会上的讲话. 新华社，2020-10-23.

向前的宝贵财富。让英雄回家、为烈士画像的活动是具有深远意义的，以质朴的艺术表现传递出无与伦比的社会价值。主要体现在三个层面：首先，完成家属心愿。通过一百张烈士画像的创作，为那些未曾留下生前影像的烈士画像，真实地再现英雄的容貌，让英雄回家，完成烈士家属希望见亲人一面的愿望。其次，纪念先烈精神。讲好每一幅烈士画像背后的故事，让活动的参与者特别是广大青年感受战争年代的艰辛与不易，在缅怀中唤醒记忆，纪念先烈的革命精神。最后，展开爱国主义教育。绘画创作与巡展活动走进校园、贴近生活，弘扬革命文化、弘扬爱国主义精神。通过烈士画像的巡展，在全国范围内开展爱国主义教育，以真实的人与事感染大学生，为青年学生带来一堂生动的思政课，引发学生心灵的觉醒和共鸣。

2021年时值中国共产党成立100周年，我们致敬，我们缅怀。我们的思念与追忆不止在陌生的墓碑与名字上，而是具化为一幅幅可以寄托情感的画像中，裱挂于墙，藏于心间。在这场爱心接力中，每一位参与者都是"提灯者"，他们用微光，照亮烈士"回家"的路。每一幅画像的背后都是一份绵延的亲情，是一段壮烈的故事，是一面照向当下的镜子，更是新时代的我们对那个战火纷飞年代的他们的致敬。如今，岁月静好，我们将会完成期待，在追溯和敬仰中，传承红色基因，守护红色根脉，赓续红色血脉，凝聚磅礴力量，意气风发地行进在社会主义现代化的新征程上。

参与策划这项活动时，我时常想起裘古怀烈士就义前给党和同志们的遗书——"胜利的时候，请你们不要忘记我们"，这句话被刻在了浙江革命烈士纪念馆门口，但更应该刻在我们每一个人心里。生活在幸福年代的我们，不能忘记那些不同时代为国捐躯的烈士。我们有责任让英雄精神得以更广地传播，无论时代如何变迁，英雄精神彰显出的价值是永恒的，足以激发整个民族向善的力量。

后 记

全书成稿之际，不由地感慨人生的道路上，越过崎岖，一往无前，总有那么一股子劲儿推着自己在前行。我想那一股子劲里面会有自己的坚持和胆识，然而最大的动力就是对于人生的不断挑战和探索，以及对于创新的孜孜以求。"苟日新，日日新"，正是沿着不断创新的路径，我才画出了自己在传媒文化事业中美丽的轨迹。而这本书，可以说是对我追求传媒文化事业的一个醒目的注脚。

言至此处，不由得心生感激，感谢一路走来那么多给予我帮助的可敬可爱的人，要感谢的实在太多……

首先要感谢的是为本书作序，以及为各章提出评述的各位专家、学者，他们的肯定与支持对我是莫大的鼓励与自觉动力，使我深受鼓舞。在此，真挚感谢所有专家和学者！依照序言及各章所撰评述，要感谢喻国明教授对于本书"有担当、有智慧"的肯定，感谢杨立平书记给予"改革开放以来中国媒体人的成长笔记"的评价，感谢余清楚教授在书中"看到一个个体在时代的洪流中与国家共同前进的故事"，感谢陈昌凤教授对于"从理论的层面去探究曾经经历和正在发生的不同面向的媒体创新"的启示，感谢陆绍阳教授"颠覆式创新"的评述，感谢米博华教授对于我创新模式、组织"小记者"采访、培育青少年实践能力的肯定，感谢韦路教授关于传媒创新实践探索论述的支持，感谢徐小洲校长在产学研融合创新内容中给予的理论指导，感谢蔡志忠先生对我寄予的厚望，感谢李良荣教授对于我职业媒体人素养的肯定，感谢李怀亮教授对于提升文化软实力的建议，感谢吴飞教授对于本书在新闻实践和文化实践中价值的发掘。衷心感谢你们在学术领域、专业领域对我的认同，也给予我更多的人生启示。

然后，要感谢的是，在我人生道路上给予关怀与帮助的每一位师长、亲人和朋友……感谢89岁高龄的《人民日报》社原社长邵华泽先生对我的关爱，从1997年出版《叩访名家》时为我题写书名，到今天再次为《创新力——中国媒体人的文化实践》题写书名，令我十分动容。感谢86岁高龄还在不断创新的著名艺术家韩美林先生为本书题写"与新俱来"。感谢90岁高龄的中国美术学院原院长肖峰先生为本书寄语"苟日新，日日新，又日新"并欣然题字和作画。感谢著名国画家唐勇力先生、著名艺术家邱志杰先生、著名漫画家蔡志忠先生、著名漫画家黄玉郎先生不吝笔墨，为本书创作插画，感谢好友著名油画家常青教授为本书创作油画，还要感念著名漫画家华君武先生、著名漫画家方成先生以往的倾力相助和支持。

最后，要感谢浙江大学出版社专业的团队，特别是包灵灵编辑，能够配合以及"容忍"我对于本书精益求精的要求，进行耐心与细致的修改与编辑。

回想写书的缘起，最初的想法是作为一个媒体人记录总结自己30多年来不断创新的实践经历，结合典型的案例，能够提炼一些有用的观念、模式甚至理论，对现在的大学生、新青年创业创新，起到一些借鉴的作用。鲁迅先生曾说过："第一个吃螃蟹的人是很令人佩服的，不是勇士，谁敢去吃它呢？"我想，总要有人愿意去尝试，去试错，去创新，才能发现更多更有价值的事物，正所谓"满眼生机转化钧，天工人巧日争新"。传播学者罗杰斯将创新的知识分为三种类型：知晓性知识，如何使用的知识，原理性知识。大多数创新的扩散集中在知晓性知识的解释上，我希望自己能够多涉及一些如何使用的知识。以我个人的经历，诠释创新的力量。从媒体运行机制的创新到文化传播方式的创新，从传播平台的换新到身份转变的更新，从采访林青霞的《名人热线》，采访冰心的《名人名家》到大学生采访中国将军、小记者团赴香港采访名人的活动，从《富春山居图》合璧到"发光斑马线""全民公筷行动日"的政策提案，再到成书之时的"加强亚运会对外传播，提升杭州国际影响力"的建议落地……

"业精于勤荒于嬉，行成于思毁于随"，人生行到此处，有了阅历和积累，更有了责任与目标。我对这本书的出版的期许，始于初心，不忘初心。希望这些我作为媒体人的创新实践经历，可以对现在的青年人，尤其是媒体从业者有借鉴意义，产生启发。目前，国外一些大学与出版机构纷纷表示愿意与浙江大学出版社合作出版英文版。所以，接下来我希望把这些创新案例翻译成多种语言，作为参考书进入国外的高校或者图书馆，进而在海外展现中国媒体人的创新力和实践精神。借由这本书深入探索和尝试中国媒体人讲好中国故事的路径，为中国文化"走出去"和国际传播贡献一点自己的力量。

2022 年 2 月于杭州西子湖畔

無創不立

題字作者：著名艺术家邱志杰

志傑書一篇題

誰屬令黄正身

危道繼志先生

苟日新，日之新，又日新。

壬寅丙月廿九

于武林

题字作者：著名艺术家肖峰

《葛继宏油画肖像》
画作者：著名油画家常青

我生于碧波荡漾的千岛湖，学校毕业后来到西子湖畔，投身于媒体文化事业。所谓「天工人巧日争新」，循着创新的路径，闯出了一番媒体人的新天地。

与「新」俱来，无「创」不立。用「新」媒体，开启事业征程，筑起名人与大众的桥梁；用「新」方式，展示社会生活，连接内地与香港的情愫；以「新」平台，汇聚鸿儒贤士，促进中华文化传播；以「新」身份，发挥自身能量，助力社会文化建设。

着眼现实，行在未来，创新，是我始终不变的追求，是我寻根引路的指向，是我不断前行的动力！

葛继宏于壬寅年春

下面这些名人题字，
书写了本书作者葛继宏三十多年创新之路的独家记忆。

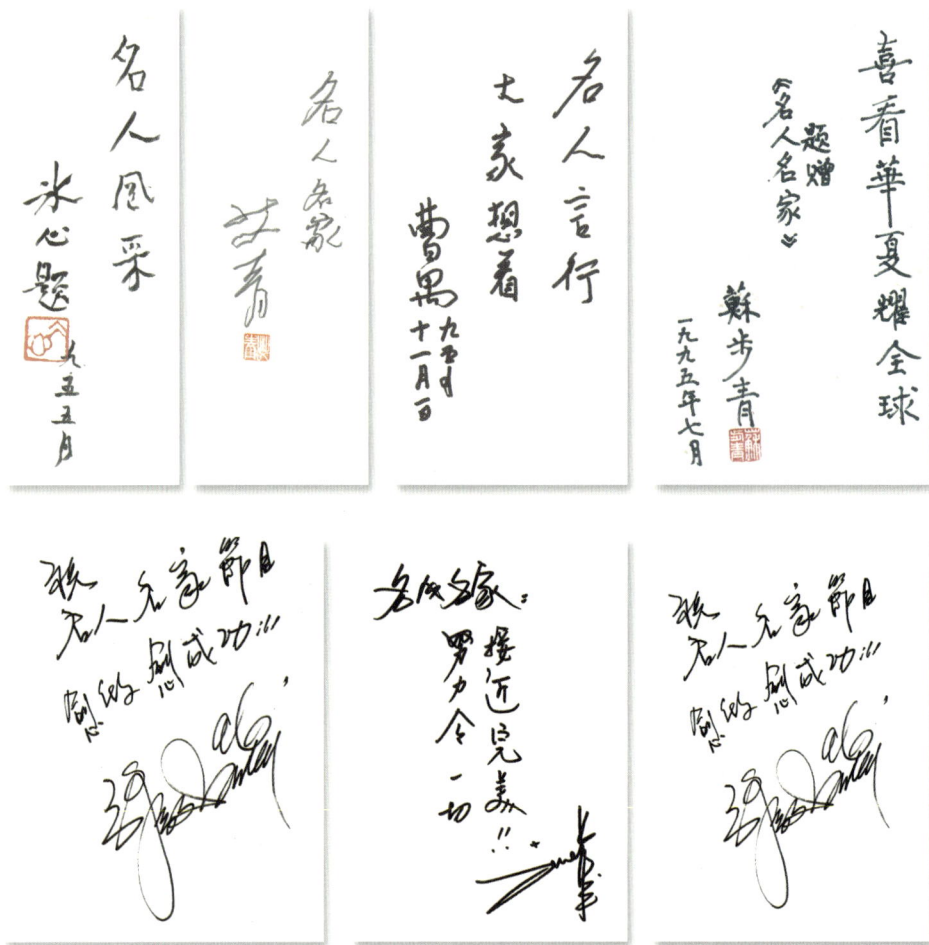

名人风采
冰心题
一九九五年五月

名人名家
艾青

名人言行
大家想看
曹禺
一九九五年十一月一日

喜看华夏耀全球
题赠
《名人名家》
苏步青
一九九五年七月

致名人·名家栏目
创作，创新，创成功！！！
张艺谋

名人名家：
携近完美！！！
努力令一切
刘德华

致名人·名家栏目
创作，创新，创成功！！！
张学友

图1—4 题字作者分别为：冰心、艾青、曹禺、苏步青
图5—7 题字作者分别为：张艺谋、刘德华、张学友

图1	图2	图3	图4
图5	图6		图7

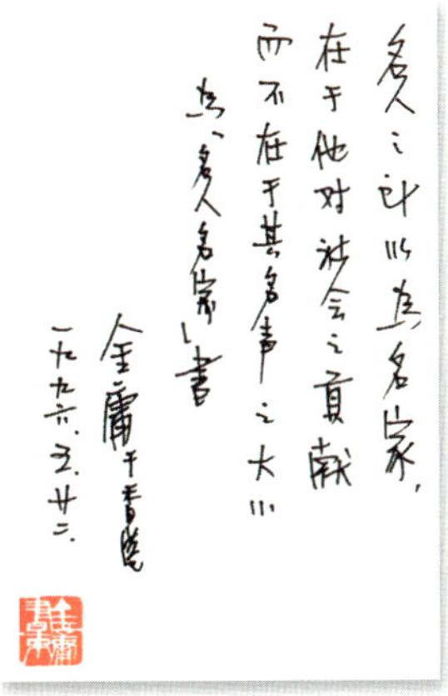

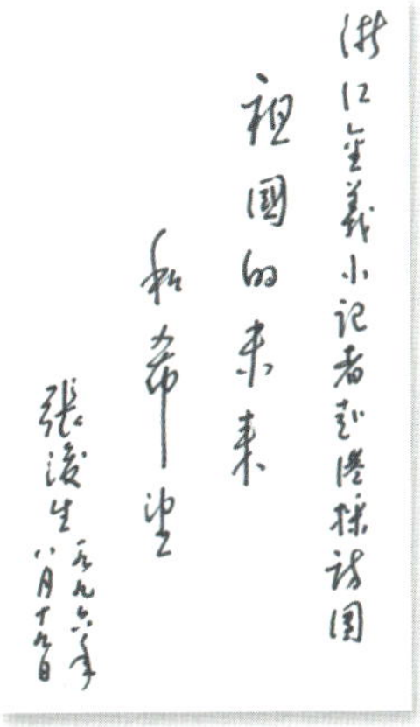

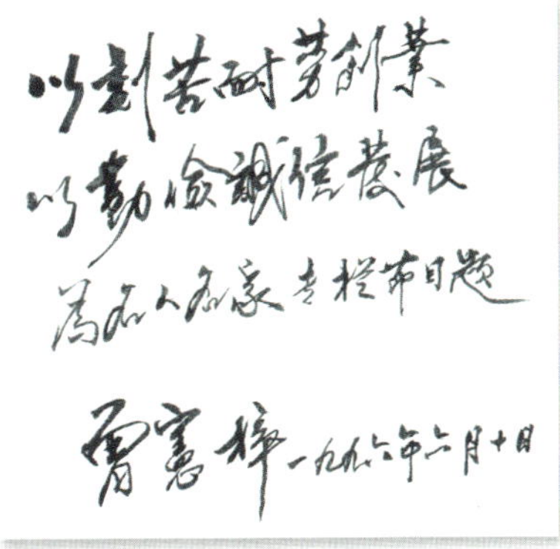

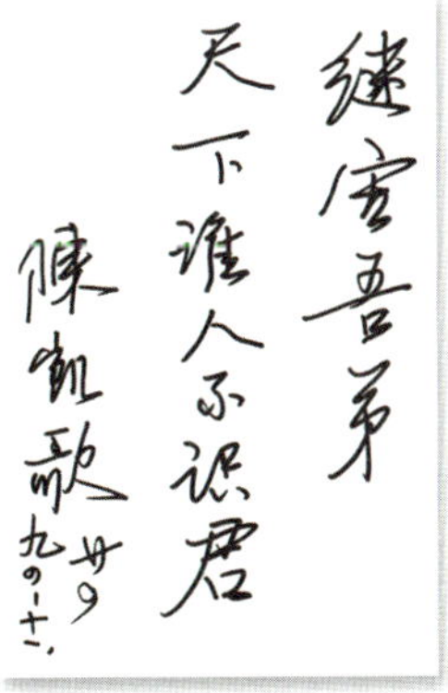

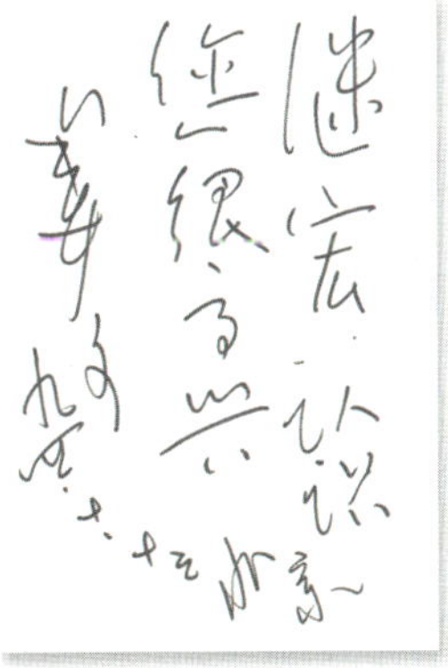

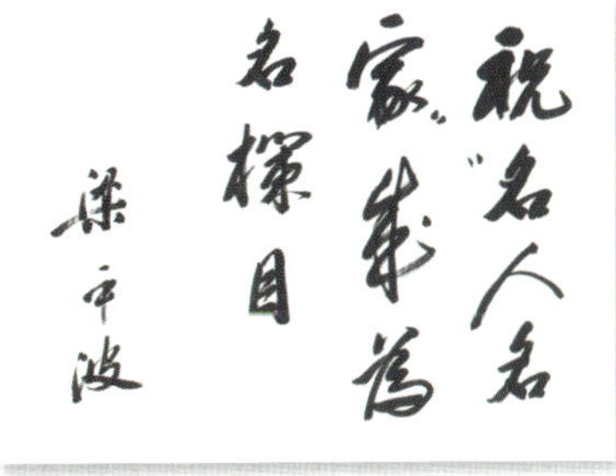

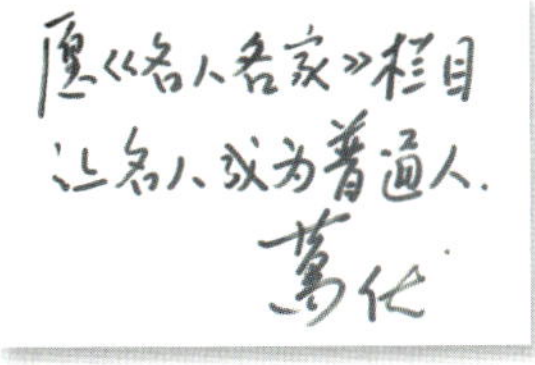

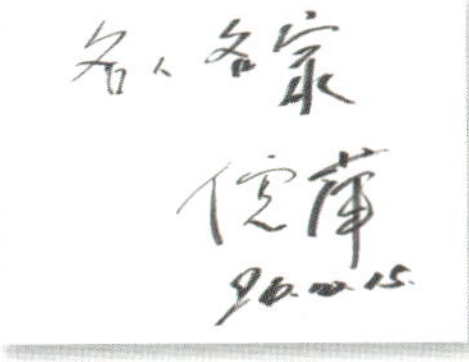

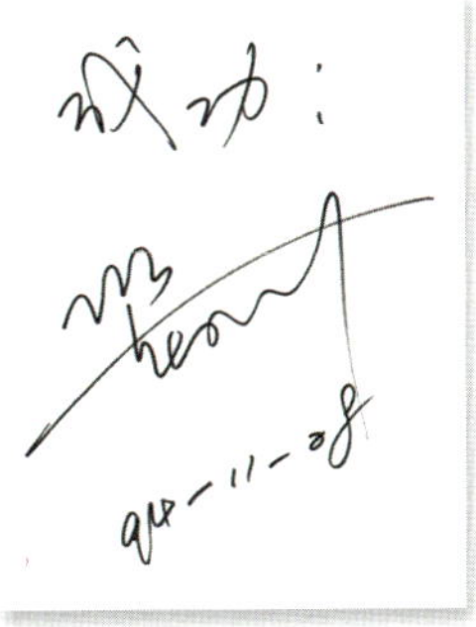

图 1—3 题字作者分别为：金庸、张浚生、曾宪梓
图 4—6 题字作者分别为：陈凯歌、姜文、梁平波
图 7—9 题字作者分别为：葛优、倪萍、巩俐

图1	图2	图3
图4	图5	图6
图7	图8	图9

下面这些新闻报道，

记录了本书作者葛继宏三十多年创新之路的行业肯定。

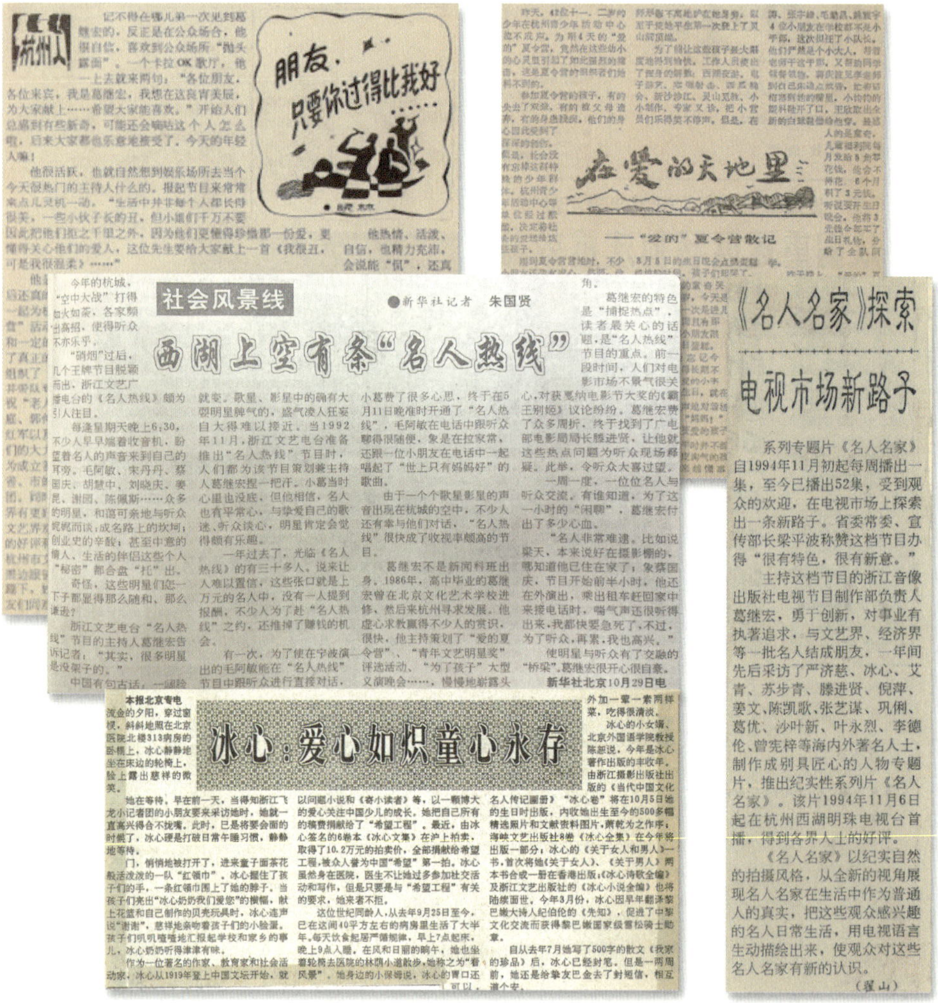

杭州人

朋友，只要你过得比我好

记不得在哪儿第一次见到葛继宏的，反正是在公众场合，他很自信，喜欢到公众场所"抛头露面"，一个卡拉OK歌厅，他一上去就来两句："各位朋友，各位来宾，我是葛继宏，我想在这良宵美辰，为大家献上……希望大家能喜欢。"开始人们总感到有些新奇，可能还会嘀咕这个人怎么啦，后来大家都也乐意地接受了，今天的年轻人嘛！

他很活跃，也就自然想到娱乐场所去当个今天很热门的主持人什么的。模起节目来常常来点儿灵机一动，"生活中并非每个人都长得很美，一些小伙子长的丑，但小姐们千万不要因此把他们拒之千里之外，因为他们更懂得珍惜那一份爱，更懂得关心他们的爱人，这位先生要给大家献上一首《我很丑，可是我很温柔》……"

他热情、活泼、自信，也精力充沛，会说能"侃"，还真……

在爱的天地里

——"爱的"夏令营散记

社会风景线

●新华社记者 朱国贤

西湖上空有条"名人热线"

今年的杭城，"空中大战"打得如火如荼，各家频出高招，使得听众不亦乐乎。

"硝烟"过后，几个王牌节目脱颖而出，浙江文艺广播电台的《名人热线》颇为引人注目。

每逢星期天晚上6:30，不少人早早端着收音机，盼望着名人的声音来到自己的耳旁。毛阿敏、宋丹丹、蔡国庆、胡慧中、刘晓庆、姜昆、谢园、陈佩斯……众多的明星，和蔼可亲地与听众娓娓而谈；成名路上的坎坷；创业史的辛酸；甚至中意的情人、生活的伴侣这些个人"秘密"都合盘"托"出。

奇怪，这些明星们怎一下子都显得那么随和、那么谦逊？

浙江文艺电台"名人热线"节目的主持人葛继宏告诉记者："其实，很多明星是没架子的。"

中国有句古话，一鸣惊……就变。歌星、影星中的确有大耍明星脾气的，盛气凌人狂妄自大得难以接近。当1992年11月，浙江文艺电台准备推出"名人热线"节目时，人们都为该节目策划兼主持人葛继宏捏一把汗。小葛当时心里也没底，但他相信，名人也有平常心，与挚爱自己的歌迷、听众谈心，明星肯定会觉得颇有乐趣。

一年过去了，光临《名人热线》的有三十多人。说来让人难以置信，这些张口就是上万元的名人中，没有一人提到报酬，不少人为了赴"名人热线"之约，还推掉了赚钱的机会。

有一次，为了使在宁波演出的毛阿敏能在"名人热线"节目中跟听众进行直接对话，小葛费了很多心思，终于在5月11日晚准时开通了"名人热线"，毛阿敏在电话中跟听众聊得很随便，象是在拉家常，还跟一位小朋友在电话中一起唱起了"世上只有妈妈好"的歌曲。

由于一个个歌星影星的声音出现在杭城的空中，不少人还有幸与他们对话，"名人热线"很快成了收视率颇高的节目。

葛继宏不是新闻科班出身。1986年，高中毕业的葛继宏曾在北京文化艺术学校进修，然后来杭州寻求发展。他虚心求教赢得不少人的赏识。很快，他主持策划了"爱的夏令营"、"青年文艺明星奖"评选活动、"为了孩子"大型义演晚会……，慢慢地崭露头角。

葛继宏的特色是"捕捉热点"，读者最关心的话题，是"名人热线"节目的重点。前一段时间，人们对电影市场不景气很关心，对获戛纳电影节大奖的《霸王别姬》议论纷纷。葛继宏费了众多周折，终于找到了广电部电影局局长滕进贤，让他就这些热点问题为听众现场释疑。此举，令听众大喜过望。

一周一度，一位位名人与听众交流。有谁知道，为了这一小时的"闲聊"，葛继宏付出了多少心血。

"名人非常难请。比如说梁天，本来说好在摄影棚的，哪知道他已住在家了；象蔡国庆，节目开始前半小时，他还在外演出，乘出租车赶回家中来接电话时，喘气声还很听得出来。我都快要急死了，不过，为了听众，再累，我也高兴。"

使明星与听众有了交融的"桥梁"，葛继宏很开心很自豪。

新华社北京10月29日电

冰心：爱心如炽童心永存

本报北京专电 流金的夕阳，穿过窗棂，斜斜地照在北京医院北楼313病房的卧榻上，冰心静静地坐在床边的轮椅上，脸上露出慈祥的微笑。

她在等待。早在前一天，当得知浙江飞龙小记者团的小朋友要来采访她时，她就一直高兴得合不拢嘴。此时，已是将要会面的时候了，冰心硬是打破日常午睡习惯，静静地等待。

门，悄悄地被打开了，进来童子面茶花般活泼泼的一队"红领巾"。冰心握住了孩子们的手，一条红领巾围上了她的脖子。当孩子们亮出"冰心奶奶我们爱您"的横幅，献上花篮和自己制作的贝壳玩具时，冰心连声说"谢谢"，慈祥地亲吻着孩子们的小脸蛋。孩子们叽叽喳喳地汇报起学校和家乡的事儿，冰心奶奶听得津津有味。

作为一位著名的作家、教育家和社会活动家，冰心从1919年登上中国文坛开始，就以问题小说和《寄小读者》等，以一颗博大的爱心关注中国少儿的成长。她把自己所有的稿费捐献给了"希望工程"。最近，由冰心签名的6卷本《冰心文集》在沪上拍卖，取得了10.2万元的拍卖价，全部捐献给希望工程，被众人誉为中国"希望"第一拍。冰心虽然身在医院，医生不让她过多参加社交活动和写作，但是只要是与"希望工程"有关的要求，她来者不拒。

这位世纪同龄人，从去年9月25日至今，已在这间40平方左右的病房里生活了大半年。每天饮食起居严循规律，早上7点起床，晚上9点入睡。在风和日丽的晌午，她也坐着轮椅去医院的林荫小道散步，她称之为"看风景"。她身边的小保姆说，冰心的胃口还可以，外加一荤一素两样菜，吃得很清淡。

冰心的小女婿、北京外国语学院教授陈恕说，今年是冰心著作出版的丰收年。由浙江摄影出版社出版的《当代中国文化名人传记画册》"冰心卷"将在10月5日她的生日时出版，内收她出生至今的500多幅精选照片和文献资料图片，萧乾为之作序；海峡文艺出版社8卷《冰心全集》在今年将出版一部分；冰心的《关于女人和男人》一书，首次将她《关于女人》、《关于男人》两本书合成一册在香港出版；《冰心诗歌全编》及浙江文艺出版社的《冰心小说全编》也将陆续面世。今年3月份，冰心因早年翻译黎巴嫩大诗人纪伯伦的《先知》，促进了中黎文化交流而获得黎巴嫩国家级雪松骑士勋章。

自从去年7月她写了500字的散文《我家的珍品》后，冰心已经封笔。但是一两周前，她还是给挚友巴金去了封短信，相互道个安。

《名人名家》探索电视市场新路子

系列专题片《名人名家》自1994年11月初起每周播出一集，至今已播出52集，受到观众的欢迎，在电视市场上探索出一条新路子。省委常委、宣传部长梁平波称赞这档节目办得"很有特色，很有新意。"

主持这档节目的浙江音像出版社电视节目制作部负责人葛继宏，勇于创新，对事业有执著追求，与文艺界、经济界等一批名人结成朋友，一年间先后采访了严济慈、冰心、艾青、苏步青、滕进贤、倪萍、姜文、陈凯歌、张艺谋、巩俐、葛优、沙叶新、叶永烈、李德伦、曾宪梓等海内外著名人士，制作成别具匠心的人物专题片，推出纪实性系列片《名人名家》。该片1994年11月6日起在杭州西湖明珠电视台首播，得到各界人士的好评。

《名人名家》以纪实自然的拍摄风格，从全新的视角展现名人名家在生活中作为普通人的真实，把这些观众感兴趣的名人日常生活，用电视语言生动描绘出来，使观众对这些名人名家有新的认识。

（翟山）

图 1	图 2
图 3	图 4
图 5	

图 1：《朋友只要你过得比我好》，《杭州日报》，1991-09-14

图 2：《在爱的天地里》，《杭州日报》，1999-08-07(2)

图 3：《西湖上空有条"名人热线"》，《新华每日电讯》，1993-10-31(5)

图 4：《〈名人名家〉探索点事市场新路子》，《浙江日报》，1995-11-09

图 5：《冰心：爱心如炽童心永存》，《钱江晚报》，1995-06-03

"捕捉"名人

——葛继宏印象

本报记者 余继军

葛继宏其实并无特别之处，其貌不扬，精瘦精瘦，而在杭州甚至浙江，他却小有名气。正是通过他和他主持制作的电视系列专题片《名人名家》，浙江的观众才得以进一步了解冰心、曹禺、张爱萍、金庸、曾宪梓、邵逸夫等一大批海内外著名人士；他策划的每一个活动，都在社会上引起不小的反响。

葛继宏成功了，在《名人名家》创办一周年之际，浙江省委常委、宣传部长梁平波欣然题词：愿《名人名家》成为名栏目。可谁又能想到这位刚满而立之年的年轻人走过的是怎样的一条充满艰辛与坎坷的道路！

1988年，高中毕业的葛继宏离开浙西山区，只身来到杭州寻求发展。小葛至今仍清晰地记得当年怀揣全国粮票，吃冷菜凉饭，每天为找住所而"东躲西藏"的日子。然而，就是在那些日子里，他成功地组织策划了多个大型活动，由此他作为特殊人才，户口进了杭州。

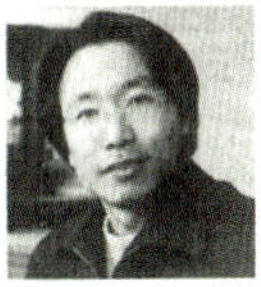

1994年，小葛产生了一个独立制作电视专题片的想法。这个想法立即得到了浙江省广电厅的肯定与支持。同年9月，一个不要国家一分钱投资，以他自己名字命名的"葛继宏工作室"宣告成立，他成了浙江省第一个自负盈亏的电视专栏节目独立制片人。

节目开办之初，朋友们都为他捏一把汗，小葛却有这个自信。他常说：我想做的事，一定要争取做成。正是这点"狂劲"，成了他事业成功的基础。而小葛无孔不入、锲而不舍的"钻劲"则是他事业成功的"敲门砖"。

一次，有位颇有名气的艺人途经上海，小葛连夜赶过去，顶着寒风，足足在宾馆门口守候了十个小时才算等着。到采访结束，小葛才发现自己的脚已经冻麻木了……还有一次，为了追踪采访张艺谋，小葛专门跑到太湖中的一个孤岛上，可张艺谋根本不接受采访。当他得知张艺谋将带剧组凌晨4时开赴外景地时，他凌晨3时就赶到了外景地。也许是被小葛的精神所感动，张艺谋接受了采访。再说1995年采访"世纪老人"冰心吧。小葛给冰心家打了七八次电话，但因冰心身体一直不好，家人总是婉言谢绝。正在为难之际，他得到全国第三次少代会将在北京召开的消息，而冰心老人最喜爱的就是孩子，便策划组织了浙江省小记者团赴京采访活动。95岁高龄的冰心破例接待了孩子们和随行的小葛。在与孩子们的交流中，冰心自始至终非常愉快，而小葛也就做成了他的专辑《冰心——一片冰心在玉壶》。

采访名人是风光的，可独立制片却是非常艰难的，其中甘苦只有小葛自己知道。节目开办之初，他借了四五十万元购置设备，而仅制作经费一项每年又需50万元。他曾自嘲说："自说自话，权力很大；资金拮据，心里最怕，《名人名家》留下酸甜苦辣。"

作为一个独立制片人，小葛的影响除了《名人名家》之外，更多地来自他策划的活动。如为纪念抗战胜利50周年而策划的"大学生采访抗战老将军"和"名人名家情系凡人百姓"活动等，都引起了较大反响。最近，小葛又将播出的近百期《名人名家》辑录成了一本书《叩访名家》。这样一来，小葛就更忙了。不要以为"葛继宏工作室"是一支多么庞大的队伍，其实从策划到采访到后期制作，事无巨细全是小葛一人操办。这些年来，小葛除了外出采访，大部分时间都泡在机房里，很少有休息的时候。人虽极辛苦，他却感到充实。他说，这样才有压力，也才会有干劲。

如今，风风火火的葛继宏又在为浙江省策划一个以"香港回归"为主题的大型少儿活动。葛继宏想干的事还有很多，毕竟他才30岁，脚下的路还很长。

人生舞台

张震会见大学生纪念抗战胜利采访团勉励青年

跨世纪一代要挑起跨世纪重任

本报北京8月6日讯 新华社记者贾永、本报记者李勤报道：中央军委副主席张震今天会见大学生纪念抗战胜利50周年采访团时指出，在抗日战争中，老一辈革命家和无数革命英烈已经向祖国和人民交了一份出色答卷，作为跨世纪的一代青年人，应该自觉挑起建设富强、民主、文明社会主义国家的历史重任，在建设有中国特色社会主义的事业中，向祖国和人民交出出色的答卷。

由人民日报社华东分社、解放军报社、浙江省广播电视厅、浙江省学联等单位组织北大、复旦、上海交大、浙大等十几所高等院校22名大学生组成的纪念抗战胜利50周年采访团，暑假期间对延安、冀鲁、太行山、苏浙皖等当年抗日根据地采访之后，张震副主席亲切地会见了他们。张震对年轻一代大学生们不畏路途艰辛、冒着高温酷暑寻访抗日战场，采访王平、肖克、陈锡联、张爱萍、廖汉生、吕正操等抗日将领的精神表示赞赏，称赞这次活动在青年人和革命前辈之间架起了一座相互沟通的桥梁，是继承和发扬我党我军光荣传统，进行爱国主义教育的好形式。张震在听取几位大学生代表的采访体会后指出，我们目前面临着建设有中国特色社会主义的历史重任，要实现四个现代化的宏伟目标，要培养一代跨世纪的优秀青年人才，靠什么作为精神动力？靠民族自尊心，靠历史责任感，靠爱国主义精神，靠革命的理想信念。这一点在抗日战争中，在老一辈革命家身上体现得非常充分。抗日战争胜利的历史，给我们留下了非常丰富和宝贵的精神财富。希望现在的青年人牢记这段历史，继承和发扬革命前辈热爱祖国、热爱人民的优良传统，把它化作建设有中国特色社会主义的强大动力和实际行动。

张震说，青年是时代发展的生力军，他们目光敏锐，朝气蓬勃，富于创造和牺牲精神，不论革命还是建设，都需要青年人的积极参加。当年，在日本帝国主义侵略我们祖国的时候，全国成千上万的热血青年为挽救民族的危亡，毅然奔赴抗日前线，不怕牺牲，前赴后继，经受了血与火的考验，有许多人献出了年轻的生命。他们为了什么？为了民族的解放，为了祖国美好的未来。

张震希望大学生们按照邓小平同志向青年提出的做"四有"新人和以江泽民为核心的党中央领导集体对青年人的要求去做，理直气壮地讲理想信念，继承和发扬艰苦奋斗的优良传统，专心致志地学好专业知识，牢固地树立国防观念，为中华民族的崛起、祖国的繁荣富强而发奋学习，真正成为社会主义现代化建设的有用之才。

军委办公厅、解放军报和浙江省有关方面的负责同志参加了会见。

尋訪香港名人 了解香港滄桑

浙江小記者團訪港

成員最大14歲最小7歲將訪張浚生安子介邵逸夫曾憲梓等

【本報杭州十三日電】在迎接香港回歸祖國倒計時第三二二天，由一位從業四十年的著名資深記者率領，一群掛着紅領巾的小記者組成的採訪團從美麗的西子湖畔飛臨香港，孩子們將用他們純真的眼光觀察、認識回歸前的香港社會，並通過他們的筆，讓內地廣大少年兒童了解香港的過去、今天和未來。

浙江省「金義」小記者赴港採訪團今天上午在杭州舉行出征儀式後飛往香港。小記者團由省新聞工作協會主席江坪任團長，十七名成員是從全省十一個地區優秀少先隊員中選拔出來的代表，最大的十四歲，最小的才七歲，他們中間有全國、省少代會代表，有浙南山區希望小學的畲族女孩，有小攝影家、小書法家、故事大王等。由於香港和內地特殊的血緣關係，初次踏上港島的孩子們似乎並不感到陌生。

從八月十四日至二十日，浙江小記者在爲期一周的採訪、參觀活動中，將訪問在港的浙江籍知名人士安子介、邵逸夫、金庸、馬臨、胡鴻烈和曾憲梓先生，新華社香港分社副社長張浚生也將成爲孩子們的採訪對象。

浙江省政協主席劉楓爲小記者團題寫了團名。活動主辦者稱，作爲浙江省喜迎「九七」香港回歸的「特別節目」，這次小記者赴港採訪旨在宣傳浙江，迎接回歸，教育後代。港人也可以從孩子們那裡了解浙江家鄉的變化。

图 1 | 图 2

图 3

图 1：《"捕捉"名人——葛继宏印象》，《人民日报》，1997-03-29(5)

图 2：《跨世纪一代要挑起跨世纪重任》，《人民日报》，1995-08-07(4)

图 3：《浙江小记者团访港》，香港《文汇报》，1996-08-14

下面这些珍贵照片，
捕捉了本书作者葛继宏三十多年创新之路的精彩瞬间。

图 1—2：1992 年起，策划制作《名人热线》栏目，邀请林青霞参与电台直播采访
图 3：1992 年，策划"胡慧中电影展"并作为《名人热线》主持人独家采访胡慧中
图 4：1992 年，《名人热线》采访新加坡女作家尤今
图 5：1993 年，《名人热线》在电台直播间现场采访主持人陈鲁豫
图 6：1993 年，策划并成功邀请刘德华、叶倩文参加第三届浙江电视博览会活动

图1：1994年，《名人名家》首播新闻发布会，姜文受聘担任《名人名家》栏目艺术顾问

图2：本书作者葛继宏作为《名人名家》栏目策划人、制片人、主持人，接受媒体采访

图3—6：1994年起，作为中国第一个电视栏目独立制片人，制作《名人名家》栏目，采访了电影《摇啊摇，摇到外婆桥》拍摄时期的张艺谋、巩俐，电影《霸王别姬》拍摄时期的陈凯歌、张国荣

图1：《名人名家》第一期节目采访了著名主持人倪萍，专题片《我是倪萍》获1995年度"浙江电视文艺奖"

图2—3：《名人名家》栏目采访了著名音乐家贺绿汀、著名数学家苏步青等名人，获得好评

图4—6：《名人名家》栏目100期特别节目"'名人名家'情系凡人百家"邀请陈强、胡慧中等名人主持和表演节目，金庸夫妇、张浚生、蔡澜等嘉宾出席活动

图1—8：《名人名家》栏目制作了200多期，采访了葛优、王朔、姜文、刘德华、叶倩文、刘欢、张学友等文艺界名人

图 1—4：《名人名家》栏目往纵深方向发展，采访了冰心、艾青、曹禺、金庸等文化名人

图 5：1996 年 8 月，为迎接香港回归，策划的"浙江小记者团赴香港采访名人"活动举行出发仪式

图1—5：1996年8月，"浙江小记者团赴香港采访名人"活动采访了邵逸夫、金庸、张浚生、曾宪梓等香港名人

图1：1993年，邀请刘德华参加第三届浙江电视博览会庆功晚宴
图2：2005年，客串刘德华主演的电影《天机·富春山居图》
图3：2010年，促成李敖与杭州的情缘
图4：2010年，策划星云大师"威德福海——在书法、禅语及摄影中走近大师"展
图5：2015年，策划"2015中国休闲度假大会"

图 1：2016 年，参与策划国内首部文化遗产传播剧——舞剧《遇见大运河》的国际推广工作

图 2：2016 年，策划凤凰卫视采访 2016 中国杭州 G20 峰会总导演张艺谋

图 3：2017 年，策划 "让国学走进生活" 2017 国学公益论坛

图 4—5：2019 年，参与亚洲国际电影节活动并被授予 "亚洲国际电影节顾问" 证书，与电影节主席和好莱坞著名导演探讨和中国电影合作的前景

图1：2012年至今，连续当选杭州市政协委员，积极建言献策并多次获得国家及省市主要领导批示

图2：2017年，作为杭州市政协委员经过调研并提出《关于设置发光斑马线的建议》

图3：2021年，被民盟中央授予"纪念中国民主同盟成立80周年·优秀盟员"荣誉称号

图4：2022年，荣获浙江省政协系统第二届"最美政协人"称号

图1：2020年，提出将11月11日设为"全民公筷行动日"的建议并组织举办了"5·11我筷乐——'小手拉大手'全民公筷特别行动走进校园"活动

图2：2021年，策划并参与"建党百年，为百位烈士画像"大型公益活动

封面"创新力"题字作者

邵华泽，中华全国新闻工作者协会名誉主席、《人民日报》社原社长、北京大学新闻与传播学院首任院长

图1：本书作者葛继宏与邵华泽合影
图2：邵华泽题写的"创新力"

图1 | 图2